全国革命老区县发展史丛书——山西卷

垣曲县革命老区发展史

《垣曲县革命老区发展史》编纂委员会 编

山西出版传媒集团　山西人民出版社

图书在版编目（CIP）数据

垣曲县革命老区发展史 /《垣曲县革命老区发展史》编纂委员会编. -- 太原：山西人民出版社，2022.12
ISBN 978-7-203-12102-2

Ⅰ．①垣… Ⅱ．①垣… Ⅲ．①垣曲县－地方史 Ⅳ．①K292.54

中国版本图书馆CIP数据核字(2022)第034170号

垣曲县革命老区发展史
YUANQU XIAN GEMING LAOQU FAZHANSHI

编　　者：《垣曲县革命老区发展史》编纂委员会
责任编辑：陈俞江
复　　审：傅晓红
终　　审：梁晋华
装帧设计：王聚金

出 版 者：山西出版传媒集团·山西人民出版社
地　　址：太原市建设南路21号
邮　　编：030012
发行营销：0351－4922220　4955996　4956039　4922127（传真）
天猫官网：https://sxrmcbs.tmall.com　电话：0351－4922159
E－mail：sxskcb@163.com　发行部
　　　　　sxskcb@126.com　总编室
网　　址：www.sxskcb.com

经 销 者：山西出版传媒集团·山西人民出版社
承 印 厂：山西万佳印业有限公司

开　　本：787mm×1092mm　1/16
印　　张：25.25
字　　数：300千字
版　　次：2022年12月　第1版
印　　次：2022年12月　第1次印刷
书　　号：ISBN 978-7-203-12102-2
定　　价：98.00元

如有印装质量问题请与本社联系调换

谨以此书献给

中国共产党成立100周年

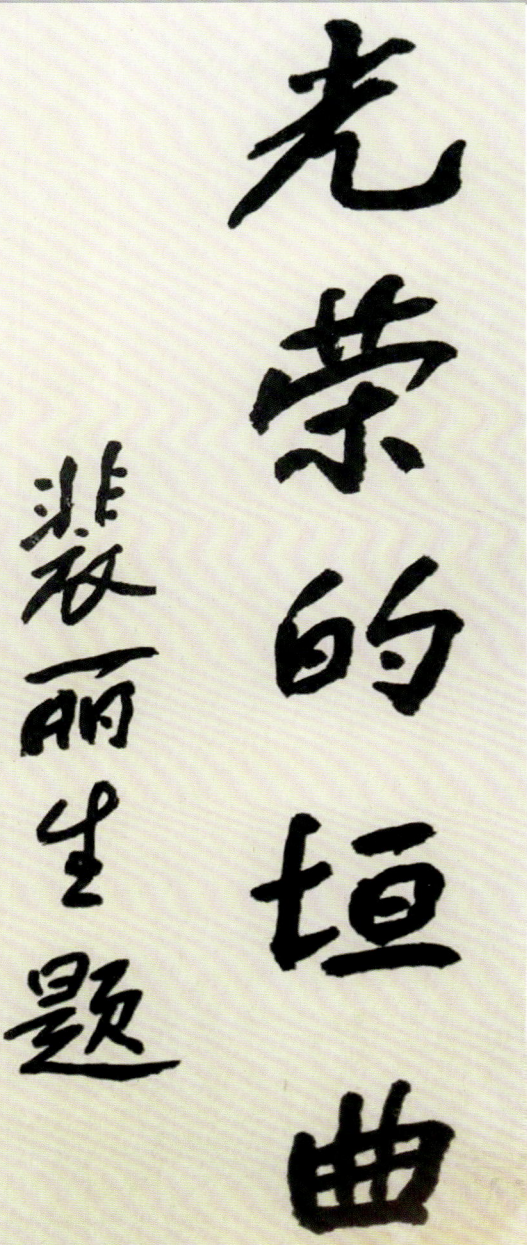

政协全国委员会原常委、中国科协党组原书记、中国老促会第一任会长裴丽生为垣曲革命老区题词。

革命历史

中国军队在西阳河阻击日军时的掩体

1947年8月,垣曲东原群众运送陈谢大军强渡黄河

垣曲革命老区发展史

1947年7月，分得土地的垣曲东原农民购置农具，掀起生产热潮

陈谢兵团强渡黄河时在马湾村的指挥部旧址

1950年，垣曲亳城村群众在党支部领导下开展生产自救

文化编撰

老促会领导在大晋哥产业基地调研

老促会领导成员研究《垣曲县革命老区发展史》编纂工作

望仙景区望仙湖

舜王坪高山草甸

农业变迁

美丽乡村小景

核桃丰收场景

左家湾康养小镇

香菇种植园

教育卫生

城南学府苑

垣曲县人民医院

垣曲革命老区发展史

移民初中

七一小学诵读活动

交通移民

望仙公路

通达公交车站

垣曲革命老区发展史
YUQUGEMINGLAOQU

垣曲县经济技术开发区掠影

扶贫移民安置区惠民小区

文化掠影

文化下乡

非遗武高跷表演

垣曲革命老区发展史
YUQUGEMINGLAOQU

老促会领导成员调研乡村振兴工作

老促会领导参观中条山抗战纪念馆

《垣曲县革命老区发展史》编纂委员会

主 任

  杨彦康　　　中共垣曲县委书记
  马　巍　　　垣曲县委副书记、垣曲县人民政府县长

副主任

  柴照明　　　垣曲县委副书记
  李道义　　　垣曲县老区建设促进会会长

委 员（排名不分先后）

  王维学　　　杨汝林　　　靳绍香　　　郭改选
  陈竹林　　　王士敏　　　刘爱民

《垣曲县革命老区发展史》编辑室

主　编
　　　　李道义
执行主编
　　　　王士敏
副 主 编
　　　　刘爱民　　裴聪敏
责任编辑
　　　　刘爱民
提供资料
　　　　垣曲县老区建设促进会理事单位
摄　影
　　　　黄赞民　　谢东旭

总　序

在举国欢庆中华人民共和国成立70周年前夕，中国老区建设促进会王健会长请我为《全国革命老区县发展史》丛书作序，作为一名在老区战斗过并得到老区人民生死相助的老兵，回首往事，心潮澎湃，感慨万千，深感义不容辞，欣然应允。

中国革命老区，是以毛泽东为代表的中国共产党人在领导人民推翻帝国主义、封建主义和官僚资本主义三座大山，争取民族独立和人民解放伟大斗争中建立的革命根据地，在这片红色的土地上诞生了无数可歌可泣的革命英雄儿女，为后人树起了一座不朽的丰碑，她是中华人民共和国的摇篮，是党和军队的根。

在艰苦卓绝的战争年代，老区人民把自己的命运与中华民族的命运紧紧地联系在一起，与中国共产党和人民军队的命运紧紧地联系在一起，他们生死相依，患难与共。我曾亲历过战争年代，并得到过老区红哥红嫂的救助，切身感受到发生在身边的一幕幕感天动地的革命故事，在那极其艰难的条件下，老区人民倾其所有、破家支前，不怕艰难困苦，不怕流血牺牲。"最后一碗米送去做军粮，最后一尺布送去做军装，最后一件老棉袄盖在担架上，最后一个亲骨肉送去上战场。"这是当时伟大的老区人民为建立中华人民共和国做出巨大牺牲的真实写照，它将永远镌刻在中国共产党、中国人民解放军、中华人民共和国的历史丰碑上，他们的光辉业绩永载史册，他们的革命精神必将影响一代又一代的革命新人，造就一代又一代的民族脊梁。

在社会主义革命和建设时期，革命老区和老区人民响应党的号召，面对落后的面貌、脆弱的经济、恶劣的生态环境，他们本色不变，精神不丢，自力更生，艰苦奋斗，干一行爱一行，始终坚持"革命理想高于天"，自觉做共产主义远大理想的坚定信仰者和忠实实践者，勇于向恶劣的自然环境和贫穷落后宣战，他们在各条战线上为国建功立业，用平凡的双手创造了一个又一个不平凡的奇迹，彰显了老区人的崇高精神和人格力量。

在改革开放的伟大进程中，老区人民解放思想，勇于创新，发奋图强，攻坚克难，老区的经济社会建设取得了辉煌成就。特别是在改变中国的面貌、中华民族的面貌、中国人民的面貌的伟大实践中发挥了至关重要的作用。老区人民既是改革开放的参与者，也是改革开放的推动者。

艰苦练意志，危难见精神。老区人民在近百年的革命战争、社会主义建设和改革开放的伟大实践中，孕育形成了伟大的老区精神：爱党信党、坚定不移的理想信念；舍生忘死、无私奉献的博大胸怀；不屈不挠、敢于胜利的英雄气概；自强不息、艰苦奋斗的顽强斗志；求真务实、开拓创新的科学态度；鱼水情深、生死相依的光荣传统。这是党和人民宝贵的精神财富、丰厚的政治资源，是凝心聚力、振奋民族精神的重要法宝，也是社会主义核心价值观的重要内容。

中国老区建设促进会怀着强烈的政治责任感和历史使命

感，组织全国各地老促会人员克服困难，尽心竭力编纂《全国革命老区县发展史》丛书，记录老区的光辉历史和辉煌成就，传承红色基因，弘扬老区精神，是功在当代、利及千秋的一件大事。手捧这部丛书的部分书稿，读着书中的故事，倍感亲切，深感这部丛书具有资政、育人、存史的社会功能，有着重要的时代和历史价值。它是不忘初心、牢记使命的源头活水，是赞颂共产党、讴歌老区人民的一部精品力作，是弘扬老区精神、传承红色记忆的丰厚载体，是一项继承优秀传统文化、弘扬革命文化、发展社会主义先进文化，坚定"四个自信"的宏大文化工程。它必将成为一种文化品牌，为各界人士了解老区、宣传老区、支持老区提供一部有价值的研究史料。希望读者朋友们能从中了解并牢记这些为党和民族的利益不断奉献的老区人民，从中得到教益，汲取人生奋斗的精神动力。

新时代赋予新使命，新起点开启新征程。让我们更加紧密地团结在以习近平同志为核心的党中央周围，坚持以习近平新时代中国特色社会主义思想为指导，增强"四个意识"，坚定"四个自信"，做到"两个维护"，弘扬老区精神，铭记苦难辉煌，为实现"两个一百年"奋斗目标、实现中华民族伟大复兴的中国梦作出新的更大的贡献！

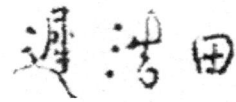

2019 年 4 月 11 日

序一

时值全国人民喜迎中国共产党成立100周年之际,由垣曲县老区建设促进会编纂的"全国革命老区县发展史"系列丛书《垣曲县革命老区发展史》告竣成书。这本史书的问世,对于加强垣曲地方史研究,存史、资政、育人,有着重要的现实意义和深远的历史意义。

习近平总书记指出:"老区和老区人民,为我们党领导的中国革命作出了重大牺牲和贡献。这些牺牲和贡献永远镌刻在中国共产党、中国人民解放军、中华人民共和国的历史丰碑上。"垣曲老区人民在抗日战争时期,孕育和滋养了大量的抗日武装力量。为保卫家乡,抵御外侮,抛头颅、洒热血,前仆后继,英勇奋战,与日寇进行了不屈不挠的长期斗争,付出了巨大牺牲。在解放战争时期,这里又成为供给和支援人民军队的一块稳固可靠的大后方。为巩固解放区和夺取全国的胜利,垣曲人民输兵员、补供给,满腔热情,无私奉献,提供了大量的人力、物力和财力,作出了巨大贡献。

垣曲这块热土,历来受到党和国家领导人的重视和关怀。毛泽东主席在1938年3月6日和24日,连续两次发出电报,1941年8月17日又发电报,指示彭德怀在包括垣曲在内的"中条山十县"开展游击战争。从1938年8月到1940年5月,党中央、第十八集团军和中央北方区的领导人朱德、刘少奇、邓小平、彭德怀、杨尚昆、康克清、徐海东等,多次到达或路过垣曲,推动国共合作,指导垣曲抗战。1988年5月,垣曲革命老区尚未脱贫的现状引起党中央、国务院、中顾委的重视和深切关注。时任国务院总理的李鹏同志在《关于对老区垣曲县脱贫问题的调查报告》上作了批示。在党中央和国务院关怀下,1991年垣曲县被列为国家级贫困县。之后,经过历届县委、县政府和全县人民的努力,在"八七"扶贫攻坚中摘掉了国家贫困县的帽子,但依然是省级贫困县。党的十八大以后,按照习近平总书记精准扶贫的指示,全县上下勠力同心、攻坚克难,于2019年摘掉了省级贫困县的帽子。从此,垣曲人民走向了更加美好的幸福生活。

在编纂《垣曲县革命老区发展史》中,我们按照习近平总书记学习党史、国史的要求,坚持以马列主义、毛泽东思想和习近平新时代中国特色社会主义理论为指导,坚持以党史、军史和中国革命史为依据,以垣曲县革命老区和老区人民的光荣革命史、不懈奋斗史为重点,以改革开放特别是党的十八大以来垣曲老区取得的发展变化和辉煌成就史为亮点,集中展现了垣曲老区人民在中国共产党的坚强领导下,在革命建设和改革开放奋进历程中创造的伟大成就和革命精神、光荣传统。这对进一步促进红色文化资源的保护、利用和开发,进一步唱响时代主旋律,传播社会正能量进一步助推垣曲老区脱贫振兴建小康,阔步实现社会主义现代化,进一步资政育人,巩固中国共产党的执政基础,坚定不移地沿着中国特色社会主义道路不断前进,都有重要的推动作用。

前程似锦，任重道远。我们一定要高举新时代中国特色社会主义伟大旗帜，更加紧密地团结在以习近平同志为核心的党中央周围，以更加坚定的信念，更加顽强的努力，毫不动摇地坚持与时俱进发展中国特色社会主义，不断丰富中国特色社会主义的实践特色、理论特色、民族特色、时代特色，团结全县人民，以更加开阔的视野、更加奋发的精神、更加务实的作风，凝心聚力、苦干实干，为建设"生态美、百姓富、实力强"的垣曲小康社会，倾力巩固脱贫摘帽成果，决胜扶贫攻坚年，奋力夺取全县经济社会高质量发展新成就，为实现中华民族伟大复兴的中国梦而努力奋斗！

中共垣曲县委

垣曲县人民政府

2020 年 10 月 1 日

序二

《垣曲县革命老区发展史》终于脱稿了，掩卷长思，心情久久不能平静。这是一部垣曲革命老区百年发展历史专著，本届老促会奉命编撰，深感使命重大，重任在肩，如履薄冰。

百年以来，垣曲发生了什么？垣曲发展了什么？垣曲获得了什么？《垣曲县革命老区发展史》会一一告诉你。

垣曲革命老区始于1927年，以中共垣曲县委的成立为标志，到1949年中华人民共和国成立的22年间，统称解放前。22年里，前十年是土地革命时期，最早的党组织在垣曲诞生，以裴丽生、文敏生、车敏瞧、常乾坤等为代表的一批优秀共产党员走上革命舞台，他们后来都是共和国的功臣。1937年至1945年是抗日战争阶段。日寇五次犯垣。在中条山会战中，国民党军队惨败，垣曲沦陷达四年之久，这是垣曲历史上最黑暗、最悲惨的四年。四年里，日寇屠杀无辜群众5500余人，几乎占当时全县人口的十分之一。四年里，全县的抗日烈士有350多人。1945年8月，日寇仓皇逃出垣曲，在运城投降，抗日战争胜利结束。

1946年至1949年的四年时间，属于解放战争阶段。四年里，垣曲县城三次解放。1947年，晋冀鲁豫野战军在马蹄窝强渡黄河，挺进豫西，逐鹿中原，垣曲作为老解放区，积极组织民工支前，随军南北转战，立下赫赫战功。1948年里，垣曲县组织85人参加"长江支队"南下福建，帮助新解放区建立政权。

中华人民共和国成立前的22年，是争生存、求解放的阶段，是革命力量由小到大、由弱变强的阶段。

中华人民共和国成立以后的70年，主要是以经济建设为主线的发展史，大致可分为三个阶段。一是中华人民共和国成立初期至党的十一届三中全会。垣曲人民在党的坚强领导下，一边医治战争创伤，一边恢复生产，先后经历了镇压反革命、组织互助组和合作社、支援抗美援朝战争、人民公社化运动。虽然有"文化大革命"的影响，但国民经济总体发展是健康的，集体经济得到了一定发展，打坝造地48000余亩，夯实了农业基础；垣曲的城镇集体企业发展到13家，地方国有企业发展到14家，按产业类型分，有煤矿工业、冶金工业、机械工业、建材工业、化工工业、轻工工业、食品工业、小手工业等。可以说这个阶段，为以后的改革开放和全面小康建设奠定了坚实的基础。二是党的十一届三中全会至党的十八大召开。这个阶段是以改革开放为主线，以经济建设为中心的发展阶段，极大地解放了生产力，快速地发展了经济，迅速地提高了人民生活水平，私营经济和混合所有制经济得到了长足发展，全县GDP由改革开放前的不足1亿元，到2008年达到20亿元。但县以下的国有经济和集体经济几乎荡然无存，同时环境破坏，资源浪费，可持续发展遇到阻力。第三个阶段，即自党的十八大以来，习近平总书记审时度势，提出了"两山理论",开启了全面建成小康社会的伟大里程。垣曲人民在县委政府的坚强领导下,经济发展模式由高速度向高质量发展转变,到2019年底,全县GDP由改革开放时期的20亿元迅速提升到64.96亿元。同时,脱贫攻坚也取得了决定性胜利,贫困率降到了0.06%。

自党的十八大以来至2019年底,全县基础设施建设取得了突飞猛进的发展:闻源高速公路开通,垣渑高速公路有望今年底开通,王横线由省道提升为国道,并进行了全线升级改造,沿黄公路正在升级改造中,县道和乡村道路全面升级改造完成。

国家级园林县城通过验收。滨河公园、中心广场、楹联广场、帝舜公园、森林公园、体育公园相继建成;县城实现集中供热、实现安全饮水、实现公共交通;大医院建设,初高中学校建设、职业中学建设、标准化幼儿园建设,都达到了省市一流标准;200兆瓦风力发电项目和400兆瓦光伏发电项目已经投入运行,1200兆瓦抽水蓄能发电项目已开工建设,垣曲将成为全省最大的清洁能源输出县。

垣曲坚持自然生态保护和治理并重,县域五条主要河流全面得到保护治理,亳清河被水利部授予"国家级水利风景区"称号。垣曲的天更蓝了,水更绿了,人民的获得感、幸福感和安全感有了明显提升。

百年发展史,波澜壮阔,翻天覆地。衷心希望本书能成为全县各级干部的资政书,成为广大青少年的教科书,成为外界朋友支持老区的知情书。衷心希望本书能成为全县人民的共同财富,为全县全面建成小康社会发挥应有的作用。

由于我们水平有限,谬误和疏漏之处在所难免,敬请读者批评指正。

垣曲县老区建设促进会会长　李道义
2020 年 10 月 1 日

概 述

（一）

垣曲县位于山西省南端，运城市东北，全县面积为1620平方公里，最高海拔2358米，最低海拔180米，下辖11个乡镇188个行政村，总人口24万，农业人口16.1万。距运城市115公里，距省会太原440公里，距首都北京910公里。

垣曲是山西省南部门户。地势西北高而东南低，呈棉叶状。地理坐标为东经111°～112°，北纬34°～35°。其中，山岭面积为1134平方公里，占70%；河谷面积为324平方公里，占20%；平原面积为162平方公里，占10%。

垣曲是人类的发祥地之一，是帝舜故里，成汤初都。是抗战时期的根据地，是革命老区。曾是山区贫困县，是小浪底水库重点淹没县。

垣曲生态优美，境内山峦起伏，水丰林茂，全县森林覆盖率达到52%，是国家级绿色能源示范县、全国绿化模范县、中国梅花石之乡，县城为国家级园林县城。拥有历山国家级自然保护区、中条山国家级森林公园、古城国家湿地公园、亳清河国家级水利风景区和黄河·历山国家4A级风景区等。

垣曲资源丰富，迄今探明的矿藏有46种，其中铜矿储量3亿吨，居全国第三。陶粒砂产能占到全国市场份额的1/4。风、光、水等新能源开发利用优势明显，潜力巨大。垣曲区位独特，地处晋、豫交界，闻垣高速公路纵贯全境，正在建设的垣渑高速公路接连中原，阳运高速公路已纳入全省规划，交通网络方便快捷。

垣曲农业特色明显，山地丘陵多，海拔高落差大；年均降雨量621毫米，无霜期长达230天，昼夜温差大。有主导产业核桃经济林30万亩，还大力发展畜牧、养蜂、烟叶、辣椒、食用菌、苗木等特色产业；有山里红果业、康源蜂业、沐风香菇酱、菖蒲酒业、大晋哥谷业等农副产品加工企业20余家。

（二）

垣曲历史悠久，商、周时叫"亘方"，秦时置县，宋时取"周围皆山，如垣之曲"之意，改名"垣曲"至今。

1994年，中美科学家在垣曲的寨里村土桥沟发现了世界上最早的具有灵长类动物特征的猿类化石，取名世纪曙猿。将人类的起源史向前推进了1000万年。

垣曲这块古老之地，不仅是高等灵长类动物的起源地，更是中华民族的发祥地之一。早在五六十万年前，这里就有人类活动的足迹。如果将沁水的下川文化和渑池的仰韶文化联结起来，拉成一条直线，垣曲正位于中段。垣曲这块古老之地，无疑是更新世人类活动最频繁的集聚地，这完全可从考古中发现的遗迹、遗物来作印证。如南海峪的旧石器时代遗迹，历山、三里腰细石器时代遗迹，还有南北两山、东西河槽、东西两原280余处旧石器和新石器遗迹的发现。

叙述垣曲上古历史，离不开人们常说的"尧舜禹汤"。这四大圣王在垣曲均有留下足迹："尧王访贤"走马望仙；"舜耕历山"移居负夏；大禹治水疏浚阳壶；"成汤誓众"起兵亳城。

纵观垣曲历史，建置沿革多变，时间长短不一。商周属冀州分野，称亘方，大约有50年。春秋为侯国，称东山皋落氏，属晋，大约有300年。战国属魏，称王垣，大约有250年。秦、汉、唐、五代称垣县，大约有400年。三国两晋称东垣，大约有200年。隋、宋、元、明、清、民国至今称垣曲，计有1110年。称白水、亳城、青廉、苌平、西太平等名，先后约180年，主要是南北朝时期。把以上时间加起来，垣曲这块地方，建立区域行政机构共计2930余年。

垣曲这块地方，建过郡，设过州，做过都城，然更多的时间是县治。在规模上，有时大有时小，有时一县分多县，有时多县合一县。地盘之大，东至王屋封门口，西至闻喜、夏县深山区。在隶属上，多属河东郡（或称道、路）、绛州，也属过平阳路，冀州、怀州、洛州、陕州。抗战时期属太岳行署第四专区，中华人民共和国成立后曾属晋南专区、运城专区，今属运城市。

村政建制也有变革。更远者无考。明洪武初，垣曲编户为27里，嘉靖年间并为19里，万历年间又并为10里。清康熙三年并为5里，下设72个村，分6个乡。

民国时期，全县分设三个区72个村，村下设闾。抗战时期，阎锡山政权在垣曲设编村25个。

1947年7月，原属河南省王屋县第二区的12个行政村划归山西垣曲。中华人民共和国成立后，垣曲设四个区84个行政村。1953年开始划47个乡，后改为36个乡，后又并为16个基点乡。随即区的建制撤销。1958年开展人民公社化运动，先有5个人民公社，后分为10个人民公社，下属105个管理区（以村为单位）。1962年，贯彻党中央"三级所有，队为基础"指示精神，全县改为15个公社138个生产大队971个生产队。1985年取消人民公社这一政社合一的组织形式，恢复原乡（镇）建制，改15个人民公社为15个乡（镇），后又分设历山、望仙两乡。2003年，全县为12个乡、5个镇，下辖191个行政村。到目前，全县为11个乡（镇），188个行政村。

（三）

垣曲是一个革命老区县，是以抗日根据地为依据的。而革命根据地，是由下列条件决定的：一是建党较早，1927年垣曲县就建立了中共垣曲县委；二是抗日初期，于1938年全县上下均有了"牺盟会"组织；三是中条山会战之后，1942年初垣曲县就建立了抗日政府和抗日武装；四是"十二月事变"之前，阎锡山派来的国民政府县长就是一位中共地下党员。

从20世纪20年代党在垣曲点起星星之火至今，垣曲人民一直是听党话、跟党走。尤其是在抗日战争和解放战争时期，垣曲老区人民付出了重大牺牲，作出了卓越贡献。在革命征途上从未掉过队、落过伍。

回溯垣曲革命历史，我们着重追述抗日战争和解放战争时期的相关情况。七七事变后，太原失守，华北沦陷，日军长驱直下，西踞晋南腹地，东控豫北平原。北平汉线和南同蒲线均落敌手。唯有太行、太岳、中条等山区仍为我军和国民党军防守。当时为了救亡，国共两党二次合作，结成抗日民族统一战线。

为了坚持华北抗战，保卫黄河，1937年5月，国民党军奉命向中条山大量集结。第二战区副司令长官兼前敌总指挥卫立煌以垣曲为行辕，驻扎莘庄。一时间，垣曲的山径小道，成为延安、西安和晋东南八路军抗日根据地互相往来及调兵、补给的必经之路。从1938年7月到1940年5月，中共中央北方局和第十八集团军的领导朱德、刘少奇、邓小平、彭德怀、杨尚昆、康克清、徐海东等先后路过垣曲，为垣曲这块热土播下了颗颗革命种子。

当时，垣曲地段作为华北抗战的一条主要补给线，前方抗日军队的兵员补充、物资供应、弹药运送、伤员转移，主要由垣曲人来担当。那时，垣曲只有6万人口，即有1万多个劳力长年累月服务于战勤。驻扎在垣曲的军队很多，村村庄庄都是兵营。沿途设立许多兵站，有共产党的，也有国民党的。日寇侵占豫北、晋南之后，主要目标就是进犯垣曲，打通中条，意在控制黄河，南下河洛。所以从1938年到1941年，先后集结兵力，频频侵犯垣曲，大战计有五次，小战不计其数。对于国民党抗日军队来讲，既有西阳河辉煌的战史，也有中条山会战的惨败教训。最后一次中日战争大较量，发生在1941年5月至6月，以垣曲为中心地带，周边牵涉6个县，中日双方投入了30余万兵力，恶战20天，国民党军队溃败，垣曲沦陷长达4年之久，日寇杀人放火，奸淫掳掠，无恶不作。三日一抓捕，五日一"扫荡"，视百姓如蝼蚁，杀无辜如草芥，疯狂地实行"三光"政策，垣曲人民九死一生，十室九空，造成一种"县无完村，村无完户，户无完人"的悲惨局面。在日寇铁蹄蹂躏下的生死关头，垣曲人民岂能当亡国奴！在中国共产党的领导下，毅然决然地走上抗日救亡的革命道路。在艰苦的岁月里，垣曲县抗日斗争基本经历了五个阶段。

第一阶段：唤醒民众，奋起抗日。这一阶段大致从七七事变到十二月事变（晋西事变），共两年多的时间。其间，主要以我党的外围组织——牺盟会为活动中心，发展组织，建立武装，宣传抗日，支援前线。1938年8月，分别在城关（今古城）、皋落、同善建立了三个区牺盟会，不久，相继在72个行政村建立了村级牺盟会。从1938年10月到1939年秋，先后发展会员5800多人，培训骨干数百人。还分别建立了农救会、青救会、妇救会、工救会等群众性的抗日组织。一批批热血青年响应党的号召，先后参加抗日队伍，奔赴前线杀敌。同时，全县开展了"减租减息"运动。

第二阶段：化整为零，坚持斗争。这一阶段大致从十二月事变到中条山会战，近两年的时间。1939年12月，国民党顽固派阎锡山倒行逆施，制造摩擦，破坏抗日统一战线，摧毁我晋东南七个县的抗日政权，屠杀共产党员及进步分子600多人，被绑架者数千人，并拉走我决死三纵队三个团的兵力，制造了骇人听闻的十二月事变。近在咫尺的垣曲县，山雨欲来风满楼，国民党、三青团、精建会、敌工团磨刀霍霍，伺机向我牺盟会扑来。面对这一严峻处境，上级党委立即作出决定"转移撤退，做好隐蔽，化整为零，坚持斗争"。凡已暴露身份的骨干一律迅速离开垣曲，向晋东南根据地撤退，分两批撤走了五十余人。中共垣曲县委立即转入地下隐蔽。垣曲抗日斗争陷入低潮。为适应斗争形势，共产党人开展了秘密情报联络工作，分设情报联络站，从事地下活动。

第三阶段：开辟根据地，坚持持久战。这一阶段大致从垣曲沦陷后的1941年冬到1944年春。这是一个敌众我寡、敌强我弱、天灾人祸、内忧外患的极度困难时期。1941年7月，中共晋豫区委决定南下太岳，开辟中条，恢复晋豫区的工作。1942年1月，八路军一二九师派出太岳区南进支队五十七团挺进垣曲。建立根据地，扩大游击区，缩小敌占区。新的中共垣曲县委和抗日政府、抗日武装相继建立。在那极端恶劣的环境中，我党为拯救人民于水火，高举抗日大旗，率领人民浴血奋战，生死搏斗，一次又一次地进行反"扫荡"、反蚕食、反维持，对日伪兵匪开展了艰苦卓绝的斗争，一步步冲出了生死存亡的难关。

第四阶段：强化武装，痛击顽敌。这一阶段大致从1944年夏反"扫荡"到1945年秋日本投降。在这一年多的时间里，敌我力量发生急剧变化，抗日战争由战略相持阶段转入战略进攻。一个个敌人碉堡被我军拔除，一个个敌人据点被我军吃掉。日军龟缩在王茅大本营和沿路交通线不敢轻举妄动，垣曲绝大部分村庄回到人民手中。到1945年8月

22日，日寇在我地方武装的三面包围下，仓皇逃离垣曲。

第五阶段：扫清残余，解放垣曲。日军逃跑后，长期鱼肉百姓，勾结日寇的日伪县知事张静心和阎顽县长侯中和勾结，盘踞县城继续与人民为敌。他们将其残部合编为"条东游击纵队"，并不断向北原、东西河漕侵犯。为了消灭这股残敌，收复垣曲，我太岳军区第四分区抽调阳城、王屋、垣曲等县独立团及垣曲四个区干队共千人，于1945年8月25日向敌人四面合围，力求全歼。8月28日晚9时展开攻势，29日拂晓，城外制高点的敌人全被消灭。29日下午5时，我军发起总攻，破城而入，两个长期与日寇勾结、作恶多端的伪顽县长束手就擒，700余名伪军政人员被俘。9月1日，在县城召开庆祝大会，宣布垣曲解放，抗日战争结束。

外侮刚除，蒋介石撕毁停战协定，内战狼烟再起，人民又陷入水深火热之中。1946年秋，胡宗南率部进犯延安，并同时插足晋南。于7月以4个师10个旅的兵力渡过黄河，进击河东。胡宗南的整编30师30旅于8月27日侵占垣曲县城及县城至横岭关交通沿线。我军民避其锋芒，迅速撤退到北山根据地。许多村庄实行了清室空野。国民党军队配合地方地主武装"爱乡团""返乡团""复仇队""倒算队"，向人民反攻而来。

一时间，黑云压城城欲摧，一场惊心动魄的血腥镇压，把无辜人民又推到了绝望的死亡线上。

经受了抗日战争磨炼的老区人民，在敌人白色恐怖下决不示弱，在党的领导下，和国民党反动派展开了"以牙还牙，以眼还眼"的殊死斗争，并配合解放区人民拉开了四年解放战争的序幕。1946年12月6日,太岳军区派出10个团的兵力,一举夺回了垣曲县城,给敌人以重创。为了配合全国战略进攻,按照中央部署,这次战役"只打不守",我军于12月11日撤离,敌人随之卷土重来,县城得而复失。1947年8月26日,我晋冀鲁豫野战军四纵、九纵、第三十八军和太岳军区第二十二旅共计8万兵力,强渡黄河,挺进豫西。眼看国民党大势已去,盘踞在垣曲的一小股顽军抱头鼠窜,垣曲最后解放。

在解放战争期间,作为革命老区的垣曲人民,在党和政府的正确领导下,打土豪、分田地,实行"耕者有其田"。大生产,支前线,参与全国解放战争,作出了卓越贡献,写下了老区人民的光荣历史。

(四)

中华人民共和国成立后,作为革命老区的垣曲人民,积极响应党中央、毛主席号召,开展了互助合作运动,走上了集体化道路,经济建设和各项社会事业获得了长足发展。在党的领导下,自力更生,艰苦奋斗,胜利度过了三年经济困难时期。

"文化大革命"中,垣曲的经济建设遭到了不可避免的损失,但仍然取得了一些成就,其中,农业生产基础性建设得到了较快发展。

党的十一届三中全会,是我们党的一次历史大转折。思想上正本清源,政治上拨乱反正,经济上改革开放,作为革命老区的一个山区县，人民充满了信心。四十多年来，垣曲人民沿着建设有中国特色的社会主义道路，先农村后城市，先经济体制改革后政治体制改革，一步步从胜利走向胜利，垣曲的政治、经济、文化领域等各项事业，均发生了翻天覆地的变化。

在党和政府的关怀和支持下，我县老区建设有了很大发展，老区人民的生活有了明显改善。但由于自然条件的限制，老区经济发展缓慢，生活还比较贫困。1988年5月，中共中央顾问委员会委员、原邮电部部长文敏生同志回故里探亲，对垣曲革命老区至此尚未脱贫的现状深切关注。返京后向中共中央、中顾委、国务院写出了《关于对老区垣曲县脱贫问题的调查报告》，引起了国家领导人的高度重视，时任国务院总理的李鹏同志立即作了批示。在党中央和国务院关怀下，1992年垣曲县被列为国家级贫困县。按当时标准衡量，贫困人口为10万人，占农业人口的67%。在县委县政府的领导下，经过几年的扶贫工作，特别是实施《国家八七扶贫攻坚计划》，加大力度，加快步伐，全力扶贫，摘掉了国家级贫困县的帽子。垣曲县老区人民的温饱问题也基本得到了解决。

黄河小浪底水利枢纽工程的兴建，使我县黄河沿岸大片土地成为库区。高程在海拔275米以下的淹没区，包括窑头、英言、谭家、古城、解峪、安窝、王茅7个乡（镇），42个行政村，164个居民组。水库淹没影响人口为42000人，淹没影响总土地99706亩，其中生产用地53070亩，占全县总耕地面积的13.2%，淹没水塘148亩，牧草地13185亩，荒山荒坡 7659 亩。水库淹没对我县经济发展造成很大影响，在全库区淹没影响县（市）中，垣曲淹没面积名列第二，县内安置任务名列第一。

移民，对垣曲来说是千载未遇的一件大事，也是涉及千家万户的一桩难事。但垣曲人民为了国家重点工程建设，识大体、顾大局，为国家、舍小家，扶老携幼离故土，忍痛努力建家园，历经十余年艰苦奋斗、风雨考验，终于完成了移民任务，用实际行动谱写了一曲曲感天动地的奉献壮歌。

（五）

在党的十八大精神指引下，我县进入全面深化改革的新阶段。经济建设取得了跨越式发展。

2013 年，垣曲县第十四次党代会认真贯彻党中央、省委、市委决策部署确定了今后工作的指导思想：立足垣曲实际，以党的建设为龙头，以生态建设为引领，统筹推进工业挖潜升级、农业提质增效、旅游全域发展、城乡功能提档、民生福祉改善、脱贫攻坚摘帽六大发展举措。奋力建设黄河金三角区域重要的特色农业生产加工示范区、矿产资源综合开发集聚区和生态观光休闲旅游度假区。全面加强党的思想、组织、作风、制度和反腐倡廉建设。着力打造灵山秀水、宜居宜业的美丽舜乡、生态垣曲，为全面建成生态美、百姓富、实力强的垣曲小康社会而努力奋斗。凝聚起了 24 万舜乡儿女摆脱贫困、走向繁荣的强大合力。

2017 年，在市委、市政府和县委的正确领导下，我们坚持以习近平新时代中国特色社会主义思想为指引，全面落实省委和市委的总体部署，紧紧围绕"六三"发展战略，坚持稳中求进工作总基调，主动适应经济发展新常态，统筹推进稳增长、促改革、调结构、惠民生、防风险各项工作，全县经济发展呈现出稳中有进、稳中向好、稳中提质的良好态势。全年地区生产总值完成56.7亿元，增长7.5%；规模以上工业增加值完成22.8亿元，增长8.3%；固定资产投资完成41.9亿元，增长25.9%；社会消费品零售总额完成25.6亿元，增长7%；财政总收入完成5.63亿元，增长45.3%；一般公共预算收入完成2.39亿元，增长26.5%；城镇居民人均可支配收入完成24896元，增长6.9%；农村居民人均可支配收入完成6722元，增长7.8%，主要指标任务较好完成，保持在合理区间。

改革开放四十年，垣曲县的经济建设取得了巨大成就。1978年经济总量只有7901万元，2018年达到了63.45亿元，约增长了80倍，财政收入由1978年的501万元增长到了2018年的6.55亿元，约增长了130倍。城市居民平均可支配收入2018年达到了26738元；农村居民平均可支配收入由1978年的74元增加到了2018年的7576元，约提高了100倍。

和改革前的三十年相比，GDP增长了20亿元，平均每年增长约7000万元。特别是在2008年到2018年的十年间，GDP增长了43.12亿元，平均每年增长4.3亿元。垣曲最近十年的GDP平均增长绝对额是前三十年平均绝对额的7倍。

2019年，是中华人民共和国成立70周年的大庆之年，是决胜全面建成小康社会的关键之年。全县上下深入学习贯彻习近平新时代中国特色社会主义思想、党的十九大和习近平总书记视察山西重要讲话精神，扎实开展"不忘初心、牢记使命"主题教育，以脱贫攻坚为统领，坚定不移推进"六三"发展战略，坚定信心、攻坚克难，凝心聚力、团结奋进，如期摘掉了省级贫困县的帽子，保持了全县经济平稳健康的发展态势。

目 录

第一编 新民主主义革命时期（1919.05—1949.10）

第一章 垣曲早期共产党员及其活动 /2
第一节 垣曲建党前的社会历史背景 /2
第二节 垣曲早期共产党员及其活动 /3

第二章 中共垣曲县委的成立及被破坏 /6
第一节 中共垣曲县委的成立 /6
第二节 垣曲共产党人在极端困难时期的活动 /8
第三节 垣曲共产党员创办进步刊物 /9
第四节 垣曲农民的抗租斗争 /16

第三章 中共垣曲县委的重建及民众抗日斗争的开展 /18
第一节 中共中央重视垣曲抗战和建党 /18
第二节 中共垣曲县委的重建和党组织迅速发展 /20
第三节 牺盟垣曲分会的成立及民众抗日工作开展 /23
第四节 实行减租减息 改善人民生活 /30
第五节 中共垣曲县第一次代表大会的召开 /32
第六节 东原根据地和党组织的初建 /37
第七节 十八兵站 /40

第四章 抗日战争初期垣曲人民的对敌斗争 /42
第一节 敌占区和根据地两个县委的建立 /43
第二节 敌占区县委开展的主要工作 /45

第五章 壮大抗日武装 建立抗日政权 /52

第一节 太岳南进支队挺进垣曲 /53

第二节 整顿恢复敌占区党组织 /57

第三节 建立民主抗日政权 巩固扩大抗日根据地 /60

第四节 中共垣南县委的组建及活动 /71

第五节 中共王屋二区党委和抗日政府的建立及抗日斗争 /79

第六节 党组织领导的地方抗日武装 /84

第七节 坚持反维持 巩固解放区 /93

第八节 开辟东河槽抗日根据地 /96

第九节 抗战时期的中共垣曲基层党组织 /100

第十节 垣曲抗日战争的胜利 /117

第六章 抗日战争胜利后的对敌斗争和经济建设 /119

第一节 清算"六十斤" /119

第二节 诉苦复仇、反奸反霸、减租减息 /121

第三节 改造村政权 /125

第四节 发展生产，医治战争创伤 /126

第五节 选举国大代表 /130

第七章 开展自卫战争 粉碎国民党的军事进攻 /132

第一节 守卫河防 /132

第二节 国民党军占领垣曲 /134

第三节 窑头惨案 /138

第四节 五福涧惨案 /140

第五节 南蒲民兵事件 /142

第六节 县委领导的人民自卫战争 /143

第八章 保卫胜利果实 巩固发展解放区 /155

第一节 支前参战 /155

第二节 支援渑池县公安工作 160

第三节 干部南调接管新区 /161

第四节 整党 /166

第五节 土地制度的改革 /172

第六节 各项事业的恢复与发展 /178

第二编 社会主义革命和建设时期（1949.10—1978.12）

第九章 中华人民共和国成立初期垣曲的社会主义建设 /188

第一节 社会主义过渡时期 /188

第二节 互助组 /189

第三节 初级农业生产合作社 /190

第四节 高级农业生产合作社 /191

第五节 人民公社 /192

第三编 改革开放和现代化建设新时期
（1978.12—2012.11）

第十章 改革开放和社会主义现代化建设新时期 /194

第一节 结构调整 农业增收 /194

第二节 工业改制 创新发展 /198

第三节 城乡交通 四通八达 /201

第四节 林草结合 山川秀美 /202

第五节 文化自信 整体推进 /205

第六节　水利开发　惠民利民 /210

第七节　移民搬迁　安居乐业 /211

第八节　城镇面貌　焕然一新 /215

第九节　党政重视　教育强县 /218

第十节　医疗卫生　创优发展 /220

第十一节　县城经济　全面发展 /222

第四编　中国特色社会主义新时代（2012年11月以后）

第十一章　十八大以来的跨越发展 /228

第一节　经济建设跨越发展　综合实力明显增强 /228

第二节　项目建设全力推进　转型发展步伐加快 /232

第三节　工业园区集群化发展　开发区建设顺利推进 /234

第四节　现代农业提质增效　乡村振兴日新月异 /237

第五节　水利事业成效显著　生态建设名列前茅 /241

第六节　教育事业稳步提升　卫生资源持续优化 /244

第七节　城市建设快速发展　人民群众安居乐业 /249

第八节　全力开展脱贫攻坚　决战完胜如期摘帽 /251

附录一　1937年以前入党和在垣曲有重要影响的人物 /261

附录二　革命英烈 /294

附录三　革命遗址遗迹（部分）/324

附录四　老区乡镇及"五类"老区村名录资料 /357

附录五　历届老促会主要组成人员 /363

后　记 /369

第一编 新民主主义革命时期

（1919.5—1949.10）

在新民主主义革命时期，随着马克思主义在中国的传播和中国共产党的诞生，垣曲一批进步青年率先加入了中国共产党，中共垣曲县委也于1927年11月成立。之后，在党的领导下，垣曲老区人民为垣曲革命老区的创建，为抗日战争和解放战争的胜利，艰苦奋斗，流血牺牲，作出了重大贡献。

第一章 垣曲早期共产党员及其活动

20世纪20年代初的中国,军阀混战、生灵涂炭,民族危急。压迫的加重促使反压迫力量的发展。各种新文化、新思想蓬勃兴起,革命浪潮风起云涌。垣曲一批在外求学的热血青年,接受了新思想的熏陶,信奉马列主义,寻求救国道路,加入中国共产党,把革命的火种播撒到了垣曲。

第一节 垣曲建党前的社会历史背景

20世纪20年代的垣曲,封建势力盘根错节。在封建土地所有制下,垣曲本来就不广阔的土地,绝大部分掌握在地主手中,并且是良田。广大农民只占有极少部分,且多是贫瘠的山坡地,还有一些农民根本就没有土地,只能靠租种地主的土地生活。地主为了聚敛财富,依靠租佃制贪婪地对农民进行地租剥削和高利贷盘剥。以当时作为县城所在地的城关为例,800余户4000余口农民,土地集中在"四大家、八小家、二十四户平和家"之手。大多数农民辛勤劳作,却只能糠菜半年粮。全县半数以上的土地掌握在数十家地主手里,像谭家、上、下亳城,南圪坂等大村,几乎全是贫农和佃户。广大农民食不果腹,生活极度贫困,被迫不断地进行抗租斗争,但皆以失败告终。

垣曲虽然是山区，但地处晋豫交界，也是山东、河南、安徽人逃荒逃难西走的必经之路。人员流动频繁，民众思想活跃，崇尚耕读传家，富户人家重视后代教化，多有子弟到山外上学求知。

第二节 垣曲早期共产党员及其活动

20世纪20年代，中国社会剧烈变动，各种势力彼消此长，新旧观念和思想不断抗争。马克思主义、无政府主义、社会主义、实验主义……西方近现代文明中的种种思潮涌入中国，冲击着固有的传统观念。因为思潮纷纭，人们信奉的主义各异，甚至导致了五四时期的新文化运动阵营的分裂。而其中的马克思主义学说最具说服力和号召力，它的广泛传播，为一个将要改变中国历史命运的政党——中国共产党的诞生，做好了充分的理论准备。1920年，共产主义小组、马克思主义研究会、社会主义青年团等宣传马克思主义的组织在各地纷纷成立，有力地推动着中国共产主义运动的发展。1921年，中国共产党的成立，标志着一个伟大时代的开始。从此，中华民族的解放事业有了坚强有力的领导力量。

20世纪30年代的中国，革命浪潮风起云涌，垣曲在北京、太原等地求学的一批思想进步青年，在学校接受进步思想，寻求改造社会的道路，加入了中国共产党，投身革命，成为垣曲早期的共产党人。他们对马克思主义在垣曲的传播，特别是对中国共产党在垣曲建立组织起过重要作用，产生了重大影响，成为中共垣曲地方党组织建立和发展的星星之火。

台联捷，垣曲硖口村人，1925年考入太原省立第一中学。1926年秋经同学杨景岳（芮城人）介绍，加入中国共产党。当时蒋介石制造中山舰血案，决心消灭共产党，一片血雨腥风。特别是四一二反革命政变之后，革命形势急转直下。在太原，台联捷就读的省立第一中学成了阎锡山当局监视的重点，一些特务也打入了共产党内部。

1926年10月，由台联捷牵头，请示中共山西省委同意，在太原成立了"垣曲旅外同乡会"。其目的是广泛联络在外地（主要是太原）的垣曲籍进步青年学生，一旦时机成熟就返回家乡发展党员，建立党组织。台联捷除了在太原联络组织进步学生向学校反动当局开展斗争外，还利用寒、暑假期间回到家乡传播马列主义，宣传革命形势，讲解革命的光明前途。1926年寒假，他回到垣曲，利用村民冬闲坐夜的习惯，首先在硖口村油坊窑举办读书会。教年轻人识字、学打算盘，辅导村民学习文化。讲说革命故事，介绍北伐战争，讲述叶挺独立团打胜仗的事迹和湖南农民闹革命的故事。宣传将来如何平分土地、实行"耕者有其田"，人人有饭吃、有衣穿、有学上的美好前景。农民们听了觉得耳目一新，十分向往。听讲的人越来越多，坐夜扯闲的油坊窑变成了宣传革命的"农民讲习所"。有不少人在这里接受了新思想，像文景彦、张雨三、弟敏学、台联芳、台中奎、文书生等青年后来都成了中国共产党党员。

台联捷在垣曲以国民党左派的身份公开活动，他不止一次到附近圢坂汤圣庙第四高小以及城关、同善、丰村等周边各村学校，组织进步青年阅读书刊，学习陈独秀、李大钊等人的文章，培养中共发展对象。他还在村里公开摆开桌子，亲自执笔登记农民协会会员，参加的会员达七八十人，其中有不少外村青年。在这些会员中，有不少人后来加入了中国共产党。

常乾坤，垣曲下亳城村人。家境贫寒，幼年寄居在西型马村的外祖父家中。后到太原求学，考入半兵半读的山西讲武堂，结识了不少进步同学，成为活跃的学生运动骨干。1924年毕业后，远赴广州，投身到蓬勃发展的国民革命运动中。次年考入黄埔军校，7月加入中国共产党，是垣曲最早的共产党员之一。

姚理平，垣曲古城村人。1925年在北平（现北京）中法大学求学期间，结识了中国共产党的创始人之一、革命先驱李大钊，同年由李大钊介绍加入中国共产党。在北平读书时，姚理平不断把一些马克思主义的书籍（如《共产党宣言》《共产主义ABC》）和宣传新思想、新文化的书刊（如《母亲》《读书生活》《人世间》），以及鲁迅、郭沫若、茅盾、老舍等人的著作寄回垣曲，这些书刊在城乡学校中广为传播。不少知识青年对这些书刊产生了极大兴趣，怀着强烈的好奇心和求知欲，如饥似渴地争相阅读，新思想在进步青年心中激荡。

裴丽生，垣曲峪子村人。1923年夏考入太原进山中学。进山中学在当时的太原教学质量比较高，师生思想也比较活跃。在这里，裴丽生广泛接触了五四运动的科学、民主思想，阅读了《新青年》《独秀文存》《胡适文存》和鲁迅、郭沫若的作品，1927年四五月，裴丽生经本班同学席竹虚（垣曲城关人，后叛党）介绍，加入中国国民党左派。7月加入中国共产党，从此成为职业革命者。他通过各种方式与垣曲青年沟通，还经常把进步书籍寄回垣曲，传播革命思想。裴丽生曾在垣曲同代青年中产生过很大影响，影响垣曲一代人走上革命之路。

第二章
中共垣曲县委的成立及被破坏

革命浪潮激荡神州大地，中国共产党的思想照亮垣曲，垣曲早期共产党员组织读书会，成立讲习所，宣传革命思想，秘密发展党员。1927年冬，中共垣曲县委成立，在北方的中条山地区石破天惊，虽然1928年被阎顽扼杀在襁褓中，但革命火种没有泯灭，垣曲的共产党人没有退却、没有屈服，在严峻的形势下，在腥风血雨中，避走他乡，转移隐蔽，保存革命火种，在外创办刊物，继续从事党的活动。觉醒了的垣曲民众凝心聚力，抗租斗争如火如荼。

第一节 中共垣曲县委的成立

1927年8月，受中共山西省委派遣，台联捷、王心清等17位共产党员和进步青年，赴武汉农民运动讲习所学习。他们于8月下旬从太原分散出发，历经周折到达后，因武汉刚发生七一五反革命政变不久，仍处于白色恐怖的血雨腥风之中，便奉命返回原籍。台联捷、王心清于同年9月返回垣曲。回垣后，立即开展工作，秘密发展党员。想方设法与上级党组织取得联系，接受领导。其间，杨国瑞积极开展学运工作，并在其执教的垣曲第一高校成立了共青团垣曲县支部，共产党员吕汉文任书记。

1927年10月，台联捷与山西省委接上关系后，和王心清、杨国瑞商量在城关设立了秘密通讯处，由王心清发展的新党员文同庆、阎明德在秘密通讯处负责收发党内往来信件。

1927年11月初，台联捷奉命到夏县留村出席中共山西临时省委召开的河东党的活动分子会议。会议要求各县在有条件的情况下，建立县委机关，把党的工作重心转向农村。台联捷回垣后，按照会议精神，和王心清、杨同瑞积极筹备，于当年11月底在城关文同庆执教的药王庙小学秘密集会，正式建立了中共垣曲县委员会，台联捷任书记，王心清、杨同瑞、文同庆为县委委员，申景达任交通员。

1928年3月，中共垣曲党组织暴露。国民党山西省党部和阎锡山山西省政府同时密令垣曲当局抓捕台联捷。某日早，垣曲县政府派一队人马去硖口抓捕，同行中有一人是硖口村人，半路上借口有事先走一步，趁机跑回村给台联捷通风报信，台联捷迅速逃走，躲过了一劫，隐蔽到河南济源；杨国瑞出走河南郑州，到冯玉祥随营学校藏身；文同庆被捕，被押解至太原监狱；申景达、任希书、谭鸿禧、石浩然等人也先后被捕，后下落不明；只有王心清幸免于难，但在垣曲已无法开展工作，于次年又到北平（今北京）求学。

腥风血雨，白色恐怖，中共垣曲县委被扼杀在摇篮之中。

第二节 垣曲共产党人在极端困难时期的活动

中共垣曲县委遭受重创。国民党山西省党部给垣曲当局下文，要求今后"派专人检查邮局来往信件，防止赤党活动"。垣曲共产党人的活动进入极端困难时期。

中共垣曲县委虽被扼杀，但县内外的垣曲共产党人没有屈服，他们以各种方式坚持斗争。

1930年4月，中共河东特委负责人嘉康杰来到垣曲槐南白村，住在关中廷家中，并介绍关中廷加入中国共产党。关中廷以天主教徒和小学教员身份为掩护，在皋落一带和闻喜、夏县与垣曲交界的山区秘密活动，先后发展贾润玉、李进宸等11人加入共产党。次年秋，在槐南白、朱家庄、上丁村等村培养积极分子，陆续发展党员。

1932年1月，嘉康杰第二次来到槐南白村，与关中廷商量发动武装暴动。他们勘察闻喜、垣曲交界处地形，准备暴动后在这里建立革命根据地。之后，以关中廷为主，连同嘉康杰等人在垣曲、夏县、闻喜、平陆交界的边沿地区秘密组织工农红军，队伍逐渐发展到60余人，并拥有少量枪支弹药。

这一时期，关中廷在新绛县"若瑟学院"任教，从事党的秘密工作，在新绛县南关纱厂工人中发展党员，并给党员安排工作；他还在绛县中学学生中进行革命教育，联络垣曲籍在校学生翻印进步刊物，通过垣曲籍学生中的王铭三、马万程、普世发等进步青年散发进步书刊。学生们争相阅读，深受启发，不少人后来加入了中国共产党。

同时，关中廷还在自己任教的学校发展中共党员。嘉康杰曾几次到新绛指导工作，由关中廷资助其费用，同时关中廷还以在太原受难的革命青年家属的名义多次资助他们。

1935年8月14日，关中廷被阎锡山政府的警察逮捕，关押在绛县监狱，多次遭到审讯逼供，关中廷始终没有承认自己是共产党员，直到1936年10月被保释。

中国工农红军经过长征到达陕北。1936年1月15日，毛泽东、周恩来、彭德怀签发了《西北革命军事委员会东进抗日及讨伐卖国贼阎锡山的命令》，命令主力红军"即刻出发，打到山西去"。为响应红军东征，嘉康杰率领由他和关中廷组织起来的队伍，在尖山一带发动武装暴动。他们插红旗、贴标语、散发传单，烧毁地契，把地主的粮食衣物分给穷苦农民。垣曲、平陆、闻喜、夏县四县交界处的地主惶惶不可终日。这次暴动最后虽然失败，但产生了很大影响。1936年6月，为保存这支武装力量，嘉康杰根据上级党组织指示，将队伍化整为零，分散隐蔽活动。

第三节 垣曲共产党员创办进步刊物

1933年八九月，在清华大学读书的共产党员裴丽生，联络垣曲籍在北平各大学读书的王心清（共产党员）、姚藩南（共产党员）、弟安仁、普攀龙、张晋媛（女）、姚书奎、李济生等人，组织成立了"垣民之友社"。当年寒假，他们利用回乡过年的机会，在垣曲广泛宣传革命形势，传播进步思想。同时进行联络募捐，为《垣民之友》的创刊和发行奠定了思想基础和物质基础。

1934年元旦晚上，裴丽生和在北平的王心清、姚藩南三人开会，研究决定《垣民之友》出版发行的具体事宜。次日，又分头征求了其他垣曲籍学友的意见。之后，分头工作，于1934年1月10日出版了《垣民之友》第一期，随即发回垣曲，与垣曲民众见面了。

现仅存的纪念《垣民之友》创刊一周年特大号，封面右侧木刻的"垣民之友"四个大字赫然醒目；漆黑的天空有几颗亮晶晶的星星，黑暗笼罩下的大地上是破土而出的青草。封面的左半边，上半部分是"补在卷首"百字左右的警言格语，下半部分是"要目"，在整个封面上还套红印着"追赶新时代，创造新垣曲"两行大字，整个设计新颖别致，寓意深刻，耐人寻味。

《垣民之友》主要面向垣曲青年知识分子，基本读者是小学教员和社会各阶层文化人。开辟有多个专栏，其中有分析国内外形势的"时事评介"；有抨击社会不合理制度的"读者论坛"；有反映国内外形势的"要闻简报"；有写给故乡小学生的"小朋友园地"；有介绍进步书籍的"书籍介绍"；有宣传革命派人物的"名人小传"；有来自家乡的"垣民消息"；有开阔人们视野的"科学小常识"；有在外垣曲籍青年与故乡亲友书信往来的"两地信"等。

《垣民之友》的编辑工作由裴丽生负总责，其他参与人员及分工情况大致为：

王心清，中共党员，时为中国大学学生。因裴丽生当时不仅负责北平的"社联"工作，每周还要在北平中华中学讲课，事务繁多，王心清协助裴丽生抓《垣民之友》编辑部的全面工作。

姚藩南，中共党员，时为中国大学学生。其主要负责《垣民之友》的组织联络工作。

弟安仁，时为北平大学工学院学生，为《垣民之友》编写工业知识介绍文章。

普攀龙，时为北平朝阳大学学生，其主要撰写法律常识方面的稿子。

李济生，时为中法大学学生，主要撰写教育方面的稿子。

李仰邺，时为中国大学留日学生，主要撰写国际方面的稿子。

垣曲县内写给《垣民之友》的稿件，由小学教员姚舜基负责寄给编辑部。

另外，参加编辑工作的还有姚书奎等人。

《垣民之友》立足垣曲，通过丰富的内容和生动活泼的形式，开阔了垣曲青年知识分子的视野，引导他们寻求革命道路。一经问世，就与社会发生共鸣，产生了巨大的政治影响。

随着《垣民之友》影响的不断扩大，垣曲县内成立了垣民之友分社，负责刊物的发行和组稿工作，还通过郑维秀等人在城关（今古城）创办的益智书社发行。刊物影响到当时的太原、绥远、崞县（今原平）等地，并深受欢迎。其发行量很快从创刊时的400余份增加到2000余份。在垣曲，多数小学教员和很多进步青年争相订阅，有的不仅为《垣民之友》撰写文章，还捐款支持。在北平的一些外籍友人和旅居海外的华侨也慷慨解囊相助。

为帮助彷徨迷茫的热血青年选择正确的人生目标，裴丽生在办好《垣民之友》的同时，于1934年10月同牛佩琮（山西定襄人，共产党员，时任清华大学"社联"书记）等共产党人组建读书会，对象是在京大学生，虽说不分籍贯，但山西人较多，垣曲在京学生几乎全部参加。同年12月，裴丽生和关梦觉（满族，吉林人，时任北平《外交月报》编辑）商量，编辑出版《在马列主义旗帜下》，王心清主动自费购买油印机、钢板、蜡纸、油墨、纸张等。1935年1月，由裴丽生和关梦觉编辑，王心清刻板印刷的300册秘密刊物《在马列主义旗帜下》出版，并由王心清按裴丽生的安排分发到倾向共产党的热血青年手中，其中20余册寄回垣曲。

《在马列主义旗帜下》第一期，重点介绍马列主义理论和国内外时事。国内的消息来源是《大公报》，当时的《大公报》有个栏目，从反面报道红军从中央苏区撤出以后的动向，裴丽生等人向读者提供苏区和红军的消息，还刊登了斯大林的《论列宁主义基础》等文章。

《垣民之友》刚出版发行时，很注意隐蔽保护自己，表意尽量含蓄。因此，当时的国民党垣曲县长周其昌还捐过五元大洋。但十余期后，根据各方面读者要求，也由于编辑们都是一些进步的热血青年，语气越来越尖锐，立场越来越明显地宣扬共产党的主张。比如，垣曲籍学生姚藩南、文敏生等人的文章言辞犀利，锋芒毕露，使得《垣民之友》政治影响越来越大，发行份数越来越多，发行区域越来越广。这也使得国民党当局越来越不满，认为这是一份由共产党掌控的刊物，因而视为眼中钉。

早在1934年12月，山西省人民政府一大员到垣曲视察，县长周其昌大摆宴席，奢华接待。之后，《垣民之友》以"尔俸尔禄，民脂民膏"为题予以揭露鞭挞。文章刊出后，引起北平当局警觉，疑为共产党的刊物，派人暗中监视王心清、姚藩南居住的《垣民之友》发行处。

1935年4月，《在马列主义旗帜下》出到第三期时，王心清的刻印处遭到当局搜查，所幸王心清早有戒备，及时烧毁蜡纸和文稿，妥善藏匿设备和印刷品，迅速撤离，才没有遭受损失。同时，裴丽生接到中共北平市委通知，指示其活动已引起当局注意，不能再进行公开活动。几乎同时，负责与裴丽生联络的关梦觉被当局逮捕。

1935年4月，山西省政府视察员王明义来垣视察，在县城（城关）内第一高级小学发现了《垣民之友》，并通过小学教员赵文清得知推销发行人员名单，遂与县长周其昌密谋，于5月10日开始搜查逮捕。时值城关农历四月初八传统古会，四乡人都进城赶会，街上人山人海，闻听当局捕人，顿时一片混乱。周其昌害怕出事，命令停止逮捕。当天只抓了在垣曲负责《垣民之友》发行工作的姚士龙、姚舜基（共产党员）、阎树璜等四人，并声言"嫌犯已全部抓获"，以稳定人心，使更多人被蒙骗。文敏生等人及时逃走。第二天县政府又抓捕了44人（多系小学教师）。周其昌亲自坐堂审讯，企图以此线索追查共产党在垣曲的组织。同时在县城各路口贴出告示，宣称"无论什么人，都不准阅读和私藏共产党书刊"。第一高小校长倪倞（国民党员）在全校师生大会上咆哮如雷："今后谁也不能看《垣民之友》和共产党的书籍！"有学生问："鲁迅的书能不能看？"倪倞愤怒地说："鲁迅是大共产党！"

在省城太原，阎锡山更为注意时态发展。几乎在垣曲大肆逮捕进步知识青年的同时，派宪警到北平将普攀龙、弟安仁、姚书奎等人逮捕，押解回太原，投入监狱。后经时任山西省人民政府榷运局局长的垣曲人安恭已周旋担保，三人于1935年8月保释出狱，县内在押人员也同时获释。幸免于难的裴丽生避走西安，化名陶俊怡，后与一同出走的姚理平返回运城，继续从事革命活动；张晋媛远走绥远；王心清、姚藩南东渡日本留学；在垣曲的文敏生（时名文维谨）、王荷荣（王健）等逃往河南隐蔽。

至时，垣民之友社被迫解散，《垣民之友》被迫停刊。

《垣民之友》从1934年1月10日在北平创刊发行，到1935年5月被查封停刊，历时1年4个月，共出刊17期（有的是两期合刊）。《在马列主义旗帜下》1935年1月在北平创刊，同年4月就被查封停刊。仅仅出了三期。这两种进步刊物，在当时曾产生过重大影响。《垣民之友》立足垣曲实际，针砭时弊，具有很大的鼓动性，在当时的垣曲几乎家喻户晓。《在马列主义旗帜下》由于时间短，只在一部分人中产生过影响。

车敏瞧创办《我们的世界》。车敏瞧，垣曲沇岭村人，早年在太原国民师范上学，曾在《垣民之友》和其他报刊上发表文章。《垣民之友》案发后，他也成了当局追查的对象之一。于是他避走外地辗转到了上海。当时，蔡元培、鲁迅、郭沫若等688位知名人士联合发表了《我们对推行新文字的意见》（所谓新文字，是指拉丁化新文字，由共产党人瞿秋白等人研发），受到广大知识青年的欢迎。

此时，中华民族正处在生死关头，推广新文字旨在迅速提高人民的文化水平，进而提高政治觉悟，推进全国性的抗日救亡运动。当时已对新文字非常熟悉的车敏瞧正在上海的一个养鸭厂做工，于是他离开养鸭厂，到上海的一些大学、银行、商店教授新文字。1936年2月，上海市党组织决定创办一份宣传新文字、宣传抗日救亡的报纸。车敏瞧因工作积极、业务精湛成为主编。根据车敏瞧提议，报名定为《我们的世界》。最初几期用募捐的办法筹款办报，之后订阅发行，以报养报。

不久，经上海市党组织的范君慧介绍，车敏瞧参加了中国共产主义青年团。

这份报纸刚开始，根据党组织意见由上海市"左联"领导，后又归共青团领导，领导该报的负责人先后有范君慧、林艺（女）等，编辑有杜松寿等七人。后来从太原到上海的青年力群（版画家）、从山西到上海的垣曲籍共产党员姚理平、从河南到上海的垣曲籍青年文敏生等人也参加了编辑工作。

《我们的世界》的办报方针是：以新文字为武器，宣传共产党的抗日救亡主张，报道各地的抗日救亡消息，宣传马克思主义的基本知识。《我们的世界》是一份政治性很强的综合性新文字报纸，八开版，分时事、工农、社会科学知识、文艺等版面。配以图片、漫画、版画，图文并茂，生动活泼，发行对象主要是进步青年。初为半月刊，后改为旬刊、周刊。发行量从开始的三四千份增加到后来的9000余份，遍布全国17个省、市，甚至在马来西亚、香港的华侨学生中也有读者。因几个主要编辑都是垣曲人，每期都要寄回垣曲数十份，在垣曲产生过重要影响。

《我们的世界》因为有推广新文字这一招牌，一时没有引起当局怀疑，但时有抨击时弊、鼓舞民众斗志的文章刊登。如1936年9月1日出版的第十一期上，刊登了文敏生的长诗《锄头和镰刀》，揭露和抨击反动当局和封建地主压榨剥削劳动人民的罪行，文字尖锐犀利，鼓动性强，号召受压迫的民众奋起反抗，推翻反动统治。这些激进的文章，引起当局的注意。1936年9月，为纪念九一八事变，《我们的世界》出了通栏套红报头的纪念特刊，同时还印刷了传单，准备游行时散发。9月18日上午10时左右，参加游行的车敏瞧等人被逮捕。车敏瞧被带到上海市公安局，巧遇审讯者是垣曲邻县绛县人，侥幸脱险。

这件事之后，办报陷入困境，《我们的世界》终于1937年初停刊。

第四节 垣曲农民的抗租斗争

虽然中共垣曲县委惨遭重创，但革命火种并未熄灭。垣曲籍共产党人在外地创办进步报刊，寄回垣曲，在民众中传播革命思想，受压迫、受剥削的垣曲民众逐步觉醒，开始积极反抗。中共垣曲地方组织,除积极发展组织外,还在有条件的地方鼓动进步青年反霸抗租,其中下亳城村农民的抗租斗争尤为突出。

1936年3月,城关的地主单方面提高下亳城村佃户地租,引起佃户不满。4月,下亳城村村长常炳华和主张公道团(1935年夏,阎锡山为实行"民众防共",成立"主张公道团",以下简称公道团,又称"好人团"。抗战全面爆发后,"公道团"在垣曲一度与牺盟会实行合作)村团长许钰、副团长师星明等接近共产党组织的进步青年,按照党组织的指示,召集佃农开会,发动抗租。并以村公所和主张公道团村团部的名义,拟订拒交增加租额和拒绝执行的6条公约,在城乡张贴。县城内26家地主强词夺理,联名向县政府呈文,告发下亳城村农民"剥夺地权,私出布告,结伙抗租,迹近赤化"。还面见县长,要求将带头者拘捕法办。县长王皋君、县公道团团长郭玉润,迫于社会压力,不敢轻举妄动。面对这种状况,下亳村公道团在共产党人的策动下,呼吁全县各村状告地主,王、郭骑虎难下。6月,县城内地主组织百余人到下亳城村收租,被共产党掌握的村公所查出地主自制的大斗24只,遂具状连同大斗一并送交县政府。县长王皋君指名传讯,地主们自知理亏,央人说情,但迫于民众压力,遭到县府拒绝。地主联名遂向省政府状告王、郭"袒护赤化,剥夺地权,结伙抗租"。下亳城村也派人赶赴太原,暗将状告地主的诉状誊写一份寄回垣曲给王、郭,郭玉润急赴太原回告。阎锡山省政府怕事态扩大,不好收场,便立即召开会议,决定按实产千分之三百八十交租办法(简称"三八"减租)

执行，地主们只好认输。接着，谭家、圢坂等村的佃户也开始要求地主减租和进行反"大斗"斗争，一直波及全县。这场由共产党人策划、以公道团为掩护的对地主斗争的胜利，维护了穷苦农民的利益。

第三章
中共垣曲县委的重建及民众抗日斗争的开展

　　七七事变，国土沦陷，中华民族到了最危险的时候。国共合作，奋起抗日，八路军东征山西，开辟抗日根据地。党中央重视垣曲的战略地位，指示建立党的组织，壮大抗日力量，开展游击战争。1937年垣曲县委又一次组建，基层党组织迅速发展，坚持统一战线，成立牺盟会，发动农民抗租抗息，解决土地问题，改善民众生活。十八兵站的成立，开通了延安与八路军总部的重要交通线。

第一节　中共中央重视垣曲抗战和建党

　　1938年初，沿平汉线向南进犯的日军，为配合日军大本营发出的向山西南部进攻的命令，从安阳、洛阳向西进犯，企图占领新乡后，沿道清路西犯，占领焦作、晋城、阳城、沁水，同晋南日军会合。

　　1938年2月下旬，中共北方局代表、军委书记、八路军驻新乡第一战区长官司令部联络处主任朱瑞、副主任唐天际，根据日军向山西南部进攻的动向，遵照中共中央北方局"关于坚持全面抗战，放手发动群众，建立与发展党的组织，掌握武装，领导游击战争，创建敌后根据地"的指示精神，带领中共直鲁豫边省工委主要负责人及机关干部一行人，到达阳城南部的鳌背山区横河镇。1938年3月初，在下寺坪召开联席会议，决定创建以阳城为中心的抗日根据地，同时撤销直鲁豫工委和曲沃特委、河东特委，成立由聂真任书记的中共晋豫特委，特委隶属中共冀豫晋省委。具体领导黄河以北、临长公路以南、白晋公路以西、同蒲铁路以东地区党的工作，包括阳城、沁水、翼城、济源、沁阳、曲沃、绛县、夏县、闻喜、平陆、芮城、虞乡、孟县、垣曲、运城、安邑等16个县。这一地区依山带河，是太行八路军总部经长治、高平、晋城、阳城、垣曲南渡黄河通往陕甘宁边区的一条重要通道，战略地位十分重要。

特委成立不久，八路军晋豫边游击支队成立，先成立八路军晋豫边游击大队，后成立支队，由朱瑞负责，统一领导与协调晋豫边党政军群各方面的工作。

3月5日，朱瑞致电中共中央、毛泽东，报告了关于开展晋豫边敌后根据地工作部署情况和今后打算。3月6日，毛泽东复电指示："晋豫边甚重要，望有计划地部署沁水、翼城、曲沃、垣曲、济源、博爱、晋城地区游击战争，配合主力在西北两面之行动。"

3月24日，毛泽东、刘少奇又发出关于组织以八路军名义出现的游击兵团的电报，指出："由于战争形势的发展，八路军主力或许在不久的将来有转移地区作战的必要。为了在八路军主力转移至其他地区后，我党仍能在统一战线中有力地坚持领导华北抗战，必须立即组织以八路军名义出现的下列游击兵团。"电报还要求在晋城、陵川、修武地区组织一个支队，阳城、济源、垣曲地区组织一个支队，沁源、安泽地区组织一个支队，翼城、沁水、绛县地区组织一个支队，统由刘伯承、徐向前、邓小平、朱瑞及中共冀豫晋省委领导。根据上述指示，晋豫特委从晋豫边游击纵队中抽调300人成立了八路军晋豫边游击队，司令员唐天际。9月，八路军晋豫边游击队根据八路军总部命令，又更名为八路军晋豫边游击支队（习称"唐支队"）。

这支部队经过半年多的扩军和整训，军事政治素质有了明显提高，到1938年底，队伍由原来的300人发展到2000余人，编为7个大队，分别活动在阳城、晋城、沁水、曲沃、翼城、闻喜、夏县、垣曲等地，组织群众和地方游击队开展反"扫荡"。

第二节 中共垣曲县委的重建和党组织迅速发展

1937年七七事变后，北平、天津、太原相继失陷，中华民族到了最危险的时候。国内各阶级阶层抗日情绪高涨。随着第二次国共合作的实现，八路军开赴山西抗日前线，垣曲的战略地位也日益凸现。形势的发展变化，使公开党组织、重建中共垣曲县委的条件已经成熟。这也是贯彻党的政治路线，独立自主地领导抗日游击战争，夺取垣曲抗日战争胜利的重要保证。

1937年10月初,中共山西省委委派青年知识分子、共产党员王唐文和王珍由太原回到牺盟会工作蓬勃开展的垣曲,开展党的工作。

1937年12月,关中廷参加了由中共北方局和山西省委在临汾刘村召开的山西党的活动分子会议。10月,中共河东工委改称特委,关中廷为河东特委委员,分工负责闻喜、垣曲、夏县、平陆四个县的工作。

这个时期,垣曲共产党的力量相对加强,经研究撤销了党小组,成立了以王唐文为书记的党支部。1937年12月,新的中共垣曲县委又一次组建起来,王唐文任县委书记,王珍任组织部部长,王琏任宣传部部长。归属夏县中心县委领导。

1938年4月,中共晋豫特委成立,鉴于中共垣曲县委因敌情复杂,长期与中心县委失去联系,而且只有6个支部41名党员的情况,中共晋豫特委决定,将中共垣曲县委改成中共垣曲县工作委员会,直属特委领导。晋豫特委书记聂真具体分工领导。改组后的工委书记仍为王唐文,宣传部部长仍为王琏,新任组织部部长梁登才(原组织部部长王珍已脱党)。

1938年6月,垣曲工委又改称县委。9月,李端甫接任垣曲县长。李端甫于1937年加入共产党,到垣即与党组织接通关系,并任县委委员。在李端甫配合下,不但改造旧政权工作进展顺利,党组织也开始出现迅速发展的局面。1938年底,关中廷又被任命为县委副书记兼组织部部长。

1939年初,县委班子再次进行调整:宣传部部长王琏因工作消极，改由杨惠文（即杨敬民，女）担任，党秉辉任组织部部长（关中廷不再兼任）。在原有县委委员王唐文、宋石安、杨惠文、党秉辉、李端甫的基础上，又增补马子谦、文宗柳、梁国干等为县委委员。至此，中共县委干部配备基本健全。同时，还建立了青委、妇委等机构，各区委的班子也都足额配齐。

县委恢复后，主要任务是发展党员，建立党的基层组织。县委借助所掌握的牺盟会公开活动，发现、培养积极分子，很快发展了一批党员，但距上级党组织要求还相差甚远。1938年4月19日，中共晋豫特委在阳城召开党的活动分子会议，明确提出要求："猛烈地发展党的组织，平均每县100—150人，5月底完成，大胆向工农开门。""发展过程中整理各县的县委，健全县委，开县级干部训练班。"要求游击队和各种群众团体中的共产党员占到20%以上。

王唐文出席了会议，回县后利用牺盟会加紧开展工作，使党的发展工作出现热潮，很快就发展了一批党员。尽管如此，1938年11月9日中共晋冀豫区委巡视团仍然提出："……垣曲等县，党建立得晚，工作开辟得慢，基础脆弱，尚待猛烈开辟……"根据上级党组织的要求，中共垣曲县委认真进行研究，加大工作力度，利用牺盟会工作热火朝天的良好环境，使得垣曲党的发展和基层组织的建立在晋西事变前又出现了一个高潮。

第三节 牺盟垣曲分会的成立及民众抗日工作开展

经中共中央同意，薄一波应阎锡山之邀回到山西，首先接办了山西牺盟会，并征得阎锡山的同意，对牺盟会进行了改组。虽然阎锡山仍任会长，但薄一波为实际的负责人，牺盟会成为在共产党领导下与阎锡山合作的群众抗日救亡组织。

改组后的牺盟会，做的第一件事是训练1000名临时村政协助员，经过短期培训，他们于1936年11月被派往各县开展工作。

省牺盟会派到垣曲的村政协助员是马铭琪（绛县人），吉运昌（闻喜人）、安世杰（夏县人）、王顺隆（绛县人）四人。村政协助员宣传教育群众怎样才能消除社会不公，如何制裁"坏官坏人"，如何组织起来打倒日本帝国主义，如何改造旧政权。这些新思想的传播，提高了农民觉悟，使垣曲广大农村有了生机。

村政协助员吃住在农民家中，与农民亲如一家，积极开展抗日救亡活动；发展牺盟组织；推荐牺盟积极分子报考国民军官教导团。工作进展顺利，在短时间内，便介绍农民教导团2000余青年加入牺盟会，还为国民兵军官教导团招收学员126人。

此时，垣曲县还有个主张公道团，各区、村都有一套人马。这本来是个反动组织，省总团长是阎锡山。阎发动群众"守土抗战"，而且还挂着牺盟总会会长的牌子，所以这时的公道团也就不公开反共。加之当时垣曲公道团团长杨去柯（闻喜人）是积极抗日的开明人士，所以和牺盟会合作得很好。

当时的垣曲县政府，还是原封未动的旧政权。县长李景周很顽固，处处刁难牺盟会。牺盟特派员（县牺盟会负责人）程延义（共产党员）准备打击和孤立李景周，就预先争取了公道团杨去柯的合作。程、杨联手将吸食大烟的邮电局长投入监狱，又在距县政府不远的墙上刷写了"扶助好官好绅好人，打倒坏官坏绅坏人"（阎锡山的原话）大字标语，李景周从此开始收敛，牺盟会的工作得以顺利开展，并为改造旧政权创造了条件。

1936年冬天，垣曲在外上学的学生放寒假回乡。牺盟会员高一清、王林、王铭三、王香兰、崔峒、黄克义等及本县小学教师和回乡的学生李仰邺、普攀龙等人，在民众比较集中的地方出板报、刷标语，自编自演活报剧，宣传抗日救亡。牺盟会名声大振，初步打开了工作局面。

程延义和四名村政协助员在垣曲工作了五个月之后，于1937年4月返回太原。

1937年8月，牺盟会总部派程延义任牺盟特派员来垣曲正式建立牺盟会组织机构。此时垣曲牺盟会员已达到5000人之众。当月在城关文庙召开大会，正式成立了山西省牺牲救国同盟会垣曲分会。1938年2月，程延义离任，席彬（城关人）被派回垣曲任特派员，同年秋，特派员曲介甫（东北人）到任；1939年秋，张培民（夏县人）任特派员（三人均为共产党员）。

当时，还建立了3个区级牺盟会组织，第一区特派员杨国瑞，第二区特派员史茂才，第三区特派员文宗柳（三人皆为中共党员）。全县72个行政村也都先后建立了牺盟组织，负责人一律称秘书。晋西事变前，全县牺盟会会员已达到5800多人。

此外，1938年在中共垣曲县委和牺盟会垣曲分会的主持下，抗日救亡的群众运动在全县轰轰烈烈地展开，各救亡团体也相继建立。从1938年2月起，陆续建立了垣曲县妇女抗日救国会（简称"妇救会"），秘书张辉凤（即张锦英），组织委员苏明，宣传委员梅光（姚友梅）；垣曲县工人抗日救国会（简称"工救会"），秘书马子谦；垣曲县农民抗日救国会（简称"农救会"），秘书张予如，常委张雨三、张博学、高长康、郭子介、卫良谋等；垣曲县青年抗日救国会（简称"青救会"），秘书王铭三、李正心。与此同时，各区、村也建立了相应的组织。

垣曲牺盟会从成立到晋西事变停止活动，历时三年，功绩显著。

一是改造旧政权。分为两个阶段：第一阶段是从1937年到1938年9月，牺盟会撤销了凭借职权在派差中舞弊、坑害老百姓的县差务局长姚满池和财务局长张儒生；第二阶段是1938年9月，共产党员李端甫被任命为垣曲县长之后，改造旧政权的进度大大加快。当年秋天，李端甫发动群众驱逐了为非作歹的县政府秘书王润凡，撵走了毒打民警的县政府秘书文英华，公审了贪赃枉法、吸食毒品的司法科承审员陈得禄……同时，一部分共产党员进入县政府任职。八路军晋豫边游击支队长唐天际带干部途经垣曲时，县委通过牺盟会和李端甫请唐天际留下了抗大毕业的宋石安、胡凯2人，分别担任军事科科长和公安局局长。接着又任命普攀龙为第一区区长，吕震华（即吕汉文）为第三区区长，常炳华为公安局巡官，张若愚为公安局指导员，师星明为公安局文书，这些人都是中共党员。通过改造旧政府，各科科长和科员也多为共产党员所担任。同时，对全县72个行政村的村政权也进行了改造。至此，垣曲县、区、村三级政权基本上被共产党控制。

另外，在改造旧政权的同时，也改造了主张公道团。1938年秋天，牺盟会采取各种措施，先后把共产党员普世法（即蒲勃）、师星明、阎凤鸣派入公道团，并担任了3个区公道团的团长。然后，通过3个区公道团又改组了全县72个行政村的公道团。原来的村团长除个别表现尚好的留任外，其余一律免职。公道团的干部绝大多数由牺盟会的共产党员和进步群众担任。

二是组织进步青年参加八路军，壮大共产党武装力量。抗日战争全面爆发后，垣曲战略位置日显重要。一时间，国民党大军云集垣曲。垣曲很快出现了三足鼎立之势，群众称之为"国民党的军队，阎锡山的地盘，共产党的天下"。国民党、阎锡山都在垣曲招兵买马，共产党也在垣曲扩军。牺盟会发挥自己的优势，为八路军输送了一批又一批进步青年。

1938年10月，共产党员崔峒奉命回垣曲给八路军一一五师扩军，在垣曲党组织和牺盟会帮助下，动员了100多人参军入伍，其中有皋落的王林、王茅的文进、上丁村的陈瑞等。

另外，牺盟会还根据党的指示，动员青年到抗日军政大学和晋豫边随营学校学习，文化程度低的则送到八路军晋豫边游击队去当兵。从1938年秋到1939年秋，由牺盟会送出去的进步青年达3000余人。

三是举办训练班，培养了大批干部。1937年8月牺盟会在城关文庙举办了首批村政协助员训练班，参加的大都是共产党员和抗日先进分子。训练结束后，学员们立即以村政协助员名义到各区、村进行抗日救亡宣传，揭露日军侵华罪行，教唱抗日救亡歌曲，为唤起民众发挥了积极作用。

1938年秋，妇救会成立时间不长，县牺盟会在同善镇举办了一期妇女训练班，为期1个月。参加学习的有来自全县的妇女30多人，县牺盟会干部李锦章（即李尚平，女，中共党员）主持训练，训练的主要目的是为建立各区妇救会作准备。训练结束后不久，全县、各区建立妇救会，妇女抗日救亡运动很快形成高潮。

7月中旬，根据县委指示，牺盟会又同卫立煌总部战地工作团在城关文庙合作举办为期7天的训练班。参加训练的为原国民兵军官教导第五团学员和社会进步青年。训练结束后，在这些人中发展了一批共产党员，然后，通过县政府任命，到各编村任自卫队队长。

10月，根据县委和牺盟会垣曲分会安排，农救会在北堡头村举办了为期10天的训练班，72个行政村的农救会秘书参加，县委书记王唐文亲自主持，主要目的是训练干部，准备发动群众在全县范围内开展减租减息运动。

1939年3月，根据县委安排，农救会在南堡头村举办训练班。通过训练，从中选出48名军事素质较高的青年，分别派到全县24个编村任军政教官，以加强抗日自卫队的工作。

垣曲牺盟会组织从建立到晋西事变停止活动，先后举办各类型训练班九次（期），为垣曲抗日救亡的开展和各项工作训练了大批中坚分子。

四是加强统战，共赴国难。牺盟会在垣曲的几年，通过各种救国会的活动，团结各阶层的群众，只要是不愿意做汉奸、不愿意当亡国奴、主张抗日救国的，不论是地主，还是士绅、知识分子和旧军政人员，一律采取团结的态度。由于牺盟会卓有成效的工作，这些人中不少人都为抗日战争作出过贡献。1937年八路军一一五师在垣曲扩军时，皋落镇的地主马万程、同善的地主王玉书各捐小麦10石，支援八路军。1938年秋，王玉书出钱150元为牺盟会购买了一部油印机。三区群众团体的不少人，从1938年底到1939年底，吃粮几乎全由王玉书供给。后来，他又为同善镇建立的八路军游击队和自卫队送过大量粮食。

老知识分子马德轩，早年毕业于绛垣中学，在外工作几十年。抗日战争全面爆发后，回到老家同善镇。他思想开明，胸怀豁达，对共产党、牺盟会的抗日主张十分拥护。1938年冬，由牺盟会领导的垣曲减租减息运动，他带头参加。1941年5月，日军侵占垣曲后，日方维持会会长鲁秉礼要他到王茅维持会工作。他给鲁写信说："如再逼我，只有以死示志。"民族气节令人肃然起敬。

皋落镇的马汝良，是清末的廪生，曾担任过垣曲县财务局长，是有名的绅士。1939年春，第二区牺盟会和各群众团体住房困难，他就主动腾出两座（六间）房屋、一间厨房供牺盟会使用。他经常请关中廷到家中做客，畅谈抗日救国。朱家庄地主李润珠对牺盟会多方支持。1938年春，刘宝善、李翰宸、刘学庆等在朱家庄建立自卫队，李润珠资助许多粮食。

皋落镇的王振都，是清末举人张友贤的得意门生，在旧社会曾任过科长、局长等职，由于不善奉迎，一直怀才不遇。抗日战争开始后，他全家返回故乡。为了支持牺盟会开展妇女工作，他立即动员曾在太原上过初中的独生女儿王朋霞参加牺盟会的妇女工作。王振都在抗日战争和解放战争期间，一直和牺盟会、共产党站在一起，并做了不少工作。

五是建设牺盟武装，直接与日军作战。1938年3月，县委以牺盟会名义，成立了120人的垣曲人民武装自卫队，大队长陈受生、政治教导员吕汉文、指导员刘杰（长治人），三人都是共产党员。同年秋天，自卫队编入平陆政卫队第三支队一大队，曾在闻喜、夏县参加对日作战。1938年3月，县委书记王唐文还以牺盟会名义在同善镇成立了游击队，共有80余人，多为同善附近村的群众。这支军队军纪严明、能打硬仗。1938年7月日军侵犯垣曲时，曾直接与日军进行战斗。同年底，编入晋豫边区唐天际游击支队。1938年冬，牺盟会还在同善镇成立了一支120人的自卫队。1939年9月，编入夏县政卫队。1939年4月，在朱家庄王家岭成立的150余人的八路军游击队，是中共二区分委通过牺盟会在农村动员青年组成的，其中大多数骨干都是共产党员。

1938年冬到1939年春,县政府军事科分三批训练了全县各村自卫队。同时,还成立了垣曲县人民抗敌自卫团司令部,县长李端甫兼司令,武装科长宋石安兼参谋。各编村按农民的年龄、性别编为壮年队、少年队、守护队、妇女队。编村为大队,设大队长一人;各行政村为中队,设中队长一人。

晋西事变后,形势恶化。垣曲的国民党、三青团、精建会、敌工团等蒋阎反动组织一齐向牺盟会开刀,牺盟会工作受阻,无法开展。根据县委安排,党员干部转移到农村隐蔽,垣曲牺盟会工作基本停止。1940年2月底,县委书记王唐文以牺盟会名义在同善镇召开最后一次青年检阅大会,揭露了蒋阎勾结屠杀牺盟会人员的罪行,群众为之激愤。

第四节 实行减租减息 改善人民生活

1937年8月,中共中央在陕北洛川召开政治局扩大会议通过了《关于目前形势与党的任务的决定》《抗日救国十大纲领》和目前形势与任务的宣传鼓动提纲《为动员一切力量争取抗战胜利而斗争》,提出以减租减息作为抗日战争时期解决农民土地问题的基本政策。

一方面,地主要减租减息,以减轻农民承受的剥削,改善农民的生活;另一方面,农民要交租交息,照顾到地主的利益,促其站到抗日的一边。减租的办法是"二五减租",即把原租额减少25%。年息的办法是年利率一般为一分,即10%,最高不得超过一分半。在正租以外的杂租、劳役和各种形式的高利贷，一律取缔。

1938年，县农救会和各区农救会相继建立后，在县委领导下，由县农救会起草了《垣曲县减租减息暂行章程》（以下简称《章程》）。关于减租，《章程》规定："凡租种、佃种之土地，一律按年产总收入计租。出租土地者，应得年产总收入千分之三百七十五；依照千分之三百七十五的租额，一律实行二五减租；每年租额以年景收成折算，如七成年景，按七成折算，总收入以次递减；因天灾人祸，人所不可抗拒者，所欠租子一律不补还；佃种地，以总收入千分之三百七十五计租，按'二五'减之，如果垫种子、牲口并垫生活费用者，按对半分，出租者仍承担土地负担，不得借故减租，抗拒负担或借故加到承租者和佃户身上。"关于减息，《章程》规定："凡债权者，出贷利息一律规定为年利一分五厘，不论过去和今后，自起贷之日起，利息均按一分五厘计算；凡是借贷关系，自公布之日起一律定息还本；利息超过本者，本息都停；无力还本，继续借贷者，重新按一分五厘起息，过去的亦按一分五厘计算；有以高利贷秋夏吃租子者（一元几升到一二斗者），均按当时常年价格计算，按一分五厘折款清理。"《章程》还对典押地以及如何保证农民使用土地等问题作出了各种详尽规定。

《章程》在县抗日战时总动员实施委员会上讨论时，遭到代表地主阶级利益的敌对势力的反对，县长兼总动员委员会主任李端甫果断拍板，予以通过。会后，县政府张贴布告，《章程》从通过之日起开始执行。同时，县农救会还发出《垣曲县农救会告全县农民书》，号召全县农民立即行动起来，向地主、富农、高利贷者进行减租减息斗争。

1938年冬天，全县72个行政村普遍开始进行减租减息。在减租减息过程中，农村地主与佃农的斗争十分激烈。首先，遭到县城内（城关）地主的反对。有户地主自恃家中有人在国民党军队中任高官，拒不减租。城关农救会干部张俊杰，发动群众进行斗争，这户地主才按照《章程》规定减了租。三区望仙农救会干部赵鸿亮，领导农民与地主倪ⅩⅩ进行了斗争。二区上丁村（今清源）农救会干部陈世达，按《章程》规定，清理了大地主姚廷祯的高利贷款。

随着减租减息斗争的开展，农民"清租""清债"纠纷迅速增加。由于农救会的威信很高，很多农民遇事就直接到农救会告状。县农救会秘书（负责人）张予如等干部，经常自带铺盖，下乡办案，处理纠纷。据统计，从1938年冬到1939年夏末，共处理"清租""清债"案件1440余件。全县共减去地租12500多石（折合400多万斤）；减去贷款利息（包括贷款钱租在内）251000多元（银圆）。经过减租之后，约减去地租三分之二，减轻了农民负担，改善了群众生活。共产党及其农救会进一步赢得了广大群众的支持。

第五节 中共垣曲县第一次代表大会的召开

牺盟会同中共党组织同步迅猛发展，如火如荼。这种局面，使阎锡山坐卧不安。1938年5、6月间，阎锡山在政治上开始走下坡路，开始采取"扶旧抑新"的政策。同年6月和9月，阎锡山先后在吉县的古贤村召开了两次军政干部会议（通称"古贤会议"），确定了"重整旧军，压制新军"的方针。阎锡山公然说："抗战以来，我们抗光了，八路军扩大了，再加牺盟会、决死队和共产党、八路军合作，今后还有我们的立足之地吗？"1939年3月，随着国民党五届五中全会的召开和蒋介石一系列反共政策的出笼，阎锡山在陕西省宜川县秋林镇召开了晋绥军、政、民高级干部会议（通称"秋林会议"）。会上阎锡山公开讲："抗日要准备联日，拥蒋要准备反蒋，联共要准备反共。"阎锡山的党羽们则公开攻击牺盟会"成分复杂靠不住"。会议作出了制造分裂、打击抗日进步力量的一系列决定，包括取消新军中的政治委员制度、取消"战动总会"、撤换进步的抗日县长，等等。会上，由于牺盟会及新军领导人薄一波、续范亭等的坚决斗争，秋林会议僵持了三个月时间。

会后，阎锡山要求对牺盟会和新军严加限制和防范，同时采取了四条措施：一是加强同志会（阎的反共组织），以与牺盟会对抗；二是设立行署，加强军政控制力量；三是建立敌工团，在敌占区对抗进步组织；四是建立政治突击团，打击进步力量。这一系列措施，使形势骤变，给共产党开展工作带来极大威胁。

秋林会议之后，垣曲县的形势同全省一样，立即紧张起来。国民党山西省党部派来特派员赵钢锋，专门复活垣曲国民党组织，不久，又派张琪来垣曲任国民党党部书记长；1939年四五月，紧随垣曲国民党组织复活之后，三青团山西支团部派杨作芝来垣任垣曲三青团主委；其他特务组织也纷纷活跃起来。在这种情况下，党员思想混乱，有的叛变投敌，更多的自行脱党。为应付这种局面，中共垣曲县委决定召开全县第一次党的代表大会。

中国共产党垣曲县第一次代表大会于1939年9月在同善西埝玉皇庙召开。出席这次会议的有王唐文、党秉辉、杨惠文、宋石安、马子谦、梁国干、文宗柳、关中廷、李翰臣、马万程、刘宗汉、张梦龙、阎希曾、刘怀书、郭文古、狄循、王兆国、赵林青、师干卿、高尚林、郭盘月、贾克泌、张博学、刘中华、任士英、高向荣、张雨三、张育吾、王铭三、王靖华、赵恒尧、文平、张成礼、阎学孟、张俊杰、车逢允、王星占、马步国、刘保善等，代表全县50个支部650名党员。

县委书记王唐文在会上作了题为《目前的政治形势与我们的任务》的政治报告。报告共分五个部分：第一部分，"紧接着相持阶段的新时期"；第二部分，"目前最繁重最中心的和平妥协的危机的存在与反共防共阴谋的加深以及一些抗战中的逆流现象与汪派托派的活动"；第三部分，"敌军最近的企图与晋东南战争"；第四部分，"垣曲环境上的特点"；第五部分，"我们目前的紧急任务"。前三部分主要是报告抗日战争的形势，第四部分是讲垣曲的形势，最后讲垣曲共产党人怎么办。

报告第四部分分析了垣曲形势：一是在地理方面，垣曲"为中条山与太行山联络的桥梁，是华北与总后方交通的门户，地形险要，可进可守，在坚持华北抗战中有着决定的意义"。二是在经济方面，"工业丝毫没有，商业也不发达，全县财富百分之五十以上集中在县城，乡村则多以农樵为生，所以人民的文化政治水平都很低，封建思想特别浓厚，农民的保守性异常显著"。三是"在政治方面,军队大部分是中央军,通常驻军与过往军日在五万以上,所以在给养方面形成了很大的困难,又因交通线关系,运输特别繁忙。自抗战开始以来,共需民夫达数万之多。随着这一情形的转变,所以环境特别复杂,战事多、摩擦也多。由于敌人四次对垣曲的烧杀掳掠,一般群众抗日情绪高涨,但因环境复杂,工作不容易开展。党派方面有国民党的组织,有托派、有三青团的活动,尤其是三青团的外围组织慰劳团以豪绅地主的势力强制一切。政权还有相当进步,一般地说,区以上进步,区以下还有一部分顽固落后倾向存在,群众团体已开始走向正轨,有了相当基础,开始成为群众自己的组织,特别是农救会已有相当威信。我们党有了一年来的战斗与应付摩擦的经验,有了相当数量的组织,这是团结的进步力量的基础,是推动工作的有力支柱"。

"总之,垣曲县是全晋豫边最复杂的一县,是政治斗争的焦点,是摩擦的中心,是一切摩擦'专家'尝试手段的场所,是一切阴谋家的演武厅。但由于我们工作的开展与力量的增长,使这些阴谋家不得不遭受打击。同时又因为垣曲在坚持华北抗战中有着决定的意义与作用,所以敌人始终在垂涎这个地方,时刻不放松进攻垣曲,横岭关的敌人的盘踞就是很明显的事实,目前垣曲就存在着紧急的严重的战争环境。"

王唐文在报告的最后一部分指出,"根据目前形势与垣曲的环境,我们目前的政治任务应该是:坚持华北抗战,坚持垣曲抗战,吸引敌人到华北来,保卫西北,保卫抗日总后方,坚持现有阵地,坚持各方的工作,反对妥协投降,反对东方慕尼黑协定，孤立暴露与反对'反共防共'政策，消灭摩擦，巩固抗日民族统一战线，限制其坏的地方，利用其进步的地方，与进步分子推动其进步，扩大八路军，武装党员，提高组织工作，提高宣传教育工作，强化自己的力量，加强对公开的领导，准备战争，迎接战争，粉碎敌人的围攻，以缩短华北和全国相持阶段到来的过程"。

具体任务是："1. 敌人进攻现在并没有停止，不但是军事的而且是政治的，我们必须清楚认识明白，必须坚决反对速胜论、亡国论，坚决加强持久战新阶段的教育。2. 加强宣传我们党和八路军、新四军的战绩，宣传我们党和国民党对抗战主张的不同。3. 要加强阶级教育，加强不同教育，全党要学习马列主义，武装头脑。4. 要以灵活的方式打击摩擦专家，消灭摩擦现象，坚持统一战线。5. 党要学会掌握公开，加强对群众团体的领导，加强对牺盟会的领导，注意牺盟会分化。6. 集中火力，反对'反共投降'的理论和行为，限制坏分子的活动与发展。7. 抓紧自卫团工作，掌握地方武装，武装党员，造成扩兵基础，用全党力量扩大八路军。8. 动员全党经济力量，解决经济困难，壮大县大队。9. 反对国际上的诱降投降政策，反对东方慕尼黑协定，争取英法苏协定到远东来。10. 扩大反汪除奸运动，加强反汪教育，打击顽固分子捣乱家伙。"

县委组织部部长党秉辉、宣传部部长杨惠文分别作了有关组织、宣传工作的报告。

大会重点讨论了王唐文所作的形势报告，代表们结合秋林会议后阎锡山"反共""限共"的极为不利的形势，讨论了共产党如何保存自己、开展工作的问题。大会决定，根据中共晋豫特委的指示，立即整顿全县支部，停止发展党员，以防不测。

大会选举王唐文、党秉辉、杨惠文、宋石安、李端甫、马子谦、梁国干、文宗柳等八人为县委委员，王唐文任书记，党秉辉任组织部部长，杨惠文任宣传部部长，宋石安任军事部长。

这次会议，对统一大家的认识、应对复杂形势下的对敌斗争、坚持反顽斗争、坚持武装斗争、坚持长期抗战，不仅作了思想准备，而且作了组织准备。

第六节 东原根据地和党组织的初建

垣曲的东原，是指现在的蒲掌乡和英言镇两个乡镇。

1947年7月之前，东原属河南省济源县和随后成立的王屋县抗日政府辖治，那时，东原主要分三个区域，即圣佛头（英言）、蒲掌、窑头，为济西地区。这一地区是晋豫交界，偏僻落后，中共党的基础薄弱，1938年前少有活动。

1938年3月，中共中央北方局派朱瑞、唐天际、聂真等奔赴晋豫边区，在晋东南和豫西北开辟晋豫边抗日根据地。为此，聂真和唐天际等迅速率领机关人员向王屋山区挺进，从阳城横河镇进驻邵原镇黄楝树、白坡以及邵原和东原的北山一带。

聂真、唐天际、薛迅到邵原镇后，就立即组织人员开展活动。在邵原周边的王屋、蒲掌一带，通过散发宣传单、张贴《告民众书》、召集地方开明绅士座谈等形式，广泛开展抗日救国宣传，积极组织广大民众开展抗日活动。召开各种形式的群众大会，宣传共产党的抗日主张和政策，建立抗日民族统一战线，广泛发动爱国青年成立抗日救国会。中共晋豫边特委组织部部长（当时的公开身份是晋豫支队民运组组长）薛迅和国民党军督导团团长王若兰女士、国民党十七师文工团罗团长及赵锦铭女士等，经常与以刘道南（蒲掌人）为首的青年组织抗日动员会联络，发动广大青年参加抗日救亡运动，还有晋豫边抗日游击队的宣教科科长马楠，政治干事陈欣、安苹等也到邵原镇附近的北寨、西阳一带村庄宣传抗日救国。不久，在邵原、西阳等村相继建立了农救会、妇救会、青救会等抗日群众团体，随后又在抗日动员会的基础上成立了以刘景明（刘道南）为会长，杨庆鸿（东原人）为秘书长，开明人士李家贵、刘宗程、卢维贞、翟良才等为委员的抗日救国联合会，在邵原地区组成了抗日民族统一战线。

  1938年5月1日，抗日救国联合会在邵原镇召开全区群众大会，中共晋豫边特委和八路军晋豫边游击队的主要领导，以及邵原地区国民党驻军的官员也都参加了会议。特委书记聂真（当时公开身份是八路军晋豫边游击队秘书长）在会上历数日本侵略者残杀中国人民的滔天罪行，极大地激发了广大群众的抗日热情。八路军晋豫边游击队司令员唐天际在会上作了开展抗日救亡斗争的动员报告，宣传共产党坚持团结一致、共同抗日的救国主张的重要性。同时，又当场由群众提议罢免了国民党第七区原区长卢振江，宣布解散了国民党区政府，成立了包括东原在内的济源县第七区抗日民主政府，推举产生了第七区抗日民主政府区长。至此，在晋豫边地区建立了第一个地方区级抗日民主政权。首任抗日民主政府区长是蒲掌人刘景明（刘道南）。这个抗日民主政府是我晋豫边抗日游击队司令部和中共晋豫边特委（民运组）的主要领导薛迅亲自倡导建立的，是国共合作时期我党抗日民族统一战线在晋豫边区取得的成果。

根据毛泽东主席"应在前方办一个五百至一千人的干部学校，由军队与地方党合办，以充实游击战争干部"的指示，1938年4月，中共晋豫边特委和八路军晋豫边抗日游击队司令部在邵原北寨村举办了八路军北寨抗日游击干部训练班（以下简称干训班）。首期干训班共38人，其中有蒲掌双庙村的张铎、白鹅村的杨庆鸿、蒲掌村的吕天齐、无恨村的卫绍青。

干训班为抗日战争培养了一批革命骨干，在这一批抗日骨干的精神感召下，一批又一批抗战勇士接踵而来。蒲掌双庙村的张铎在干训班结业后，于1939年9月加入中国共产党。他是中共王屋直属区委在东原发展的第一个党员。入党后，受组织分配到王屋二区的西阳河一带发展党的组织。卫绍青接受组织分配在邵原镇以教书为掩护进行党的地下组织活动。

1939年底到1940年初，尽管处于日伪和国民党顽固派的白色统治区，但济西地下党组织仍然发展很快。中共邵原区委先后在邵原、西阳河一带发展党的组织，东原的许士瑞、许登仑、王志英（王贵智）等同志入党，并在西阳河建立了王屋直属区委第二个地下党支部——西阳河党支部，张铎任党支部书记。这是东原地区的第一个党支部，接着区委还在东原的蒲掌村、白鹅村等地建立了党的地下支部和小组，发展党员29人。同时，建立了党的外围组织——读书会。区委联系培养的抗日积极分子和堡垒户遍布周围村落，还建立了小型抗日自卫队。东原敌后抗日根据地初步形成。

第七节 十八兵站

抗日战争全面爆发后，八路军在华北敌后建立了许多抗日根据地。为打通驻扎在太行、太岳山区的八路军总部通向延安的交通线，保证总部及八路军在抗日前线所必需的粮秣、枪械、弹药、服装、医药等物资装备的供应，八路军总部后勤部在垣曲县黄河北岸的关家村设立第二个办事处（当时已在西安设有办事处，后又在洛阳设立第三办事处），因抗日战争时期八路军的战斗序列为第十八集团军，因而称之为"十八兵站"。

一、十八兵站的筹建

根据八路军总部通盘计划和后勤部的统筹安排，很快就打通了延安到华北抗日前线的三条兵站线。一是北线，从陕西的绥德、米脂、吴堡到山西的柳林、离石，主要连接晋西北的八路军第一二〇师；二是东线，从陕西延川的延水关过黄河到山西的永和、大宁等地，主要连接八路军第一一五师及晋察冀军区部队；三是南线，从延安南下到西安，沿陇海铁路东走，过潼关到河南渑池，然后过黄河到垣曲，经阳城、晋城、高平至晋东南各地，主要连接八路军总部及一二九师。三条兵站线中，南线是极其重要的一条：一是跨越山区最长，兵站较为隐蔽，最安全；二是护送总部到延安的高级领导最多；三是与国民党合作最多，便于八路军公开活动。

十八兵站于1938年7月建立，在同年4月就开始负责从垣曲转运物资。兵站建成后，直接归八路军总部后勤部兵站部领导，下设政治处、押运股、行政管理股、监护队、运输队、军医股、警卫排等机构，配有专用电台和机要人员。其机构为正团级编制，有400多名成员，机构设在黄河边的关家村一个四合院内，还分别在河南渑池县城的东关，垣曲同善镇的北垛村，阳城县的次滩河、坪头、莲花山、西哄哄，晋城市的东沟、周村，高平市的宰李（第六分站）、陵川的禹居及壶关等地设立了多个分站，均为营级编制，隶属于垣曲关家村十八兵站管理。垣曲北垛十八兵站就借驻在垣曲县委书记王唐文家里，他的父亲王玉书是开明绅士，在家里两次拜见朱德、彭德怀等领导，曾反映老百姓当差挑运的东西过重，达120斤，朱德向卫立煌建议后改为60斤。他还向彭德怀反映垣曲当差人数达上万人，当差费用太低，每天只有3毛钱，入不敷出，彭德怀向卫立煌反映后，涨到8毛钱。

十八兵站的主要任务是：

一是组织和雇用大量民工，及时转运由大后方供应前方将士的枪支、弹药、给养、服装、药品以及一些军工生产所用机器等物资。

二是护送由延安到晋东南根据地或由根据地到延安去的

我党我军高级领导干部和工作人员。

三是积极开展抗日民族统一战线工作，加强与友军的联系，互相配合，坚持抗日，共同对敌，同时也发动群众开展募捐，支援前线。

四是掩护地下党组织和工作人员，发展党的基层组织，动员青年参加抗日队伍。

垣曲关家的十八兵站，虽然只存续了两年多的时间，但为我党我军往太行、太岳八路军总部和抗日前线运送了大批军需物资，护送了大批干部和进步学生，宣传了抗日主张，为开辟和巩固太岳抗日根据地起到了重要作用。

第四章
抗日战争初期垣曲人民对敌斗争

垣曲地处战略要冲，日军觊觎，阎顽盘踞，1939年，国民党反动派掀起反共高潮，阎锡山发动十二月事变（晋西事变）。抓捕共产党员，摧毁抗日政权。1941年的中条山会战，中国军队损失惨重，血流成河，尸首遍地，"为上海战役以来的最大损失"。中条山会战后，日军据点林立，伪军组织蜂起，散兵游勇，各竖旗帜，土豪劣绅横行霸道，垣曲大部地区沦为敌占区。人民生活在水深火热之中。根据形势需要的发展，我党成立了根据地和敌占区两个县委，领导组建人民武装，开展游击战争。

第一节 敌占区和根据地两个县委的建立

中条山会战后,中条山区域的国民党守军大部退守到黄河南岸。中条山地区的主要城镇和交通要道均被日军占领,他们在各县建立了各种伪组织。一些国民党溃军和土匪也趁机占立山头,各自为王。一时间,日军据点林立,伪军组织蜂起,各种政权丛生。散兵游勇自推首领,各竖旗帜,成立各种武装组织。土豪劣绅横行霸道,为非作歹,鱼肉乡里。社会秩序极度混乱,广大人民群众生活在水深火热之中。

垣曲处于重要的战略位置,更是首当其冲。当时全县70余个建制村,就有进贤坊、安民坊、小赵、峪子、王茅镇、下亳城、谢村(今沇岭)、胡村、店头、东滩、莘庄、南丁、白水、河西、柳庄、上亳城、乐尧、复兴、皋落、刘张、上王、回村、前长直、交斜、平原、上涧、官店、后长直、前青廉、后青廉、南庄、杜村、埝堆、上丁村、同善、南堡、刘村、王村(今华峰)、马村、陈村、西型马、上圪坂、碛敌、谭家、南北羊、西石、南圪坂、丰村、宋村、东型马等60余个村被日伪所统治,还有几个村是游击区。

根据这种局面,党组织在敌占区的工作就显得尤为重要。当时中共晋豫区委也充分注意到中条山会战后出现的这种形势,从1941年5月23日到6月22日两次发文要求加强敌占区的工作。中共中条地委实际上已经无法实施对整个中条山地区的领导,中共晋豫区党委决定撤销中条地委,分别成立中共条东地委和中共条西地委,以加强对这两个区域的领导。条东地委隶属于中共晋豫区委，下辖垣曲、翼城、曲沃、绛县、沁（水）南等五个县的党组织。

1941年12月，中共条东地委根据垣曲的实际情况，决定在垣曲境内成立两个县委：一个是敌占区（地下）县委，另一个是根据地（公开）县委。同时决定由原县委书记高一清任中共垣曲（地下）县委书记，派王铭三回垣任中共垣曲（根据地）县委书记。县委分设后，根据地县委原班人员基本不动；敌占区县委新增加赵蔚青（赵恒瑶）为宣传部部长，师干卿任组织部部长。同时确定，赵蔚青分工负责三区工作，师干卿负责一区工作，高一清联系二区工作。

1942年2月初，高一清、赵蔚青奉命到沁水东川，向条东地委书记杨蔚屏和太岳南进支队五十七团汇报工作，研究了垣曲地下县委长期坚持隐蔽等工作。

两个县委的建立，使根据地和敌占区的工作紧密地结合起来，加快了创建垣曲抗日根据地的步伐。根据条东地委的通知精神，两个县委的具体工作范围是：二区和三区的同善、皋落以北的各村庄，即抗日根据地抗日政权能直接行使的地方，均属根据地县委领导；日伪统治区归属地下县委工作范围。1942年6月，二区抗日政府成立以后，二区路南、路北两个分区委统一组建成二区区委，归根据地县委领导；该区对日伪的工作由晋豫边区司令部城工部派出的情报站站长张梦龙直接领导。在三区即王茅镇、同善镇和汤圣庙各据点的情报工作，则由地下县委联络点负责；在阎锡山县政府的内线工作，仍由地下县委领导，其中包括对保安二支队及下属三大队、八中队等的工作。

为了工作上互相配合，两个县委的领导人在必要时见面，通报情况，原则上每月一次，平时由交通员互通情报联络。两个县委的成立，对垣曲的对敌斗争形成了坚强的领导。

第二节 敌占区县委开展的主要工作

中条山会战后，日军占领垣曲，并处于军事上的绝对控制，开始由军事进攻转向"宣抚"，组织维持会，建立伪军。外逃群众开始回村。阎锡山政府县长侯中和返回垣曲，组织其原班人马，重整旗鼓，恢复政权；国民党各派势力利用本地头面人物组织起名目繁多的所谓抗日组织，封官加爵；逃往南北山的国民党散兵游勇打起各样招牌，占山为王。一时间，他们为了扩充势力而互相争斗。势力范围较大的有阎顽侯中和县政府，活动于东河槽和麻姑山、佛云山一带，其本人多数时间隐藏在峪子、谭家、上圢坂一带；在口内有国民党挺进支队王洪年；在南山，除贾真一活动于闻垣交界以外，还有刘仰宸组织的独立支队。他们都借抗日之名行敲诈人民之实。

日伪军在强化治安的口号下，向阎顽县长侯中和施加压力，不断派出小分队捕捉阎顽县政府人员。抓捕了保安司令部的参谋长高孔文，袭击了张鸿庆的保安二支队。郭华峰在谭家村被捕，保安二支队指导员李子模在马村被捕，张鸿庆和石太乐家被抄，侯中和到处流窜。1941年10月间，日军诱捕了亳城、磨头和北窑庄等七个村村长（其中多数为共产党员），并全部杀害。

1942年2月，太岳南进支队五十七团的一个连，在同善镇以西活动，被汉奸告密。日伪军包围了该连驻地牛家庙附近的崖上庄，连长张拭等50多人在突围中牺牲，指导员等二人重伤，造成重大损失。

1942年3月，日军将曾在二区以青救会名义作掩护的区委书记赵蔚青抓捕，关押于同善镇，严刑拷打，赵蔚青始终未暴露自己的党员身份。10天后付保释放，4月中旬调晋豫区党委工作。为了安全起见，条东地委将口内区委书记郭守周和高向荣调回地委机关，重新分配工作，并通知各支部提高警惕。至此，敌占区的抗日力量发生了明显变化。一是在日军的淫威下，国民党各派势力和阎顽侯中和政府，由初时的公开抗日，逐渐改变面目，向敌伪维持会和伪军投靠，合作反共、反人民。国民党挺进支队的王鸿年跑到同善镇伪军中任职；保安队司令部的参谋长高孔文到汤圣庙伪武装队任参谋；阎顽县政府教育科长李子模到王茅的日伪政府合作社任职，刘仰宸的独立支队和贾真一匪部也投靠了王茅的日伪政府。他们投降日伪军以后，又拉去一些亲朋好友，使敌占区的抗日力量大为削弱。二是日军推行"以华制华"政策，强化维持会的作用，建立区、乡伪政权。他们物色了一些为日伪效劳的亡命之徒，到伪区、村政权任职。其中鲁秉礼任日伪县维持会长，充当巩固日军统治的急先锋。

形势的变化，给地下县委的隐蔽活动带来新的困难。党组织之间的联系受到阻碍，县委不能及时了解全县党员的情况；在战争的恐怖中，有的党员退缩，不敢接近党组织，有的未向上级党组织请示就参加阎顽县政府、国民党组织或投靠敌伪军。

根据形势的变化，中共垣曲（地下）县委将工作的重点转向利用蒋阎军政的合法组织，打入敌伪内部进行策反，公开与秘密有机结合，配合开辟根据地的工作。

情报工作　情报工作在抗日战争时期非常重要，它是县委的"眼睛"和"耳朵"。为此，地下县委把建立情报网作为重中之重来抓，为根据地县委提供了很多有价值的情报。

当时的情报工作可分地方系和军队系两类。形式有三种：第一种是经组织批准的中共党员打入日、伪、阎、匪机构内部获取的情报；第二种是各村村公所情报；第三种是就地情报。多是单线联系。

情报工作的主要任务，一是及时掌握敌人的政治、军事、经济等方面的情况，尤其是兵力增减、部队番号、兵种变化、日军"扫荡"等方面的情报；二是做好伪、顽军队的分化瓦解、策反、起义投诚工作；三是打入反共顽固派组织内部，重点监督阎、日暗中勾结反共的情报，及时掌握情况，抗日除奸。

两个县委有关情报工作的分工大体是地下县委负责地方系，根据地县委负责军队系。

全县情报网的建设，除一区被日伪严密控制，无法建立情报站外，地下县委在其他两个区建立的情报线路为：

二区的情报线路：一条由皋落的马万程、刘仰禧、吕岗民，回村的张玉英、王月月，民兴村的张达与二区政府联系；一条由打入贾真一中条山野战军垣曲办事处的路南地下党员李儒才、刘希书，通过刘学书与二区政府联系；一条由朱家庄的李翰宸，王家岭的陈用荣，沙坡角的周其祥，槐南白的张承礼、张廷林，官店的马曰骥，瓦舍的赵国明司二区政府联系。一般情报通过这三条路线沿村转送,特殊紧急情报,由专人直送二区,区政府再派专人直接送抗日县政府。

三区的情报线路。一条由上圪坂的廉子英负责同上级城工部联系,赵友善负责同打入伪军内部的地下党员郭华峰、王文、常炳华等联系。一条由刘兴汉负责,主要收集西原九村日伪情况,情报员有王村(今华峰)张振同、宋村安元生、马村安克谐、陈村张玉环、北羊陈平宣(后脱党)、丰村谭申生、西型马高倚岳(后脱党)、东型马姚登儒、南羊高北龙(后脱党)。这一线的情报由情报组长刘兴汉送交刘村刘之博。一条由打入日伪三区区公所的马相忠(马玉辰)与打入日伪同善合作社的张鸿庆搜集情报,通过两条线路送出:一是由日伪同善村副村长赵本智、东垃刘博士或西垃马景跃、大石崖郭文玉等情报员转送或直接送至晋豫联合办事处(四行署前身);二是由南堡的马加清、王贤才、杨振玉和东河的柴树贵,三里腰的王景楼等,将情报送至抗日县政府。

地下县委交通员高锡林同各区委和各村支部联系。

建立两面政权　千方百计、尽可能地将合适的共产党员打入村公所,或设法让进步人士担任村长,把情报、派粮款、民工当差等工作控制起来,积极动员群众向抗日军队送粮、传递情报,组织群众破路、割电线,动员青年人参加八路军。对敌伪和阎顽侯中和政权则采取消极应付态度。这一点在敌我接触的边沿游击区的大部分村庄都能做到。有的党员和群众为此献出了生命,有的村庄遭到日军洗劫。

支援根据地　一是抽调干部、党员到根据地工作。开辟垣曲抗日根据地的过程,也是不断动员党员干部到根据地工作的过程。尤其是在区、县抗日政权建立前后，从敌占区集中为根据地输送了一批又一批党员干部，仅槐南白村就调出九名党员。不少同志甘冒风险，有的被日军抄家；有的家属被逮捕；有的房屋被烧毁，致使全家长期外逃，甚至被杀害。另外，地下县委当时还调了一些党员由城工部直接领导，开展对敌工作。

二是把武装力量拉到抗日根据地。当时地下县委打入日伪中的共产党员有王文、郭华峰、石贵德、常炳华等；打入阎顽县政府、贾真一部、独立支队的共产党员有王兆国、吴可恭、梁文卓、刘宝善等。打入日伪顽的共产党员，置个人生死于不顾，积极工作，提供了很多重要情报，为打击敌人、保卫根据地、避免或减少广大人民群众生命财产损失作出了贡献。共产党员常育麟、廉子英、贾克泌从精建会内带出十余人，组建二区抗日区公所；共产党员张应科从阎顽县政府保安队内带出一个中队，王兆国、吴克恭带出一个分队，组建了三区抗日武装；臧宪光从皋落日伪武装队内带出一个分队。1944年5月，先后有：共产党员杨鸿水带独立支队300多人起义；郭华峰将汤圣庙武装队一个中队全部带出；石贵德从石头圪垯警备队带出一个中队；等等。

另外，地下县委还指派共产党员吴寿康领导条东游击队，在配合太岳支队五十七团活动了一个时期后，除调出部分人员补充五十七团外，于1942年春全部组编为太岳机干二团。历山自卫队太岳南进支队进入垣曲后直接编入正规军。

复活红枪会 日军侵占垣曲后，民众逃难躲避，到处一片凄凉，国民党的溃军流窜各地，趁机掠夺民众财物。阎顽县长侯中和逃命河南，伪军"大汉义军"到处招降纳叛。日伪军在城镇和公路沿线抓苦力筑路、建碉堡，奸淫烧杀，群众白天有家不能归，晚间回村抢收抢种。在这种情况下，群众渴望组织起来以自保。红枪会因此得以复活。

  县委认为，红枪会虽然有迷信色彩，但其积极抗日，可以抗暴除害、保卫家乡，还可以掩护地下党的活动。为此，县委首先利用红枪会加强与各区委、支部之间的联系，传递信息，保护党员。1941年夏季，口内红枪会数百人，在共产党员郭定贵等率领下，赶走了一股坑害人民的国民党散兵游勇。1941年底，太岳南进支队进抵中条山，地委派马子谦来垣曲与地下县委联系，由历山等村红枪会沿路护送；太岳支队接近垣曲县境时，条东地委通知高一清去接头，在夜间由上圪坂、大石崖、朱家沟等村红枪会转送进入北山。1942年初，太岳南进支队在刘村牛家庙附近的突围中，由大石崖和朱家沟各村的党员，组织红枪会给部队带路、送饭、抬伤员，使部队安全转移。一直到1942年春以前，遍及全县的红枪会，因有许多中共党员的参与，在传递情报、站岗放哨、保卫群众生产和打击国民党散兵游勇等方面发挥了积极作用。

  瓦解日伪武装　1941年6、7月间，阎顽县长侯中和从河南返回垣曲，组织起保安司令部，自任司令，任命高孔文为参谋长，下设三个大队，后改设两个支队。其中第二支队队长为张鸿庆，张此时虽已停止了共产党组织关系，但他坚决抗日，政治态度倾向进步。因此，共产党仍然团结他，支持他积极抗日除暴的行动。同时，还把党员石太乐（西石村人)打入到该支队任第四大队长,后升为副支队长。不久,又将郭华峰打入该支队队部任文书,李子模(晋西事变后因态度消极被停止党员关系)任二支队指导员。这样,保安二支队的上层基本被共产党所掌握,第四大队则完全由共产党掌握,高一清同石太乐、郭华峰、李子模等建立了单线联系。

保安二支队在1942年春季以前,抵抗日伪军的暴行是坚决的。张鸿庆曾率部在瑶店河附近的石板坡,对一小股日伪军进行伏击并取胜;八中队在攻打一支土匪武装的战斗中,打死一个连长,缴获手枪一支及200多元"法币";石太乐领导四大队也驱逐了几股土匪,杀掉几名特务分子。当时这些为民除暴的行动,为群众所拥护。

另外,吴寿康和郭华峰在八中队工作不久,通过关系打入到国民党条东游击三支队(又名挺进九支队),吴先后任政治主任、支队长。游击三支队活动于绛县里册峪一带,有时也到望仙和大石崖活动,逐渐发展到300多人,100多支枪。吴寿康就近同赵蔚青经常联系,保持同地下县委的关系。

路南区委还派区委委员李忠堂打入刘仰宸的独立支队。有些党员被委派打入贾真一部队,为县委提供了很多有价值的情报,成为县委的耳目。这些由地下党组织直接领导或控制的武装,为以后建立根据地的人民军队创造了一定的条件。

组建人民抗日武装 中条山会战以后不久,同善镇党支部书记王兆国和党员王兆玉(即王英臣)、吴可恭(观坡村人)3人,商定组织武装奋起抗日。他们与赵蔚青共同研究后成立了游击队,两个多月发展40多人,活动于同善镇附近的冯家山、常家坪、牛脊山、刘村南山和二、三区交界一带。为了解决给养问题，同阎县政府保安三大队队长张鸿庆谈判，编为该大队八中队，由王兆国任队长，王兆玉任特务队长，吴可恭和王瓒任分队长，设法搞到步枪7支、土枪数支、掷弹筒1个和部分弹药。这个中队组建以后，仍在三区口内一带活动，并且始终由地下县委直接领导。他们截击日伪军，清除国民党散兵骚扰，配合太岳南进支队开展游击活动和保卫群众生产。

在二区路北区，以槐南白村党支部为中心，由共产党员王好治拉起一支名为"报仇大队"的武装，曾发展到80多人，活动于上涧村一带，不断打击日伪军，对日伪军形成一定威胁。

地下县委在配合根据地县委打开工作局面之后，于1943年3月左右，根据中共条东地委通知精神撤销，县委书记高一清调地委机关工作。

第五章
壮大抗日武装 建立抗日政权

1942年元月，根据八路军总部开辟中条地区、建立根据地的部署，57团挺进垣曲，这块土地上终于有了中国共产党的军队。垣曲县委积极配合，成立民主政权，壮大武装自卫组织，开展游击战，袭日军，斗伪顽，抗日烽火遍地燃。同时，领导人民战旱灾、虫灾，兴办学校，恢复商业，生产自救，复苏经济，巩固扩大根据地。1945年8月15日，日本宣布投降。1945年8月29日垣曲解放。

第一节 太岳南进支队挺进垣曲

中条山会战结束后，日军37师团227联队所辖3个大队1800余人控制了垣曲。所谓"大皇部"驻在王茅；5月20日，以鲁秉礼为会长的日伪垣曲县治安维持会成立，驻在尧汉；8月1日，以韩枢斗为知事（县长）的日伪垣曲县公署随之成立（后由王凯、张静心先后任日伪县知事）；之后，日伪区公所及新民会、警备队、自卫团、宪兵队、特工队、执法队、保安队、工作队等日伪组织和武装机构相继组建。安东汉、姚淮生、高孔文、文麟之、李恩庆、姚荷生、高钦明等汉奸分任日伪县公署各科科长，日本人森永为日伪县公署顾问。

中条山会战时，国民党垣曲分党部书记长王乃侗、三青团垣曲分团部干事长关翰池、战地服务队队长郑鹤天、随军工作队垣曲分队长宋濂、精建会（即同志会）垣曲分会主任王缓芳等蒋阎党政军驻垣机构的人员远避渑池、西安等地，但不时派人回到垣曲派粮派款。蒋、阎及地方土匪武装不久又死灰复燃，计有贾真一的中条山野战军（1943年接受日军番号称"晋南剿匪野战军"）、刘仰宸的独立支队（号称贾部）、王鸿年的20支队、姚存基的17军谍报队、罗峭峰的"剿共"支队、张万昇的安民大队、王同舟的中条6大队、李子祥的新编15军谍报队及白文光匪部等。最为民众所痛恨的贾真一部拥有3000多人，他们接受日军番号，和日军签订有互不侵犯密约，专门在垣曲及相邻的绛县、闻喜等县杀人放火、抢劫财物。

当时的垣曲，有日伪军2300人，各种土匪武装1600余人，贾真一匪部长期在垣曲参加骚扰活动的有400余人，再加上阎顽侯中和县政府吃"六十斤"的890人和蒋、阎党团组织的200余人，总共5000余人，这些人生活在垣曲，派粮、派差、抢劫掠夺。而垣曲当时总人口只有约6万人，平均每12人就得养活一人，苦不堪言。很多家庭妻离子散，背井离乡。

1941年5月23日，中共晋豫区党委提出了"加强内部团结，粉碎日伪新进攻，发展游击战争"的总任务。6月初，八路军一二九师发出"乘机开辟岳南和中条山地区"的指示。7月，彭德怀指出："开辟晋豫地区的任务，在于创建根据地。"

根据这些指示，1942年1月中旬，八路军总部和一二九师指示太岳军区派部队南下，开辟中条地区，建立根据地。决定由王新亭、聂真率十七团、十八团、五十七团（大部）及三八六旅直属队部和中共晋豫区党委机关干部，共2600余人，组成南进支队，执行开辟中条山区、建立根据地的任务。随后，中共北方局也向中共晋豫区党委发出建立中条区抗日根据地的指示。

1942年春，五十七团破坏了日军从皋落到横岭关的公路和电线。7月上旬，黎锡福团长亲自率领一个营的兵力，动员当地群众200余人，配合东山抗日游击队，破坏了皋落至闻喜刘庄冶之间几十里长的公路，锯倒数十根电线杆，割电话线500多公斤。同年秋，五十七团五营在地下党领导的保安三大队八中队的配合下，动员群众80余人，割断了同善镇到上圢坂村黄土坡 7.5 公里电话线，收电线 350 公斤，卸磁瓶 160 个。破击战迫使日伪龟缩在据点，轻易不敢出来骚扰。游击队利用敌人的电话线架通了与根据地的电话联系。

1942 年 6 月中旬某日，五十七团根据地方党组织情报，在垣曲县大队、东山游击队配合下，在圢坂设伏，全歼日伪军一个小队，缴获轻机枪 1 挺、掷弹筒 1 支、步枪 10 余支、驮骡 10 余匹及全部物资（大米、饼干、烟酒、白糖等）。

同月，日军向中条山根据地"扫荡"，五十七团主力转移到外线，一营奉命转移到垣曲境内活动。6 月某日，一营在宋家湾以南的狮子山伏击为日军"扫荡"部队运送补给品的伪军小分队，获全胜。

8 月 11 日，五十七团团长黎锡福率领部队从望仙木耳河出发，在垣曲地方武装配合下，在夏县、闻喜之交的曲家沟围攻贾匪。经过 1 个多小时的激战，歼灭贾匪 160 余人，俘敌 300 余人。

9 月下旬，五十七团在参谋长刘增业率领下，再次围歼曲家沟之贾匪。在垣曲东山游击队、报仇大队、二区区干队的密切配合下，五十七团兵分 3 路，包剿合围，消灭了匪司令部特务连，俘虏了连长吴吉康，追击匪司令部至唐王山一带，俘虏匪参谋长张福胜及匪兵 300 余人，缴获机枪 2 挺、步枪 130 余支、手枪 3 支、掷弹筒 1 个。

11 月 30 日，太岳南进支队在沁水县东西峪召开南进动员大会，分三个梯队由东西峪地区出发南进。开赴垣曲的是太岳南进支队五十七团一部。他们从浮山川口河一带出发，于 1943 年 2 月 4 日进入垣曲，拉开了开辟抗日根据地斗争的序幕。

贾真一部先是挂高桂滋部番号，后成为国民党政府的地方武装组织，与日军秘密勾结，势力发展迅速，盘踞于垣曲、夏县、闻喜交界的山区，为非作歹，对根据地的巩固和发展有很大威胁，对晋豫区和五地委的破坏更为严重。1942年，贾真一部破坏了我地下交通线，残害地下工作人员。1942年6月，抓获晋豫区赴五地委工作的八名干部，并将其全部杀害。

1943年12月，太岳军区十七团在参谋长冯精华指挥下，从绛县桑池出发，经垣曲刘张五龙沟、东西峰山和闻喜上下玉坡包围驻曲家沟的贾匪司令部；十七团另两个连从峰山口进军；同时，地委康俊仁支队（康支队）兵分两路，由夏县蔡家坪出发；垣曲独立营把守余家山一带，十七团三营打后面，向贾匪撒下一张大网，战线长达40余里。战斗在闻喜县的镇风塔打响，双方战斗激烈。打入贾匪二团三营的副主任刘宝善里应外合，掏掉了匪部心脏。这次战斗共俘匪官兵400余人，缴获迫击炮1门、机枪20挺、步枪300支、子弹万余发，打垮了贾匪军的主力。

1945年1月21日，太岳军区和行署召开区群英大会，五十七团年仅22岁的排长焦德胜、机枪班班长鲁如意被评为"杀敌英雄"。

在太岳南进支队五十七团的军事支持下，垣曲县、区、村各级抗日政府很快建立起来，全县抗日斗争进入了一个新阶段。4月某日，太岳军区第五分区司令员孙定国率部伏击贾匪，俘敌30余人，缴获步枪40余支、骡马32匹，还有被褥等物。贾真一搜罗散兵，逃往皋落，投靠日军。孙定国部第二十五团三营攻打皋落之日伪军，另派兵堵住王茅、石头圪垯与横水可能增援之日军。贾真一向伪军碉堡内逃跑时，被手榴弹炸死。

贾真一死后，其心腹爪牙为了稳定军心，严密封锁匪首毙命的消息。贾匪残部龟缩在皋落一周后，向闻喜逃窜，孙定国司令员派重兵布下包围圈，全歼贾匪残部。这股在中条山盘踞4年之久、血债累累、罪恶盈天的反动武装终于被彻底消灭。

第二节 整顿恢复敌占区党组织

1940年3月，中共北方局决定，中共晋豫区委和中共太南区委合并，仍称晋豫区委，区党委机关驻平顺县寺头村。区党委于1940年6月至1941年6月，积极恢复与所属各地委中断的交通联络。同时，晋西事变和太南、晋豫撤军后，垣曲区党组织完全转入秘密状态，干部大批调出，党组织混乱，有相当一部分共产党员悲观泄气，党组织的活动基本停顿，无法开展工作。重新恢复与整理党组织，对执行中共中央关于巩固党的决定十分必要。垣曲由于复杂的特殊情况，党组织的整顿工作一直拖到太岳南进支队挺进垣由以后才开始。

当时，中共垣曲地下县委已经秘密成立，但多数党员甚至县区干部还不知道。太岳南进支队挺进到同善一带后，不少党员找到部队，向部队诉说自晋西事变以来的情况，急于接关系，开展工作。更为复杂的是，晋西事变以后，有不少党员自行脱离组织，甚至有变节附敌的，有的甚至成了日伪的眼线。面对这种情况，整理支部迫在眉睫。在部队帮助下，从1942年4月开始，县委和区分委的干部，分级深入基层，对党支部逐一进行整理和恢复。根据当时的情况，恢复的地区和范围主要是"二区路南路北，一区路南和路北一部及三区山地沿公路交通线一带"。"恢复的办法，原则上是不让一个投机落后异己分子再混入党内，质重于量，坚决执行精干隐蔽的政策。"为此，在整顿中，首先对基层组织的状况，特别是秘密活动的干部进行缜密的调查研究，向最忠诚的党员询问，从党员及群众中了解党内外的情况，然后慎重决定需要清理的党员，并根据不同的对象采取不同的方法进行清理或让其自动退出。

整理和恢复党组织的具体条件：一是在晋西事变后，"长期脱离党的领导，失掉关系，但亦主动为党做了些工作，未做反革命事情，经审查教育后恢复之"；二是"在'事变'中动摇悲观消极，未参加其他团体，未做反革命事，不听党的组织负责人领导，现仍愿为党工作，经教育后恢复，但动摇脱离党时期不算党龄"；三是"在'事变'后动摇悲观，自动参加其他团体，脱离组织，但亦未破坏革命，我们是不予恢复，如仍愿革命，经考查后可重新入党"；四是"'五月战役'（即中条山会战）后，自动参加伪组织，但去后有时仍与党的某些人联系，经证明未做反革命事件者即予恢复接上关系"；五是"'事变'后或'五月战役'后，消极脱离组织，自动参加其他团体军队工作，亦未做反革命事件，现在他不自觉找组织，我们派人去接头、谈询，他不理者即暂不恢复，他理者愿进步的革命者，经证明考查后即恢复之"；六是"'事变'后一般脱党的消极落后分子，现在我们几乎全部没恢复，因此一种人在党外能(有)些活动也好"；七是"自首叛变分子，概不准再入党"。当时恢复的手续极为严格，一般是"党员支委由分委讨论，县委批准；分委级干部由县委讨论，报地委批准"。对在整理恢复中被清理出去的党员，指定党员与其联系，抓紧进行教育，团结在党的周围，使其不致破坏党的组织。

经过两年的整理恢复，除沿河外，"建立起两个据点支部、7个支部，恢复党员69人，恢复关系的20余人"，与晋西事变前全县700余名党员、50多个支部相比，党员和支部的数量明显减少，但质量有了很大提高。健全组织生活，党员的组织性、纪律性都得到了进一步增强。通过整理，党支部基本上能符合秘密活动的需要，组织更加巩固，经得起艰苦卓绝的斗争环境的严峻考验。

为了巩固党组织的整理成果，地下县委采取了一系列措施。一是支部的组织形式强调短小精悍，整理后的支部，一般在五人左右，最多不超过九人，最少三人；支委兼任党的小组长，分区委人员缩小，一个分区委委员顶多领导两个支部，同时兼任一个支部的书记。二是组织生活间隔时间最长不能超过半月。三是坚决截断横向关系，"见面不谈组织事"，"知道装作不知道"。四是加强社会活动提高社会地位，提倡从事社会公开活动，比如维持敌人、给老百姓办红白喜事，以便于隐蔽。五是加强对党员的前途教育。六是教育党员树立群众观点，任何时候都要为群众着想，使支部周围有群众。七是内外线互相配合，上层与下层配合，公开与秘密互相配合，这是巩固支部、巩固党的关键。

在组织发展上，根据垣曲实际情况和朱德同志的指示，着重在黄河渡口薄弱地区及公开坚持斗争的根据地内发展党员。这方面的工作情况是，根据地党员发展情况好于黄河渡口薄弱地区。全县新发展党员31人，其中，敌占区10人，游击区13人，根据地8人。

在整理和恢复党组织的同时，还加强了党的交通工作，要求在敌占区每一个分区委有一个秘密交通员。来往传达指示、报告或接头，要求接头地点必须在秘密交通员家里进行。交通员多由分支委直接领导，不过支部组织生活。

第三节 建立民主抗日政权 巩固扩大抗日根据地

1942年5月中旬，中共晋豫区党委在阳城县上河村召开中条区高干会议，各县县委书记、军队营级以上军官出席了会议。这是一次决定晋豫区大政方针的重要会议。5月27日，区党委书记聂真作了《中条区过去四个月工作的检讨》的报告，回顾总结了太岳南进支队开辟岳南和中条地区以来的工作。指出，今后的工作方针是：争取一切时间，从各方面发展力量，主要是武装的扩大及资财的收集，"使中条区变为巩固的抗日根据地"。

正在视察晋豫区的八路军一二九师政委邓小平在会上作了重要讲话，他指出："我们要采取切实的办法，力争中条区成为巩固的抗日根据地。这是中共北方局给中条区的任务。"要运用各种形式组织武装,组织各种各样的游击队、保安队。"要适用各种形式建立武装,不能用百分之几来限制,越多越好。"邓小平特别指出:有武装就必须有政权,有政权才能养活军队,以政权的组织形式才便于进行各种工作。因此,军队不关心政权工作、地方干部认为做政权工作是低人一等的观点应该很快纠正。目前,应首先建立政权,越快越好。

1942年5月初,中共条东地委书记杨蔚屏、地委组织部部长席炳午(垣曲城关人)同王铭山在历山文堂研究建立垣曲县抗日民主政府事宜,原定5月中旬成立抗日县政府,但当时由于日军频繁"扫荡"和五次"治安强化运动"的推行,加上严重的持续大旱和蝗灾,使组建遇到了极大的困难,斗争形势更为尖锐复杂。当时,全县大部分地区是日伪军占领区,王茅镇驻扎着日军的"大皇部",尧汉村是伪县公署的驻地,沿公路两侧大部分村庄,均为日伪军所控制,碉堡林立,封锁严密,百姓不时遭日军烧杀抢掠。特别是贾真一匪部,盘踞在垣曲、闻喜、夏县的三角地带,趁火打劫,经常出没在二区和原上一些村中,要粮要款。在东河槽有阎顽侯中和县政府的保安二、三大队活动,危害群众。在南山一带有刘儒荣、刘汉三的"独立支队"不时骚扰。共产党的抗日活动地区仅仅是靠近阳城的历山、望仙等狭小深山区。

由于上述原因,抗日县政府一直未能成立。这次会议之后,王铭三回到县上,立即着手筹备抗日政权的组建工作。经过充分准备,1942年9月24日在望仙栗沟张秀英的院子里举行垣曲县抗日民主政府成立大会。大会由中共垣曲（根据地）县委书记王铭三主持，参加人员有抗日民主政府县长张培民、县委组织部部长高向荣、县武委会主任吴全安、县农会主席李挺锋、二区区委书记兼区长常育麟、东山抗日游击队政委关中廷，以及望仙村党支部书记王东阳和支委王靖华、村农会主席邓凤翔、历山村党支部书记王星占等。

县抗日政府成立后，相继设立了政府办事机构，任命苏奋（即郭怀都）为秘书，王英臣（即王超遇）为管理员，周吉昌负责公安局工作，马品三任财粮科长，常士英任民政科长。1945年1月，又设立了司法科，张雨三任科长。同年3月设立文教科，张冠五任科长。4月设经济贸易局，文中流（即文宗柳）任局长。

关于区、村政权建设，在抗日县政府成立之前，太岳南进支队支持县委做了大量工作。1942年6月10日，在皋落北椿树圪垯召开二区22个行政村的村长会议，成立了第二区抗日政府，区委书记常育麟兼任区长，同时建立了由贾克泌任指导员的区干队。县抗日政府建立之后，区、村政权建设的速度也加快了，同年10月，在同善黄苯岭成立了三区抗日区政府，尹克昌任副区长。1943年6月间，革命根据地逐渐向同善口外发展，同年7月在上敌原村（今上庄）成立了一区抗日政府，由原三区副区长尹克昌任区长。至此，全县三个区的抗日区政府全部建立起来。

在县、区抗日政权建立和完善的同时，抗日村政权也随着形势发展和农会工作的开展（1942年12月下旬建立县农会）而相继建立。村政权的建立，首先是1942年12月，以宋志先为首的县农会筹委会在历山马马渠处决了日伪村长赵树祯以后，建立了第一个抗日村政权，由侯銮玉任马马渠村抗日村长。接着，又在三里腰、后河以及贾家山等村庄摧毁伪政权维持会，建立起抗日村政权。之后，随着抗日根据地不断延伸扩大，抗日村政权逐步普遍建立了起来。

各级抗日政权组建工作完成之后，各级抗日政权除协同县委抓好武装、反"扫荡"、打击和瓦解日伪汉奸政权以及做好策反等工作外，根据当时的实际情况，还重点抓了其他几项工作，为缩小敌占区、扩大游击区和抗日根据地作出了重大贡献。

一是赈济灾民。县抗日民主政府建立之后，面临的第一大任务，是如何使老百姓不致饿死。当时，因蝗灾和持续大旱，1942年夏秋无收成，老百姓吃榆树皮、柳芽、蚕蛹，有些地方连野草都吃光了，就用观音土充饥。日军实行"三光"政策，开展"强化治安"运动，伪顽政府逼粮要款，土匪四处抢掠，趁火打劫。抗日政府成立后，群众有了靠山，但没有饭吃，连抗日政府能否存在下去都是问题。在这种情况下，县抗日政府向晋豫联办要求赈济灾民。1943年2月底，联办批拨给垣曲县抗日政府谷糠20万斤、运糠补助小米2000斤。县抗日政府3月1日接到赈济通知，当天就立即进行了研究。县委书记王铭三、县长张培民命令县政府财粮科长马品三、二区区长李青（常育麟）、三区区长尹克昌，澄清各辖区的游击区户数，并分清有劳力和无劳力户各有多少。同时还向敌占区老百姓宣传，愿吃抗日政府救灾粮的户有哪些、有劳力能自己运回的有多少户数等基本情况。在3

天之内，各区将情况报给县抗日政府。并将运粮人员编成连、排、班，选出带队人员，随时准备出发。

县抗日政府要求，游击区有劳力户每个劳力（一户只能出一个劳力）62斤，上交12斤，50斤归己。无劳力户每户发给40斤，各接收村不许留机动数。在敌占区，每户60斤，直接发到户。从3月8日开始，到3月20日按计划发放完毕。除一区处于交通沿线，日军控制很严，无法赈济外，总共发出糠19.8万斤，民工口粮小米1700余斤。根据统计，二区游击区民工771人，敌占区民工190人，共961人，运糠4.8万斤；三区游击区民工1997人，敌占区民工250人，共2247人，运糠15万斤。游击区发放3379户（其中无劳力户610户），发糠17.16万斤；敌占区发放440户，发糠2.64万斤。剩余糠2000斤，小米200余斤，运回抗日县政府，以解决特殊问题。

通过抗日政府赈济救灾，百姓渡过了灾年，抗日政权在群众中树立起了威望，人民有了依靠；争取了中间力量，使年轻的抗日政府扎根于群众之中，推动了抗日工作，扩大了游击区，巩固了根据地；为以后开展其他工作奠定了群众基础。

二是征收农业税，保障抗日供给。抗日战争全面爆发后，农民三天两头逃难，农田荒芜。抗日民主县政府成立之后，解决军队和地方抗日武装的生活问题就理所当然地成了抗日县政府的头等大事。当时，一方面主要是以募捐大户（地主、富农）为主，另一方面也适当地给农民分派一部分粮食、现金、鞋袜等。在具体方法上，先是通过村干部和地方上的开明士绅共同协商同意后，再分摊到各村庄，随派、随收、随运。

征收农业税从1943年开始。征收的标准是根据土地、人口和当年收成情况，在根据地历山、扶圣、近佛、望仙、后河、民兴6个村庄征收粮食2.4万斤。在历山、后河、扶圣、望仙等村妥善保存。在游击区的近圣、刘张、上涧、刘村等处派征2.5万斤粮食，因没有库房，只能分批征收。在敌占区，则无规定数字，能征多少是多少。1944年夏天，在根据地以合理负担的名义，征收小麦3.5万斤，仅望仙村就征收了2.7万斤。在游击区征收小麦7万斤，库房建在近佛、上庄、刘村、瓦舍、沙宝河等地。同年秋天，仍以合理负担的名义征收秋粮6万斤，根据地只征收2万斤。当时除征收粮食外，还分摊了布鞋3000双（其中上缴1500双）、土布2万尺、钱款10万元（边币）。

1945年夏季，在执行减租减息的同时，实行合理负担，统一累进税制。"以产定分"，产量超过，征收累进。本着打击、削弱地主、富农，扶持贫雇农，团结中农的负担政策，全县本年分派小麦30万斤、小米15万斤、款15万元（冀钞）、布鞋2万双、土布20万尺。

当时，尽管农民生活艰苦，但由于区、村政权和农会充分发动群众，进行抗日教育，农民踊跃交粮，并主动抵抗敌伪抢粮，保护粮食。从而基本保证了上缴任务的完成，且并未让农民负担过重。

三是解决了抗日军政人员吃饭问题。抗日政府成立伊始，工作人员的生活清苦。他们没固定住址，没锅灶，没粮食，吃饭三天两头断顿。1942年11月，县委书记王铭三、县长张培民等五人在芦园岳家洼居住时，五个人三天七斤麸皮还没舍得吃完，全靠野菜充饥。

食不果腹，其他更无保障。当时规定，每人每年一套单衣，3年1套棉衣，5年1条被子，3个月1双鞋；书记、县长每月津贴4元，科长级每月3元，科员级每月2元，战士1.5元。除了鞋能弄到一些，其他则根本兑不了现。至于办公，膝盖就是办公桌，连刻蜡版都是把钢板放在石头上刻。这种情况，一直持续到1944年初。太岳区实行米票，在群众家吃饭给米票，随后结算。1944年夏季开始囤粮，除根据地村就地收存外，游击区每村各存一部分。在近佛的桦皮古垛设了一个收粮点，主要收一区上庄、东石等村的粮食，这一年共囤粮8万多斤。加上县委、抗日政府工作人员开展生产自给，在木耳河、历山、四面河等地开荒种地，一年可收获谷子、土豆1万余斤。这样，基本上可保障抗日军政人员低标准的吃饭问题。1945年6月7日，同善口内解放，党、政、军机关人员一齐下山，住在近圣、大石崖、东西垯等村，增加了工作人员，工作环境也大为改善。同年夏季，囤粮村扩大到27个，囤小麦27万斤，秋粮11万斤。不仅解决了吃饭问题，其他方面也开始好转。

四是采取措施，复苏根据地经济。为了战胜灾荒，渡过难关，1943年7月24日和31日，晋冀鲁豫边区政府和中共中央北方局针对蝗灾严重和持续大旱的问题，连续发出指示，号召人民在党的领导下组织起来，开展生产自救。8月1日，第一二九师也发布《关于生产节食，渡过灾荒，迎接胜利的命令》。接着，太岳行署发出开展生产救灾运动的紧急指示，号召各级政府把生产救灾作为中心工作，动员群众抓紧雨后的时机，赶种荞麦、蔬菜，大量储备野菜、树叶，度过灾荒。并且号召各机关、部队自己动手，突击种菜，保证冬春蔬菜自给。

为了生产救灾，太岳区当时采取的主要措施：一是成立各级救灾委员会和灭蝗指挥部；二是广泛开展生产自救运动；三是由政府发放贷款和救济粮，扶助灾民；四是发动群众互助互济；五是体恤民情，减轻灾区粮款负担；六是号召共产党员和干部发扬与群众同甘苦、共患难的精神，生产节约，赈济灾民，保证在机关驻地不饿死一个人。

中共垣曲县委和垣曲县抗日政府，根据上级指示精神，雷厉风行地成立了灭蝗指挥部，在蝗灾严重的同善、南堡、刘村等村还成立了村灭蝗指挥部，一个全民灭蝗的运动很快在根据地兴起。上敌原（庄头）小学小学生14人，利用3个课余时间刨蝗卵130余斤，抗日政府奖给他们小米136斤。接着，下敌原、车箭、碛口的小学生也都行动起来，投入灭蝗卵行动。

在抗日县政府所在地的望仙村，除了按上级指示发动群众生产自救外，还在1944年前半年率先在全村组织起了26个互助组，分成4个互助社。互助的办法有以下4种：（1）一工换一工，相互管饭。不管饭的，除换工外，夏收后再还一升麦子，或秋后还一升半玉米；（2）妇女儿童两个工顶一个工；（3）妇女做针线与牛变工，四个半工换一双鞋；（4）民兵出外活动一天，本互助组顶换一个工。

当时，全村各互助组还开展了劳动竞赛，不仅耕种了荒芜的土地，还另开生荒 519 亩。望仙村经验成了太岳区的典型，1944 年 5 月 10 日《新华日报》（太行版）作了相关介绍。

历山行政村前蚊子堂（即文堂）村也组织起互助组。这里出门就是山，人均不到 1 亩地，生活很是困难。村里 14 户人家就有 13 户贫农，只有 1 户中农。组织起互助组后，在种好庄稼的同时还积极发展副业生产，组织农民打野猪、采麝香、养母猪。仅副业生产一项就收入 16.1 万元（冀钞），13 户贫农成为中农，农民生活得到了很大改善。截至 1945 年 8 月日军投降前夕，全县共组织起 82 个互助组。通过生产自救，群众基本上渡过了难关。

在商业贸易方面，继 1942 年太岳成立产销公司后，垣曲抗日民主政府于 1943 年底成立了垣曲"永顺太""永顺栈"两个商店。这两个商店实行统一领导，实际为一个单位，只是经营业务不同。永顺太商店是以经营食盐、收购棉线为主。1944 年全年收食盐 8402 斤，售出 6588 斤，解决了垣曲群众食盐的困难；收土布 801 匹（一匹为 100 尺）；收棉花 8032 斤，这些完全交给了供给处，供应地方武装使用；收棉线 4180 斤，售出 3714 斤，其余自留，供抗日战士打袜。永顺栈商店以经营小麦、玉米、山货、药材、生产资料、日用杂货为主，在当时起了很大的作用。

与此同时，朱家庄的南窑、郑家岭、店头等村建立了食盐、粮食、小杂货、布匹等物资的小型贸易市场。为了解决战时军民买不到生活必需用品和生产生活困难的问题，调剂余缺，采取了三项措施：（1）利用征收的大烟土和罂粟壳，到敌占区换成金票（日币），再用金票买回布匹、日用品和青链霉素等稀缺药品。（2）在市场上征收一定的税款，交冀钞，以使冀钞广泛流通和占领市场。（3）开办临时商店，出售布匹、估衣等日用品，供应群众需求。随着经济形势的发展，1945年4月15日，垣曲县经济局正式成立，24日开始办公，筹建了"永顺合"盐店和"永顺昌"商店，连同县局共有20名工作人员。开张一个月，共收购食盐12300余斤，平均单价46元多（冀钞），调济食盐1400余斤，供给董封鸿泰昌食盐9600余斤，供给利生锅厂食盐860斤，还库存食盐近400斤。

当时，由于垣曲日伪、蒋阎和抗日民主政权三方并存，表现在货币上同样十分复杂，在一、三区以法币为主，以伪钞为副；在二区以伪钞为主，以法币为副；在根据地以冀钞为主，以伪、法币为副。

县政府为提高冀钞的信誉，采取"实物支持"、建立集市、高价吸收、低价出售等办法，就连敌占区群众，如郑家岭一带，也宁要冀钞，不要伪钞。法币更是每况愈下，在根据地已无法流行。在这种情况下，连敌占区的不少士绅也主动上门，向经济局了解情况，兑换冀钞。

全县以农业为主的生产自救运动的开展，使根据地的经济开始复苏，军民生活在一定程度上得到改善，基本战胜了严重的经济困难，为进行局部反攻和大反攻奠定了物质基础。同时，也发扬了自己动手、艰苦奋斗的精神，进一步密切了党政军民的关系。

五是兴办教育，建立抗日学校。县抗日民主政府成立后，相继在历山、望仙、民兴等根据地成立了三个抗日小学。教员一律由抗日民主政府委派。由于战事频繁，校址不能固定，冬春两季多住民房（大都为窑洞），夏秋季节多在野外大树下上课。以学识字和珠算为主。师生还配合中心工作，服务于抗日战争。成立了儿童团，站岗放哨，盘查来往行人，宣传抗日救国道理，教唱抗日歌曲。

至1944年，望仙初小由1所发展为3所，在校学生105名，入校的农民达到223人，还成立了一个剧社，不定期为群众演出。

1945年春，抗日政府县长任开宪亲自到同善大石崖主考，从考生中择优录取60人，建起了第一所抗日高级小学。

抗日小学的开办，使根据地青少年有了学文化的场所，也为以后的垣曲教育起了先导作用。

六是初建医药卫生事业。由于恶劣的战争环境和严重的自然灾害以及迷信落后的生活习俗，致使疾病经常流行。为了减轻群众痛苦，解决当时军政人员负伤后的急救难题，县抗日政府从1943年冬天就着手筹集资金，购置设备。次年春天，在同善成立了"政民药昌食盐社"，在历山、望仙、同善等地巡回为老百姓治疗疾病，送医、送药上门；另外，药社人员还经常随军行动，参加战斗，及时抢救伤员。药社建立之初，没有固定场所，没有资金，药品更是奇缺。药社人员组织群众采集药材，经过加工炮制，配制成中成药，保证军民需要。同时，通过宣传，改善卫生条件，控制流行疾病。

第四节 中共垣南县委的组建及活动

抗日战争期间，为了更好地宣传发动群众，减少地下组织间的横行联系和联络，更好地应对敌人的渗透和破坏，根据战争发展的需要，相继拆分出了一些新的县委机构，有的县还分设出地下县委和根据地县委，仅垣曲周边就有王屋县、垣南县、稷麓县、绛南县等抗日政府机构，有的县在抗日结束后就撤并回归原建置，有的县在中华人民共和国成立后才完成撤并归建，垣南县就是在这种情况下诞生和发展，完成历史使命后撤并归建的。

一、垣南县诞生的背景

1941年5月8日，中条山会战第二天，日军就侵占了垣曲，不久便在王茅尧汉建立了联队司令部、伪县政府、区公所、村维持会等。国民党统治的县政府及区、村一级政权也悉数被摧垮，县长侯中和带少数随从在圢坂、西沟等敌占区隐蔽活动，不断向人民催收"六十斤"粮饷，成了只吃饷不抗日的流亡政府。这时，中条山会战溃败下来的国民党散兵游勇也占山为王，结伙成匪，敲诈勒索，特别是盘踞在垣曲、闻喜交界处的贾真一匪部，盘踞在垣曲解峪南山一带的刘汉三匪部，横征暴敛，屠杀百姓，垣曲人民处在水深火热之中。

在这种情况下，八路军太岳支队组建南下支队，准备建立中条山抗日根据地，1941年12月底由马子谦、符先辉带领五十七团一个连到垣曲县，向中共垣曲地下县委传达晋豫区党委关于开辟中条山地区的指示，为迎接部队到来进行准备。1942年3月，八路军南下支队五十七团在团长黎锡福、政委曹普的率领下挺进垣曲，以望仙村木耳河、不落泉、贾家山为中心建立抗日根据地，不断向南开辟中条山地区。

为了更好地开辟条西地区，使太岳革命根据地与中条山区连成一片，1942年九十月，上级委派原河东特委委员关中廷在垣曲朱家庄创建垣南办事处，并成立一个警卫班，有11名战士、10支步枪。1942年冬季，晋豫区与太岳区合并为新的太岳区。1943年2月，区党委根据抗日战争在相持阶段发展的需要，在垣南办事处的基础上，决定在垣曲、闻喜、夏县交界地区成立垣南县抗日政府，3月成立中共垣南县委，垣南县归属条西地委（秘密）管辖。1943年10月，成立五分区、五专署，1944年8月建立太岳五地委，垣南县归属于太岳五地委管辖。1945年春，为纪念革命烈士嘉康杰，垣南县改称为康杰县。1945年10月，抗日战争结束后，五分区改称为三分区，康杰县又属三分区管辖，年底撤销，所属各区、村回归各县原建置。

二、垣南县的行政区划及机构设立

垣南县政府主要是在垣南办事处基础上建立的，同时成立中共垣南县委，县委和县政府常驻朱家庄的南山村窑坡、古垛、核桃爬等地，也曾驻扎过闻喜石门乡的上下横榆一带，行政区划主要辖垣曲的前后青廉、西交斜、柴家古垛、南庄、河东、河西（朱家）、毛家、南蔡、槐南白、官店、丁村、新兴、乐尧等25个行政村，基本包括了垣曲在绛（绛县）

垣（垣曲）公路以南的大部分地区，还有夏县的温峪、架桑、东西交口、曹家庄、大寺坪等21个行政村，闻喜县的上下横榆、白家滩、刘庄冶、石门等5个行政村，还有平陆上坪村等，是中条山腹地几个县交界的广大山区，隐蔽条件较好，是太岳区党委通向运城各县区的地下交通要道。

首任县委书记是张希文（又名张经君，夏县兴南庄人），原任稷麓县委书记，任职时间从1943年3月到1944年5月，第二任县委书记是范振中，任职时间是从1944年6月到9月，第三任县委书记吴辰（洪洞人）从1944年10月到1945年12月。

首任县长是关中廷，后任分别是杨敏（沁源县人）、赵仁甫（洪洞县人），各任职一年左右，县武委会主任李建南、农会主任张玉堂、经济贸易局局长梁之儒、公安局局长马炎。

垣南县初设两个区，1945年增设为三个区。垣曲原划入各村属二区。一区区委书记杨登波，区长赵子玉，二区区委书记贾克泌，区长刘宝书，后为郝毅（阳城人）、李翰辰，三区区委书记胥增全。区委下设组织委员、宣传委员等，区政府设财粮助理员、民政助理员、公安助理员等，并设区农会、区中队等机构。

三、垣南县在抗战中的作用

垣南县的建置时间虽然仅有两年零十个月，但县委、县政府和区委、区政府在开辟条西根据地中做了大量工作，特别是在情报传递、人员渗透、策反瓦解独立支队等方面发挥了独特作用，在较短的时间内，建立健全了各级地方组织，发动群众，开展武装斗争，掀起了一次次抗日高潮，有力地促进了中条山区的抗战工作，为抗日战争的全面胜利作出了不可磨灭的贡献。

一是迅速整顿和建立了各级地下党组织

垣南县所属区村，大部分为山区，建党条件较好，有的村支部建立较早，如官店、丁村、南蔡、槐南白、朱家、毛家等村在牺盟会时期就建立了党支部，本身家在垣南县槐南白的关中廷县长更是1930年4月由嘉康杰亲自介绍入党的老党员，但由于十二月事变影响及敌人破坏等，许多支部停止了活动，许多党员失去了联系。垣南县委建立后，首先对这些支部和党员进行整顿和恢复。如槐南白村党支部原有党员22人，分路东、路西两个支部，1942年、1943年两年内，陆续调出党员16人，其余6名党员编入一个支部，由张承礼任支部书记。官店村党支部书记马曰骥牺牲后，由冯文锦任书记。南蔡村党支部书记刘怀书牺牲后，由刘宗汉任书记。一任接着一任干，誓死保护党的秘密。为加强党员的革命气节教育、提高党组织的战斗力，县委书记吴辰亲自在胡家峪对各村书记、党小组长进行了为期七天的集中训练和教育，主要是革命气节教育，通过整顿学习，全体党员素质有了很大提高，在传递情报、抗日锄奸、坚壁清野、发展武装等工作中作出了很大贡献，有些同志甚至为革命献出了宝贵的生命。

在整顿恢复党组织的基础上，又着手发展了一批新党员，创建了一批党的基层组织，如：在朱家南山发展了3名新党员，即耿中兰、郭光华、郭光林，建立了一个党小组；接着在上下横榆、石门、后青村建立了党小组，发展新党员郭占文、张福牛、董振良等。有效地提高了党基层组织的战斗力和战斗堡垒作用。

二是迅速扩大地方武装，主动骚扰和出击敌人

抓政权首先要抓武装。垣南县抗日政府组建后，立即着手组建垣南县自卫大队，在原警卫班的基础上，扩建为警卫排，排长安金铭，副排长陈新，下设三个班，班长分别是张全才、王保宽、杨金川。不久太岳五分区司令部又下拨了部分枪支弹药，还有一挺机枪等装备，并陆续派来大队副队长李梦喜、大队长张振清、指导员卢梁栋、参谋长李元等，垣南县自卫大队遂正式成立。到1943年夏季，部队就发展到了80多人，到第二年时武装力量发展到上百人，活动范围扩大到夏县的奇峰、马村、唐回、温峪、架桑、曹家庄，闻喜的上下横榆、白家川、后川，垣曲的丁村、南蔡、前后青廉、西交斜、乐尧、复兴、南庄、朱家等村。县大队、区中队在保卫根据地、保卫人民政权的同时，还主动出击，消灭敌人小股力量，配合五分区康支队、四大队、八大队袭击日伪军，破坏日伪军的通信设施，寻机歼灭敌人，在战斗中历练，在战斗中成长，在较短时间内得到了发展和壮大。1945年10月，接三分区司令部命令，调往平陆茅津渡固守河防。1946年前半年编入五十六团。

三是建立情报联络站，加强情报和除奸工作

在情报工作中，垣南县重点抓了两条：一是建立情报联系制度，二是加强锄奸反特工作。为了做好情报工作，县委提出三点要求：一是各村党支部、村公所要及时与县委、县政府联系，做到有情必报；二是县自卫大队、各区中队要及时侦察敌人的活动；三是打入敌人内部做策反工作的地下同志要及时报告敌人动向。垣南县的情报线重点针对独立支队和贾真一的"晋南剿匪野战军",由太岳四分区司令部派驻的情报站站长张梦龙负责。1944年张梦龙牺牲后,情报工作主要由太岳五分区城防部负责。在独立支队方面,太岳五分区司令部派站长赵子玉在朱家庄、郑家岭建立联络站,工作人员有李文、刘秋娃、任火生等,在乐尧椿树圪垯、板涧河建立板椿分站,工作人员有刘廷瑞、常林日等,主要是搞好独立支队的策反工作。贾真一方面,打入贾匪二团三营内的地下党员有刘宝善建立的情报站,有闻喜曲家沟的李向远、毛家湾的张士杰、毛家店头的张星焕、担山石的赵恩普、南蔡的刘好书等负责情报传递,主要是掌握贾匪部队的动向。

在加强情报工作的同时,县委要求各区委、各村党支部查清敌人在抗日根据地秘密安插的谍报人员。在准确掌握第一手资料后,县委在1944年10月的某天晚上,组织县自卫大队、区中队和有关村党支部统一行动,抓获了暗藏在根据地的敌人谍报人员李登龙、张庆祥、胡小森、张丙引等人,经过审讯,就地处决。同年11月某天晚上,垣南县大队战士从南山古垛出发到皋落西园岭上阻击敌人,王振明、李来喜等3人到南坡庄抓顽匪刘应忠时,抓获贾真一坐地情报员刘惠有,当场处死。连续多次出其不意的行动,狠狠打击了敌人猖狂、嚣张的气焰。驻扎在皋落的日伪军及公路两侧的匪徒不敢轻易出动进攻抗日根据地了。

  四是打通地下交通线,接送党政领导干部

垣南县经常担负护送党政干部重任,护送路线有多条,但主要是从南山古垛根据地出发,天黑动身,经朱家庄、槐树庄、老屋沟、槐南白、丁村、坡底、埝堆、民兴村的贾家山、望仙等,与垣曲县抗日政府交接,有时还要过木耳河、舜王坪,越过东西川直接护送到太岳区驻地,返回时再将太岳区的文件、报纸等带回闻喜陈家庄的五分区司令部,是连接太岳区与五分区的重要通道。1942年6月,在垣南县成立之前,从太岳区抽调15名军事干部准备到条西开展游击战争,由军分区一个排武装护送到垣曲、闻喜交界处的朱家庄,由垣曲交通员负责带路护送到曲家沟,再由夏县康支队派人接送。到达曲家沟后,由于接送的地下交通员没有到,恐怕是情况发生变化,宁烈等7名同志因口音怕出问题,遂原路返回。华玉峰等8名当地同志,主要是夏县、闻喜当地人,也熟悉路,只身前往康支队所在地,被贾真一匪部的谍报人员发现送了密信,在夏县马家庄遭贾匪抓获,押送到闻喜茅沟贾真一司令部审讯处死。所以,打通这条地下交通线路非常重要。垣南县成立后,多次完成护送任务,在护送途中,也曾两次遭遇枪战,所幸护送的干部再也没有遭到损失。

五是积极搞好匪部策反工作

垣南县当时处于王茅尧汉、皋落的日寇伪军、南山乐尧的独立支队、石门后交的贾真一匪部的包围之中。县委、县政府在抓武装斗争的同时,十分注重斗争策略,积极搞好抗日民族统一战线工作。对独立支队采取中立、团结和争取策略,通过原任三分区参谋赵子玉、刘廷瑞等同志的努力工作,1945年5月5日,支队长杨鸿水(共产党员)率独立支队一、二大队300余人携带枪支,开至朱家郑家岭宣布起义,后编为太岳军分区第三分区垣南支队。对贾真一匪部采取既打又拉、防止叛入日军的策略，多次掌握贾匪出动的情报，屡屡给予重创，后终因其顽固不化，处处与人民为敌，1945年根据情报把贾匪在皋落炸死，贾匪所部被全部歼灭。

六是恢复发展集市贸易，活跃市场，更好地巩固抗日根据地

垣南县抗日政府成立后，十分重视根据地的集市贸易工作，1944年夏季，就在朱家庄南窑建立了盐店和饭铺，是年秋，在郑家岭、店头等地建立了贸易市场，开展售盐、售粮、售布等贸易，设立了专职交易员，还有牲口交易等，市场交易非常活跃。

垣南县还专门成立有经济贸易局，解决战时急需品和村民生产、生活用品的购置和供应问题，他们利用征收的大烟土和米壳等，到敌占区出售换成金票（日币），然后用金票在敌占区买回布匹、日用品以及急需的药品等，再运回根据地交易。当时市场上流通有金圆券、中央票和冀钞，根据地市场上只流通我根据地发行的冀钞。当时，一元冀钞可购置食盐十斤，一元金圆券和中央票，可购食盐八九斤，每斗麦子可换盐二三十斤，货源充足，有效保障了供给，不但平抑了市场，也为地方政权建设开辟了税源、积攒了税收。

75年过去了，当年的垣南县政府在南山窑坡的四合院，被日军焚烧后，只留下3间土坯瓦房还在风雨中飘摇，房墙已向外倾斜，两根木杆顶着，泥皮上隐隐约约还有20世纪六七十年代"抓革命促生产"的标语，其他房子也已几经翻修、几易其主了。看着曾经风起云涌的红色政权中心颓落到

如此地步，在心痛的同时，也唯有牢记那段革命历史、那段峥嵘岁月。

第五节 中共王屋二区党委和抗日政府的建立及抗日斗争

1942年8月，为适应抗战形势的需要，晋豫区党委决定将济西工委改为王屋县委，隶属晋豫区三区。1943年2月，中共太岳区委和太岳行署将原属河南省济源县的第七区分离出来组建王屋县。到1947年7月，根据形势的变化，又将其撤销。

当时的王屋县分为三个区：一区以邵原为中心，下辖19个村；二区即现在垣曲县的东原地区，以蒲掌为中心，下辖14个村；三区以王屋为中心，下辖21个村。

属于王屋二区的东原，东起西阳河、阳山村，毗邻邵原一区，西至山西省垣曲县，北依黑龙山，南临黄河，与国民党统治区隔河相望。东西长约30里，南北宽约50里，区委和区公署先后驻北阳、圣佛头，下辖以蒲掌为中心的14个行政村，人口共15000余人。

1943年6月，根据王屋县三个区的划分，由原来的三个直属党支部改建为三个区委，其中，现属垣曲东原的王屋二区，区委会副书记为王毅。1945年4月，刘哲调任二区区委书记。王屋县二区抗日政府亦于1943年6月成立。由张艺（又名张元杰或张汉三）任二区区长，张振亚任副区长；1944年7月后赵鑫任区长。

王屋县二区区委抗日政府的成立，极大地震动了蒲掌、白鹅的日伪军。他们四处活动，抓捕二区工作人员，更加疯狂地欺压百姓。为有效地打击敌人，区政府暂时转移到鹰子岭一带，开始在沿山区的几个村活动。首先在县武委会的协助下组织起区干队，由郭成章任队长。两个月后，一区山院村的颜庆思、卢思华、赵显中等同志也被充实到二区工作，并建立了一支小型武装组织。一次，区干队到黄河边任家山抓捕一个日军的维持会会长，回到蒲掌东头碰到伪军乔尚清一伙人，当这伙人听说是王屋县二区的时候，吓得跪在了地上求饶。

　　1944年初，根据形势王屋县二区区公所不断转移，先后驻尚家圪垯、南蒲、蒲掌、北阳等村庄。当时，白鹅、蒲掌两个村都有日军据点和伪保公所。区长张艺不顾危险和副区长郭翠英、区助理员闫通和到这里建立村政权。在南蒲村指定党支部书记王志国暂任村长、郭庆云暂任副村长，在白鹅村指定白家河张某临时担任村长，马家圪垯李林春临时担任副村长。仅几天时间，就建立了两个抗日民主村政权。到1944年秋，区农会、区武委会也先后建立，区农会主席为卫斌超，后由冯德明接任，副主席为崔如玉。区武委会主任为胡保昌，他是参加过长征的老红军，副主任为崔怀德，指导员为聂乃政。

　　1944年10月，王屋县二区抗日政府在沿黄河五十多公里的范围内，以芮村、马湾等村为主，建立了税收事务所。并组织群众建造木船45只，恢复了两岸群众的船运，有力支持了八路军的渡河战事。还在蒲掌成立了工商业联合会

（商联会），会长由白鹅村崔如玉担任。在北阳、蒲掌、芮村、马湾一带设置点、卡缉查走私。在北阳村组织工会负责商品运输和税款征收。到1945年3月底，二区税收大幅提高到七万余元。

1945年4月25日，王屋县委决定刘哲为二区分委书记。在当天召开的王屋县委扩大会议上，县委书记刘雪尘对群运工作作了具体指示，与会同志就灭蝗工作进行了讨论，决定尽快把蝗虫扑灭。刘哲一到任，就深入到群众之中，通过走访群众，得知北阳村的数十户农民仍被地主恶霸所统治，没有翻身。地主老财还煽动群众抵制扑打蝗虫和群运工作。于是对党组织进行重新整顿，推选支部教员，发展了一批新党员。经过学习教育，许多党员认识到，为了彻底解放，必须把党支部建设好。经过一段时间的努力，北阳村党支部领导的退租斗争取得了胜利。发动群众扳倒了地主尚乐贯，打开了工作局面，扩大了影响。接着又改造了农会和村政权。同时，在南蒲村领导减租减息斗争的县农会常委李泽民和席庄同志，组织三百多名群众集会斗争恶霸地主兼债主张三敏。李家山村地主张学山手段毒辣，以守为攻，软硬兼施，分化群众，激起了干部群众对他的痛恨。王鸿奎是抗日战争时期靠发国难财致富的一个大恶霸，他横行乡里，作恶多端，罪孽深重，民愤极大。几次斗争会后，这个十恶不赦的恶霸被处死，大快人心。群众斗争的积极性越来越高，白鹅、圣佛头、芮村等村的群运工作都先后轰轰烈烈地开展起来。

北阳村在抗战时期，辖现在的北阳、洼里、邱家沟和郭家河四个自然村。1944年3月后，王屋县委翟良超和区政府区长张艺、农会主席卫斌超等同志曾到这里开展工作。1944年前半年，这里发展党员九人，成立了党支部，吴殿贵担任书记，李丙昇和聂乃政等人任委员。同年10月底，又发展党员22人，年底全村党员发展到36人。北阳村党组织建立后，一方面不断壮大党的组织，建立和巩固村政权；另一方面发动群众减租减息、反奸反特、抗日驱顽，进行土地改革运动。同时又组建了村民兵武装组织，有效地打击了敌人，激发了群众抗日的斗志。在此基础上，民兵组织动员群众参加拥军支前工作。在斗争中，民兵组织不断发展壮大，到1947年初，民兵队伍扩展到139人。北阳村是东原各村中民兵最多的村之一。

  当时，日军据点驻扎在蒲掌村，经常到各村骚扰，北阳一带深受其害。从1944年冬到1945年春，北阳村的民兵组织对日军进行了三次有力的打击。在斗争中，将依仗日伪为非作歹的汉奸尚明德兄弟三人击毙，斩除了日伪爪牙，增强了群众的抗日信心。1945年正月初一，日军集结十余人趁拂晓到北阳村各庄袭扰。武委会主任聂乃政获悉后，随即带领民兵埋伏在附近的柳沟腰一带，待日军进入伏击圈后，居高临下，猛烈射击，打得日军措手不及，狼狈逃回据点。自此，日军不敢再轻易出动，群众过了一个安稳的春节。小学教员尚乐章曾在元宵节活动中编顺口溜说："大年初一头一天，日本军队来拜年，我村民兵一阵打，日伪缩回窝里边，从此不敢再捣乱，群众过个平安年。"正月二十日，日伪汉奸尚三学去段凹日军据点汇报二区民兵活动情况，途中被我民兵截住，用石头砸死。

1945年初，王屋二区政府在北阳村柳沟成立了王屋县的第一个互助组。因人制宜，互助生产，按劳取酬；全民动手，剿灭蝗虫，度过灾年。使北阳村的生产自救、灭蝗抗灾、抢收抢种取得了全胜。这一做法由时任区委书记的刘哲撰文，发表在1945年6月19日的《新华日报》（太行版）上。

1945年8月15日，日军投降，继而解放战争又起，北阳村党支部根据形势需要正式建立村政权。民主选举了村长聂乃明，副村长李居瑞、许士廷，农会主席聂乃仁，武委会主任聂乃政，民兵指导员李丙昇，公安主任王清富，财粮员吴祥和，妇女会主任任效莲。至此，北阳村党、政、武、妇机构全部成立。不久聂乃明调至邵原镇任镇长，聂乃仁调至王屋县财政科工作，聂乃政调至二区武委会任指导员，村长由王世民接任，农会主席由田福奎接任，武委会主任由张宋勋接任。

北阳村在县、区领导的具体指导下，组织展开群运的发动工作。先组织贫雇农学习党的政策，开展诉苦；在群众有了觉悟的基础上，搞减租减息。在减租中让地主退租（一般是退近三年的地租），接着实行了分半减息。对吴殿邦等三户地主进行了斗争。1946年4月，为了大面积发动群众，在北阳村召开了群众大会，对散布流言又给日军当过汉奸的尚怀德进行了斗争。会上受害群众纷纷诉苦，很多人声泪俱下，群情激昂，尚怀德被处死在了群众的棍棒之下。从此，清算斗争地主的群众运动在东原各村很快展开了，经验推广到全区各村乃至全县。

第六节 党组织领导的地方抗日武装

1938年3月，中共垣曲县委书记王唐文、宣传部部长王琏从临汾北方局党校学习返回后，在同善镇召开县委会议，主要研究组建抗日武装问题。会议认为，以抓党的武装为当务之急，决定以八路军名义组织党的武装。太岳南进支队抵达垣曲后，中共垣曲地下县委和根据地县委密切合作抓武装，地方抗日武装力量迅速发展，截至1945年8月，前后共组建起16支地方抗日武装。分别是：

八路军垣曲县游击队 1938年4月在同善镇成立，队长罗德安，副队长吉光仁。经过一年时间，发展到七八十人，于1939年春编入晋豫边区唐天际领导的抗日游击支队。

垣曲武装自卫大队 1938年3月，中共垣曲县委以阎锡山政府名义成立，大队长陈受生。县委派共产党员吕汉文打入，并令其任大队政治指导员。同年底发展到300余人、100多支枪。除百余人后来投奔晋豫边区司令部外，其余人员于1938年12月编入共产党掌握的新军政卫队。

垣曲县抗日自卫队 1938年3月，刘宝善、李翰宸、刘学庆等人，设法搞到了一些枪支，在朱家庄成立了由30多人组成的抗日自卫队，队长刘宝善。成立不久，因生活问题无法解决，自卫队被迫解散。

晋豫边游击大队 1939年5月，中共地下党员刘宝善、张星照、李翰宸、关炎山等人，在晋豫边区党委和县委的指示下，在垣曲县朱家庄村成立晋豫边游击大队，直属县委领导，驻扎在毛家岭和前河一带。大队长刘宝善，指导员关中廷。至当年8月发展到100余人、50支枪。下设三个中队，一中队队长臧宪光、二中队队长沈作武、三中队队长关炎山。1939年9月遭到国民党十七军骑兵连袭击，游击队被击溃，刘宝善被捕，后部分队员参加了唐天际领导的八路军晋豫边游击支队。

垣曲县人民武装自卫队 1941年5月上旬，根据县委指示，张梦龙在南蔡村召开秘密会议。二区区委委员关麟经、贾克泌，县委地下联络员臧宪光等参加。研究决定，成立垣曲县人民武装自卫队。臧宪光任队长，地下党员梁珍任指导员。至年底发展到40余人、20支枪。后编入东山游击大队。

垣曲县抗日挺进支队 1941年六七月，由从阎锡山部队下来的狄春荣、姚富贵、马景润、吴寿康（夏县人）、郭清江、王文章、赵宰等人串联协商，组建了中条山抗日挺进第八支队，狄春荣、王文章先后任支队长，郭清江任副支队长，吴寿康任政治主任。1942年2月，太岳南进支队挺进垣曲后，调整吴寿康任支队长，刘峰为副支队长，吴功夫任政治主任。初建时，拥有五六十人、50余支枪。1942年5月整训后，分编入八路军部队。

东山抗日游击队 1942年4月下旬，根据中共晋豫二地委指示精神，垣曲县委和太岳南进支队第五十七团共同研究决定，在绛县桑池村正式成立东山抗日游击队，归属中共垣曲（根据地）县委领导。县委派臧宪光任队长，五十七团派刘永平任副队长，朱耀华任指导员。游击队活动于刘张、五龙沟、天盘山等地。随着游击队的不断发展壮大，到1942

年 6 月间，扩建为游击大队。五十七团派营级干部徐治歧任大队长，刘永平任副大队长，县委派关中廷任政委。下设 3 个中队和 1 个工作队。一中队 70 人、40 支步枪、两挺机枪，队长为任达；二中队 50 人、35 支枪，队长为庞晋荣；三中队 30 多人、25 支枪，队长为史鸿儒；工作队 50 多人、30 支枪，队长为臧宪光。1942 年底奉五十七团团部命令到翼城兜埚学习整训，1943 年 2 月编入五十七团。

二区区干队　1942 年 6 月 10 日，廉子英、贾克泌同常育麟（李青）等从精建会拉出来 10 余人，携带 2 支枪、数枚手榴弹，组建二区区干队。不久，张应科又从阎锡山保安队拉过来 30 余人，携带 16 支枪，编入区干队。在日军投降时发展到 70 余人、40 余支步枪、1 挺机枪。

垣曲县抗日支队　1942 年 8 月，根据抗战形势需要，成立了垣曲县抗日支队，队长为罗保昌。同年底，奉晋豫办事处命令，将垣曲抗日支队改称抗日自卫大队。

垣曲县抗日报仇大队　1942 年 8 月，共产党员王好治的父亲、兄弟以及周围不少群众被土匪贾真一部残杀，王好治和一些进步青年在皋落民兴成立了报仇大队。县委决定王好治任大队长，梁珍任指导员（后由张朝子接任）。到 1943 年夏，发展到 80 余人、19 支步枪、5 支手枪、1 门二人抬铁炮、1 门榆木炮。

三区区干队　1942 年 10 月，打入阎锡山县政府保安队的地下党员王兆国、吴克恭，从保安队五大队反正过来 20 人，携带 15 支步枪，成立了三区区干队，郭文谦任队长，李树元任指导员。后来发展到 60 余人、30 余支枪。

垣曲县抗日自卫大队 1942年12月，奉晋豫联合办事处命令，将垣曲县抗日支队改为垣曲县抗日自卫大队，简称县大队。中共垣曲（根据地）县委书记王铭三兼任政委，县抗日民主政府县长张培民兼任大队长。并从二区区干队抽调60人、步枪30支，编为第一连。1943年3月，侯中和县政府保安队中50余人起义，编入县大队。6月，臧宪光等人从皋落日伪武装中带出一分队30余人，携带30支枪起义，编为县大队第二连。8月，垣曲县大队改为垣曲县独立营，张培民兼营长，张贻春任教导员。1943年冬，日军对根据地进行了"扫荡"，独立营分散活动于木耳河、歇马殿一带。1945年7月，石贵德率驻石头圪垯保安支队一个中队起义，加入独立营，编为第三连。8月，马心宽率鸡笼山保安支队14人起义，参加独立营。在抗日战争时期，独立营作为垣曲主要武装力量不断发展壮大。1950年，一连南下广东，二连调济南保卫飞机场，三连调归河南省军区。

垣曲县公安局 1942年9月，垣曲县抗日政府成立，当年12月建立了垣曲县公安局，局长由县长张培民兼任，王晋文任指导员。垣曲县公安局共20余人，两个班，14支步枪、3支手枪。

垣曲县一区区干队 1944年前半年，垣曲县一区区干队在上敌原（上庄）成立，区长尹克昌兼任队长，张敏任副队长。当时只有10余名战士、六七支步枪。后来发展到60余人、50余支步枪。

中共垣曲县委武装工作队 1944年11月27日深夜，原中共垣曲（地下）县委打入汤圣庙日伪武装队内部的共产党员郭华峰、安云等，策反45人，携带步枪84支、机枪1挺、掷弹筒1个起义，组成中共垣曲县委武装工作队，郭华峰任党支部书记兼队长。

垣曲县武委会 1945年7月，随着抗日战争形势的发展，上级党组织调杨志伟（晋东南人）任垣曲县武委会主任，随即成立了县武委会机构。垣曲县武委会直接指挥地方武装力量与各村民兵组织，与驻扎垣曲的国民党军队及西南山区残余匪徒进行迂回战斗。

抗日战争时期，垣曲地方武装为主力部队输送和补充兵员3000余人。地方武装与日伪军展开大小战斗数百次，主要战斗有：

1942年春，徐治岐、贾克功带战士7名，深夜奔袭槐树庄，活捉土匪营长白文光，营救出中共地下党员刘怀书、刘步云，缴获步枪两支、手榴弹十颗；

1942年4月25日夜，翟洪林、臧宪光摸进日军驻皋落据点，杀死两名日军，缴获步枪两支；

1942年6月，张梦龙带五十七团侦察员在沙金河击毙贾真一部秘书任玉坤，活捉横皋队队长郝高科，生俘50人，缴获34支枪；

1942年8月27日，王兆国带民兵80余人，破坏日军同善至圢坂黄土坡电话线路15华里，割电话线700多斤，卸磁瓶160余个；

1942年9月，配合五十七团包剿合围贾真一部，在北峪村活捉特务连连长吴吉康，生俘匪参谋长张福胜及匪兵300多人，缴获机枪2挺、步枪百余支、手枪3支、掷弹筒1个；

1942年10月，臧宪光带四名战士在南蔡村以少胜多袭击日军，击毙日军两名；

1942年12月，郭文谦率部在北羊村设伏，缴获日军棉布百余丈和其他物资；

1943年春，在佛云山击毙日军3人；

1943年夏，袭击日伪碶口据点，歼灭日伪军40名；

1943年10月，郭文谦率部在十里坡设伏反"扫荡"，夺回日伪抢劫老百姓的牛羊数百头（只）；

1943年11月初，区干队在海棠坡设伏，打死日伪军8人，伤多人；

1943年11月末，五十七团营长肖陛禄率二连60名战士与日伪军在木耳河激战，毙日伪军8名、伤4名、俘3名，缴获步枪12支、掷弹筒1个；

1944年10月，郭文谦率部在宋家湾设伏，截获日伪抢劫群众粮食数万斤，救民夫200余人、牲口百余头；

1944年11月13日，拔掉西石敌据点，生俘伪军50名，缴获机枪1挺、步枪54支、子弹1200余发；

1944年12月初，县公安局和一、三区区干队端掉东石敌据点，全歼伪军50名，缴枪数十支；

1945年1月10日下午，县独立营突袭汤圣庙，生俘日伪军30余名，缴获机枪1挺、冲锋枪1支、掷弹筒1个、步枪37支、短枪4支、子弹千余发、食盐千余斤和其他军用品；

1945年2月4日，拔除伪执法大队皋落和皋落下窑两个日伪据点，俘虏伪大队副及队员11人；

1945年3月28日，抗日武装在东河槽石板坡设伏，夺回被抢劫的粮食6000余斤、枪3支，解救民夫多人；

1945年4月，抗日武装在麻姑山与日军遭遇，双方白刃格斗，拼杀日军4人、伤多人，缴获步枪四支。

垣曲抗日武装先后有200余名指挥员和战士牺牲于抗日战场。

民兵抗日武装 抗日战争初期，牺盟会分别在城关、同善组建了120人的自卫队。不久，分别归平陆、夏县政卫队。1939年春，县内通过牺盟会培训了3批军政教官，共71人，分赴各村，发动群众，建立抗日自卫队民兵组织；结合当时的形势，进行民族气节教育，要求队员学会射击、投弹、布雷，利用地形地物开展游击战争。垣曲人民抗日自卫团司令部成立后，有22个编村组编青年队、壮年队、守护队和妇女队。编村设1个大队，行政村设1个中队。晋西事变后不久，各自卫队被迫解散。

1941年8月，历山成立了40人的民兵自卫队。10月，望仙红枪会组建成民兵自卫队，共168人。次年春，杨才胜在民兴组建自卫队。太岳南进支队挺进垣曲后，民兵抗日武装力量迅速发展壮大。1943年，抗日根据地各村均建起了民兵组织，16～55岁男女大都参加，20～35岁的编为基干民兵，余为普通民兵。截至日军投降时，全县共建起7个民兵野战连，民兵近千人，拥有400余支步枪及土炮、手榴弹、红缨枪、大刀等武器，具备了一定的作战能力。

在垣曲的抗日斗争中，民兵发挥了重要作用：

一是保卫家园。民兵的主要任务，是保卫地方、保护群众，同入侵和驻守当地的敌人作斗争。在根据地望仙村，1938年就成立了自卫队，1942年又建起了武委会，马骏为武委会主任，村支部书记王靖华任教导员，民兵发展到100多人，分编为3个分队。他们平时站岗放哨，遇日军"扫荡"搜山时抓住机会进行袭击。从1942年到1944年日军曾先后10余次到望仙"扫荡"，民兵发挥重要作用，打击了敌人、保护了群众，每次都能使群众和抗日机关安全转移或撤离。

二是配合主力和地方武装对日作战。垣曲民兵在配合主力，特别是在配合地方武装对日作战中，发挥了巨大作用。1942年7月，200余民兵配合八路军第五十七团破坏日伪公路交通30公里，割日军电线500公斤；同年8月，配合东山游击队、报仇大队和五十七团歼灭贾匪；1944年10月中旬某日，三区区干队截获了被日伪军抢走的粮食、牲口，解救民夫200多名，其中有80多名民兵预先扮作民夫，战斗打响后，里应外合，大获全胜。

三是打击日伪军。1944年3月29日，左家湾敌伪40名，到东西桑池抢粮拉牛。民兵设伏在火石岭山腰。敌遭袭后，摸不清我军虚实，丢下抢来的粮食、牲口、农具等物逃走。像这种保护群众、打击日伪的战斗举不胜举。

四是空室清野，围困日伪军。在日军每次"扫荡"中，各村民兵帮助群众空室清野，掩埋粮食，转移衣物，搬走家具，抽掉磨芯、碾芯，填埋水井，敌人所到之处没水喝、没粮吃，难以立足。

五是自制石雷。同善、东西河槽和原上民兵，在对敌斗争中，大量自制石雷、炸药。当时流传的"一个石头蛋，当中钻个眼，装上四两药，再把雷管安，敌人踩上去，叫他人马翻"的顺口溜，就是称赞民兵制造石雷的。闻名全县的朱家沟造雷能手柴廷，一天可造石雷200颗。至日军投降时，全县累计制造各种石雷数万颗，在对敌作战中发挥了很大作用。

同时，历山民兵还自制柳木炮，炮声巨大，浓烟滚滚，隔三岔五抬到麻姑山放几炮，威慑敌人，使得日伪军惊慌不安。

六是守卫河防，察看黄河水情，打造船只，随时接送我军主力部队和地方武装南来北往过河。

1944年秋，由皮定均和刘聚奎率领的八路军第十八团、第五十九团组成的第二支队（又名太化十六团），经东寨、芮村、马湾（时属王屋县二区）渡过黄河，在豫西的洛宁、新安、渑池、灵宝、宜阳一带，歼灭伪军一个河防中队，建立了抗日根据地。

1944年冬，王震部5000多人，以及王首道、戴纪英、刘志久等，经二区（今窑头、蒲掌、英言）过黄河，向豫西敌占区进发。

1945年1月中旬，由王树声率领的七七〇团和八路军总部警卫团组成的豫西抗日游击队两个支队，从二区的马湾渡口过黄河，进驻河南宜阳开展游击战争，建立抗日根据地。

4月，太行区又以三十六团、三十七团为主组成豫西抗日第五支队，由刘长义率领，从二区过黄河，加强豫西地区的武装斗争。

中条山会战后，垣曲城关一带渡口皆为日军所占，当时只有王屋区黄河沿岸渡口还在我手。上述五次渡黄河，所需船只、民工、加工以及吃、住等，均由当地窑头、蒲掌、英言等十几个村解决。当地人民作出了巨大贡献。

到1945年日军投降前夕，日军在石龙山、十八河、白家岭、石头圪垯、汤圣庙、东石、白崖、同善、南山、原上等地设置的10多个据点都被拔除，日伪军龟缩在王茅、城关、皋落等交通沿线几个军事基地，不敢轻举妄动。垣曲抗日根据地由小到大，加上游击区，已占到全县总面积的百分之八十以上。

抗日战争时期的垣曲民兵英勇善战、非常活跃、闻名太岳。像赵元玺、翟洪林、赵余庆、李树林、何希才等，都是太岳区表彰的杀敌英雄，有不少民兵在抗日战争中光荣牺牲。

第七节 坚持反维持 巩固解放区

日军占领垣曲后，在各村建立维持政权，并不断"扫荡"、"蚕食"抗日根据地。中共晋豫区党委于1941年底派遣晋豫区农会筹委会常委宋志先带领晋豫区农会筹委会机关党支部书记李挺锋和政治交通员裴森到垣曲历山马马渠，广泛发动群众，进行反维持、扩大解放区的工作。

一是从解决群众最迫切的问题入手，依靠和发动群众。为了麻痹敌人，减少群众顾虑，工作队员身穿便衣，以收购羊皮为名，同这里的秘密党员王世平接头，找到另一个共产党员王星占，听取了当地情况汇报。又联系了积极分子赵余庆、侯鋈玉。经研究分析，一致认为，群众当前最迫切需要解决的是吃饭问题，只要能保证不再饿死一个人，就能团结争取群众。当地分散在各山庄窝铺的百余户人家，大多是恶霸地主赵树祯的佃农和雇工，如能直接发动群众反霸清算，就会有饭吃。但是，赵树祯担任伪村长，后台是日军，他以多种恶劣手段压榨群众，群众敢怒不敢言。同时群众也顾虑工作队是不是能站住脚。对此，工作队认为，暂时避开反维持这个话题，以保证不饿死一个人为行动口号，深入发动群众自力更生，千方百计从多方面寻找食物：雪底下捡山桃叶，山坡上挖黄精根，河水里捉娃娃鱼，沟洼处拾战马骨头，森林里剥树皮、挖草根、打山猪山羊等。全村男女老少各显身手，凡是能吃的东西尽量采集回来。三名工作队员带的每日三斤小米、玉米糁子，倒到群众锅里一起吃。他们与群众一样，忍饥挨饿，苦不堪言。但他们坚持和群众在一起，讲抗日道理，教唱革命歌曲，不断提高群众的觉悟，使群众感受到，共产党和劳苦大众是同呼吸、共命运的，只有启发群众追穷根挖苦根，在共产党的领导下，团结战斗在一起，打败日本帝国主义，铲除汉奸卖国贼，才能得到解放，过好日子。群众开始自觉地反对维持敌人。

二是进行反奸、反霸清算运动。为了解决群众的生活问题，1943年2月的一天，宋志先写信派出八名壮年人，翻山前往翼城县大河，要求救济些谷糠、麸皮。当晚粮食担回后，群众十分高兴。深夜，全村男女老少齐集后文堂，用干柴点火照明，剥着大榆树厚皮，准备拌糠麸做饼子。赵树祯赶到现场，责骂群众不该剥死他的榆树，勒令赔偿。群众忍无可忍，怒火冲天，历数赵树祯罪恶。群众把赵树祯围起来，李挺锋主持大会诉苦批斗，裴森和土枪能手赵余庆暗地看管,宋志先去阳城县李圪塔村向区党委、"联办"汇报。区党委、"联办"决定处死赵树祯,宋志先随身带回了处死赵树祯的布告。翌日上午,垣曲县抗日政府县长张培民也带游击队赶到现场,宣读了伪村长恶霸赵树祯的罪状,宣布就地枪决,搬掉了压在群众身上的一块大石头。赵妻还被迫交出小麦、谷子、玉米、豆子等共几十石存粮。工作队和群众一起给部队留下部分小麦,其余按人口分给了群众。最后宣布,地里的庄稼谁种谁收。马马渠的人民群众解放了,有吃有穿当家做主,也不再"维持"敌人了。

三是建立抗日政权,扩大解放区。马马渠人民群众发动起来了,经受了斗争考验的侯銮玉、赵余庆参加了中国共产党。村党支部书记王星占兼管农会工作,侯銮玉担任抗日村长,赵余庆担任村民兵队长,他们组织群众站岗放哨,开办夜校,教育群众懂得靠山吃山必须养山,否则就会坐食山空。大力开展生产自救,积蓄力量,艰苦奋斗,把马马渠建设成铜墙铁壁的抗日堡垒。在党和政府的领导下,继续扩大解放区,巩固和发展抗日根据地。

铲除了恶霸赵树祯,马马渠得到解放,对全县人民都鼓舞很大。望仙村中共支部书记倪文岐到马马渠请求解救群众,说望仙差不多天天饿死人。望仙村距同善镇敌伪据点更近,经过调查研究,党支部决定利用垣曲县国民党负责人、地主倪文卓召开纪念孙中山逝世大会的机会,组织农会去借粮。1943年3月12日上午,宋志先赶到望仙村鹅沟,当大会宣布自由讲话时,宋志先从人群中登台说:"日寇侵略中国,孙总理死不瞑目,咱们村天天饿死人,怎么能抗日救国？怎么办？我提议农会组织借粮，先解救乡亲不要饿死。大家同意吗？"群众一致说同意，热烈鼓掌。宋提议成立农会，并宣布凡是当雇工的、租种地的、种自己土地的都能参加。除在场的六户地主没有举手外，大家举手通过。当讨论怎么借粮时，地主倪文雅说："我们村的事我们会解决。"宋志先马上反驳说："我不是说让谁来解决，而是说怎么解决！""没粮吃的人回家拿口袋，到有粮人家里借粮，抗战胜利后归还，归还不起的，由我负责。"大家兴高采烈，各自取口袋借粮。借粮非常顺利，当抗日政府县长张培民带游击队赶到协助时，借粮已结束，群众的吃饭问题得到了解决。

第八节　开辟东河槽抗日根据地

垣曲县抗日政府成立后，全县三个行政区中，成立了二区、三区两个抗日区政府。其中三区区政府驻在同善后河一带。这一区域，除望仙村一小块地区村政权在我手外，其余包括区政府所在地村政权也被日伪掌握。人民群众惨遭日伪蹂躏，逃难逃荒，生活十分悲惨。

根据上级指示，为了开辟抗日根据地，三区抗日政府在地盘小又没有武装的情况下，迅速打开局面，建立根据地，一方面深入发动群众，开展抗日斗争；另一方面召开上层人士（包括村长、士绅）会议，讲解抗日民族统一战线政策，促其倾向抗日，建立两面政权。抗日政府工作人员白天到各村工作，晚上住在后河黄苯岭的一个木炭窑内。经过几个月的工作，村政权的绝大多数倒向抗日政府，广大群众抗日的情绪越来越高。区党委决定建立抗日村政权,打断对敌人的"维持",各村成立民兵组织,站岗放哨。经县委批准,枪毙了汉奸李端,抗日村政权站住了脚跟。后河村的十几个小庄子成了根据地。

建立武装,扩大根据地。1943年的前半年,区委研究建立区干队,但因区公所驻地离同善敌人据点太近,就利用了红枪会这个招牌招人。群众抗日积极性很高,区干队很快发展到30多人。区委书记王兆国拿出在伪军五大队隐蔽工作时保存的七八支步枪,发给队员,抗日区干队正式成立,开始着手扩大根据地。开辟东山的常家坪,控制佛云山。西至后河村、东到佛云山沿山一带的几十个村子很快连成一片,成了根据地,游击区扩大到同善镇附近几里路的东埪、西埪、大石崖、观坡等村,就连同善镇也可以向我送粮、送款、送军鞋,对同善镇的日伪军形成弧形包围圈。村村都有民兵手持红缨枪,站岗放哨,监视敌人,日伪军龟缩在同善附近三五里的圈子里,除了大"扫荡",不敢轻易出来。

1943年夏天某夜,三区区长董启民和区干队队长郭文谦带领区干队袭击了同善镇日伪合作社,夺得一部分物资。从此,敌人更不敢轻易出来了。

1943年后半年,在垣曲的敌人向历山根据地"扫荡",区政府发动群众坚壁清野,组织群众转移、反"扫荡"。区干队避开敌人的"扫荡"范围,在外线组织民兵埋地雷,打麻雀战阻击敌人。一个月后,区干队获悉敌人要退却,并得知敌人从根据地掠夺了牛羊几百只,要路经十里坡赶回同善镇。区干队埋伏在十里坡两侧的山岭上,等敌人经过时,突然发动袭击，敌人措手不及，丢下牛羊逃跑。区干队把这批牛羊从敌人手中夺回来，通知群众认领，物归原主。

　　1944年前半年，基于三区局面已打开，也比较巩固，县委不失时机地决定开辟东河槽一区，即沇河中下游各村工作，把工作延伸到县城周围，缩小了敌人的活动范围，巩固了三区根据地，同时也威慑同善镇的敌人。县委决定高尚林任一区区委书记，董启民任区长兼区干队长，还决定从三区区干队调出一个班，作为一区的武装，任命张敏为区干队副队长。为了使一区工作有个依靠的地方，县委还决定，将原三区东河槽的几个村子划归一区。区公所驻在佛云山脚下的庄头村。

　　在宣布成立一区抗日区政府之前，县委还决定，由县大队三区区干队先拔掉驻在硖口村弟归伦院内"剿共"支队的碉堡。1943年夏天的一个夜晚，区干队将敌人团团包围，另派一部分人阻击白崖据点敌人。拂晓，战斗打响后，不到三个小时，全歼敌人。这为开展一区工作创造了条件。一区区公所宣告成立。

　　开展一区的工作要比三区复杂和困难得多。这里不像三区有高山密林便于打游击，而且周围敌伪碉堡甚多。南边是县城敌人，西北是上圪坂村汤圣庙伪军据点，东北不到十里路的白崖村有一个日军据点，东面有王屋县白鹅村的伪军据点。还有阎顽县政府的武装二大队出没在东河槽，这伙匪徒除配合日军"扫荡"、大小骨干持枪结伙活动外，多数人留在家中，藏匿枪支。后来同善的敌人又在常家坪建了一个碉堡。这样，区政府和区干队只能在敌伪碉堡的格子网里开展斗争。

但是，正因为敌人对这一带统治严密，群众受苦最深，抗日的积极性也就更高。面对这样的现实，区委经过研究，除推广三区的工作经验，建立以支持抗日政府为主的两面政权外，着重做了以下几件事：

开展反"六十斤"运动，保护群众利益。阎顽侯中和县政府和其武装人员每人每月领60斤粮食，由自己到村里向百姓催要。他们扩充部队也是如此，只要报个名就可吃一份"六十斤"。广大群众深受其害，深恶痛绝。区政府广泛宣传，要求吃"六十斤"者，到区公所自首登记，然后根据家庭情况，有的全部退，有的部分退，有的不退，但今后不得再吃"六十斤"，否则严惩。少数骨干分子，不愿自首或不敢来自首的，区公所将其抓捕严惩，再讨保释放。这样一来，既分化瓦解了阎顽政府的部队，取得了广大群众的拥护，也充实了抗日武器的供应，减少了群众的负担。

缴获敌人武器，提高我军战斗力。阎锡山地方武装除少数骨干分子持枪活动外，多数人员分散，藏匿枪支。区干队在刚建立时只有几个人、六七支枪，就是用抓捕敌军的骨干分子缴获枪支武装起来的。后来发展到五六十人，枪支增加到了四五十支，也都是从阎顽侯中和县政府的地方武装那里缴获来的。之所以能抓得准，缴获到枪，主要还是依靠党支部调查清楚，谁有枪，存在什么地方，就抓谁收枪。在各村党支部的配合下，十拿十准地缴获枪支弹药。阎顽县公安局局长赵舜日保存的一挺机枪和一些子弹被缴获，区干队将赵带到区公所，又向其讲解了整个抗战形势并对其进行教育后放其回去，赵舜日过后又送来一些子弹。

拔掉东石村碉堡，打通通向县城的通道。1944年冬，盘踞在城关的敌人为了阻止我向县城推进，在一区的东石村筑了座碉堡，驻扎着四五十名伪军，使整个一区四面受敌，对群众的威胁也很大，群众纷纷要求拔掉此据点。区委当即请示县委，协同王屋县部队和垣曲一、三区区干队，垣曲县公安局部队，全歼敌人，缴获数十支枪和一批弹药。

经过上述群众工作、政治工作和武装斗争，在一区抗日政府所在的区域内，只剩下白崖日军据点、上圢坂汤圣庙伪军据点未被我地下工作同志所掌握。其余常家坪岭上据点和白鹅据点被撤掉，东石据点被我军拔掉。这样，除了城关，所有的村子有的成了根据地，有的变为游击区，与县城近在咫尺的北窑庄也能给抗日政府送粮、送款、送军鞋了。一区的局面被打开，抗日武装在东河槽的活动日益高涨。

第九节 抗战时期的中共垣曲基层党组织

抗战时期的中共垣曲基层党组织，是在斗争实践中建立起来的，经过了严峻的考验。从全县情况看，凡是坚强的党支部，在抗战动员高潮中，工作就比较活跃。在晋西事变和反顽斗争中，基层党组织能够团结群众坚持党的工作。1942年太岳南进支队挺进垣曲，党的工作又高涨起来。这一类支部在自身建设中，一般都抓了这几个环节：第一，能够贯彻执行党的路线、方针、政策。第二，在发展党员时，入党前加强思想教育，提高阶级觉悟；入党时严格审查，组织手续完善；入党后组织生活严格，组织纪律性强。第三，支部委员的成分好，多数是贫农、雇农出身，而且忠实积极，公道能干，群众拥护。第四，关心群众疾苦，为群众谋利益，成为群众的核心。第五，能掌握武装，掌握政权，搞好统一战线，团结各阶层群众。

  槐南白村党支部 槐南白村位于垣曲西部边沿，与闻喜县毗邻。该村时辖槐树庄、白马神头、沙金河、老屋沟4个闾，共20余个自然庄120户400余口人。1926年就有农民协会的革命活动，1931年建立共产党支部，是垣曲党支部成立最早的村之一。抗日战争时期，这里是敌、我和蒋、阎势力四方交错与争夺之地，军事斗争、政治斗争尖锐复杂。党支部带领全体党员和群众，前仆后继不怕牺牲，在抗日战争中作出了重要贡献。

  1930年4月16日，中共河东特委书记嘉康杰来到槐南白村，住在关中廷家，向关宣传革命的方针任务、方法和发展秘密地下党组织等工作，并介绍关中廷加入了中国共产党。并以小学教员身份作掩护，秘密开展党的活动。发展了李进宸等几名党员。

  1931年后，由于形势恶化，党支部的活动时断时续，基本上是党员各自秘密活动。但党员发展工作一直没有停止，1937年支部恢复，至1938年，又发展党员13人。

  垣曲沦陷后，日伪在占领区建立村公所，党支部趁机在村内建立两个村公所。一个是公开的村公所（也叫维持会），用来应付日、伪、顽，公开和敌人周旋；另一个是地下村公所，秘密开展抗日斗争。当时蝗灾肆虐，连年饥荒，日伪不顾百姓死活，横征暴敛。在党支部领导下，村公所对敌人的摊派硬顶软磨，拖了再拖，几年中，日伪摊派粮食250多石，实交40余石；但对抗日政府分给的任务，总是千方百计、想方设法多付快交，每年向抗日政府交粮30余石、布匹20余丈、军鞋50余双。村公所每次给日伪军送交所派粮、款时，总是先将情报送给八路军和游击队。有一次贾匪让村公所送7石麦子，党支部及时通知共产党抗日游击队，第二天就被游击队截去。在1942年至1943年的一年多时间里，槐南白村党支部20余名党员中，即有16名党员被调离家乡，到党、政、军等单位担任领导干部。在党支部领导和党员带动下，白马神头自然村33户村民中即有39人参加了八路军，出现了父子兵、叔侄兵、兄弟兵、夫妇兵，涌现出了爱兵如子的杨大娘等模范人物。

在对敌斗争中，村党支部发挥坚强堡垒作用，带领党员民兵奋勇杀敌，有不少群众被日伪抓捕残害，如张廷林（烈士）父子二人、臧焕文（烈士）堂兄弟三人、关麟经（烈士）堂兄弟六人、张之俊（烈士）兄弟二人、邱炳林（烈士）兄弟二人、张保光叔侄三人、贾全有父子二人、张思忠兄弟二人、袁学孟叔侄三人等。

望仙村党支部　抗日战争时期，望仙是垣曲县第三区的一个行政村，坐落于悬泉山东侧山脚下，周围山势险要，是个易守难攻的地方。当时，这个村约有260户900余口人，散居在113个大小自然村庄，耕地3500亩，其中地主、富农占地七成以上，农民生活十分贫苦。

望仙村党支部建立于1938年10月。晋西事变后遭到破坏。1942年太岳南进支队挺进垣曲后恢复。

1942年3月，八路军第五十七团在团长黎锡福、政委曹普率领下挺进垣曲，驻扎在民兴的生银府，以望仙村木耳河、二区不落泉、贾家山为据点，深入垣曲朱家庄和闻喜、夏县山区，向贾真一匪部发起进攻，开辟中条山地区。五十七团派了一支武工队深入望仙村，宣传党的政策，协助建立抗日村公所。同时，新任县委书记王铭三把望仙村支部书记倪文岐叫到绛县南河，提出要把望仙村建成抗日根据地，要求他回村健全新的党支部和抗日村公所，直属县委领导。

倪文岐回村后，立即召开党员会议，进行传达讨论，健全了支部委员会，确定积极分子倪恭任村长、支部委员王靖华任村公所书记。随后，王铭三及县委其他干部陆续进驻望仙。从此中共垣曲（根据地）县委以望仙村为中心与中共垣曲（地下）县委密切合作指导全县工作。

1943年1月，县大队（后改名独立营）在望仙成立，以望仙村为根据地，开展抗日游击战争。从此，望仙村党支部和抗日村公所在县委的直接领导下，在保障县委、县政府及其他各单位正常办公、协助各单位指导全县抗日、保障驻望仙各单位及一切抗日军政人员供给、保障与地下县委的通信联络等方面做了大量工作。

组织人民武装，保卫抗日根据地。1942年3月，抗日村公所成立后，就以1938年成立的红枪会和抗日自卫队为基础，组织了新的自卫队及特别班，1943年改为人民武装委员会。县委任命马骏为武委会主任，支部书记王靖华兼任指导员。全村发展民兵100多人,编成3个分队,把守磨坡岭、东关岭、西关岭等主要路口,防御日军入侵,保卫抗日根据地。

组织群众空室清野,反击日军"扫荡"。抗日战争期间,日军先后10余次对望仙村进行"扫荡"。望仙村民在村党支部的领导下,坚持斗争,空室清野,转移粮食、衣物、灶具。日军在望仙村烧杀抢掠,三年中,被日军烧毁的房屋就有800多间,1700多只羊及猪、鸡等被日军抢杀一光,牛被宰340头,先后有42人被杀害。

1943年10月,日伪军集中千余人对望仙村进行"扫荡",企图彻底摧毁这块抗日根据地。县委机关和独立营化整为零,分散转移,精干隐蔽,只把独立营一连班长翟洪林留在望仙村,配合村干部和民兵开展游击战。日军从磨坡岭、东关岭、西关岭、木耳河分4路包围合击望仙村,结果扑了个空。敌人狼心不死,爬山越岭,到处寻找,折腾了一天,吃不上饭,喝不上水,疲劳不堪,夜宿前河、瑶庄、望仙、松树河等较大的自然村庄。这时分布在松树河岭、老张圪垯、吕家沟岭的民兵,就用步枪、手榴弹袭扰敌人。敌人白天吃不上饭,夜间睡不成觉,第二天就灰溜溜地撤走了。

积极开展大生产运动和拥政爱民、拥军优属活动。1943年,全县遭受严重旱灾和蝗灾,加之日军对抗日根据地进行残酷"扫荡",村民住无房、食无粮,以谷糠、玉米皮、棠梨、野菜充饥。在这样艰苦的条件下,党支部带领群众开展大生产运动。凡是荒地和山庄窝铺能耕种的山坡陡地,全部开垦耕种,尽一切可能发展生产,涌现出李春秀、刘恒泰、张希彦、赵恒立等劳动模范。群众生活得到改善，抗日政府所派公粮超额完成。县委、县政府和县独立营及各单位，为了减轻群众负担，自己动手打窑洞，开荒种地，生产粮食和蔬菜，做到了住房和部分粮食的自给，党群、军民关系更加密切。政府对全村军属实行优待和土地代耕政策，保障军属生活不低于一般群众的生活水平。逢年过节，村公所还组织群众代表对驻村部队和军烈属进行慰问，拥政爱民、拥军优属工作一年比一年好。

当好县委、县政府的前卫，一切服务于全县人民抗日。1942年至1945年6月2日（农历四月二十七）同善日军逃跑之前，县委、县政府在望仙村研究制定对日伪斗争的重大部署，县独立营在望仙村进行战斗前后的集训、休息、整顿；游击区和部分敌占区人民送来的抗日救国公粮，由望仙村人民转送和保存；各区向县委、县政府、县农会联系汇报请示工作，通过望仙村抗日村公所和村民联络；根据地县委与敌占区县委的联系以及两条情报线、四条地下政治交通线，都以望仙村为中心，及时搜集传送消息。望仙村实际成了全县的政治、军事中心。当时，除县农会在苇园有相对固定的驻地外，县委、县政府及所属机关并不是固定驻在望仙主村，没有一个固定的办公地点。在1944年以前，根据情况经常变换活动地点，其中包括前河、下庄、栗沟、葫芦沟、东西芦园、下巴掌、三才沟、岳家凹、苍风沟、苇园、前后柿树沟、松树河、前后木耳河等小自然村。从1944年开始，县级机关才自打窑洞，比较固定地驻在前河，县委驻鳖圪垯，县政府驻栾树庄，县独立营驻琵琶园。各区抗日根据地的同志和在游击区、敌占区做地下隐蔽工作的同志来望仙村找县委、县政府汇报、联系工作虽有困难,但村党支部和村公所活动在第一线,自觉地做好县委、县政府的前卫和联络工作,保证了县委、县政府能及时接受汇报,掌握全县情况,有力地领导全县人民的抗日斗争。在抗日战争中,望仙抗日根据地对全县人民的抗日斗争起着极为重要的作用,望仙村民对垣曲人民抗日斗争的胜利作出了永载史册的不朽贡献。

下亳城村党支部 1938年春天,上级党组织根据下亳城村进步青年1936年"反大斗"抗租斗争波及全县的良好基础,及时派人到下亳城村以牺盟会的公开身份,改选村政权,建立村农会。进步青年常中伦、郭盘月、郭佐唐、师握璞,分别当选为村长、农会主席、副村长和牺盟会特派员。1938年秋天,开始筹划建立党组织。首先,把条件成熟的郭盘月、常中伦、师干卿、师握璞四人发展为党员。1938年10月,上级党组织派胡凯、宋石安、马兆贤等共产党员在村西常家老坟窑内秘密召开党员会议,成立了党支部,郭盘月为支部书记,常中伦、师干卿为支委。接着,支部又先后发展常林明、常守温、常林蛟、赵平山、史希文、史照贤、史小年、师天佑、王国保、常林虎、师维垣、郭佐唐等加入共产党。同时,他们又积极活动,在临近的白水、小赵、上亳、柳庄等村发展党组织,壮大党的力量。并以下亳城村为核心,成立了党的中心支部。

晋西事变后,关家十八兵站撤离垣曲,转往太岳根据地。下亳城村党支部,根据县委安排,由常林蛟负责,组织毛驴队、扁担队、担架队等成员20余人,护送十八兵站安全转移。

其到达历山西哄哄村后，召开了护送人员庆功大会。太岳区党委授予下毫城村党支部为太岳区"模范党支部"，并奖励大洋1500元，作为党的活动经费。还奖给常中伦、郭盘月、师握璞、常林明4人每人1支手枪。党支部用奖励的大洋，分别在下毫城、小赵村、同善镇、北堡头、乐尧、上毫城、王茅7村开设杂货铺、饭店，以做生意为名，建立党的交通情报站和联络点。下毫城党支部的举动，对全县党的活动和开展对敌斗争起了重大作用。在太岳四地委召开的地下党重点支部工作会议上，受到了地委领导的表扬。分区号召全区各党组织要向垣曲下毫城村党支部学习。

1941年9月间，由于叛徒的告密，地下区委张博学被日军抓捕，日军从其身上搜出了部分党员名单。9月18日清晨天还不亮，日本人包围了下毫城村，抓走了郭盘月、师握璞、常林明等共产党员，严刑拷打，但他们宁死不屈，最后被日本鬼子、汉奸活活打死。

上圪坂村党支部　上圪坂村党支部建立于1938年春天，是中共垣曲县委领导下的坚强堡垒支部。当时上圪坂村有国民党员4人、三青团员6人，阎锡山的精建会会员6人、政卫团员6人、国民党督导团员1人，还有阎顽政府旧职人员25人。在政治上十分复杂。在经济上，两极分化严重，富得流油，穷得要命。

上圪坂村党支部是由县委书记王唐文亲自建立起来的。第一批秘密发展党员高尚林、石林荣、廉友蔺、王佩玉，支部书记为高尚林。第二批发展的党员有高企闵、高希林、石林花、周统勋、周统福、周麟声、高彦文、高曾文、高广文、高瑞庆、王文秀等 15 人。当时，党员和支部以牺盟会的名义活动。

1938 年,牺盟会发展会员 35 人,高彦文任村牺盟会主任,高林庆担任村牺盟会秘书,相继组织了青救会、农救会、妇救会与工救会等"四救"组织。宣传抗日救国,减轻人民负担,执行"二五减租",组织小学生演戏、唱救亡运动歌曲、宣传男女平等,工作十分活跃。

在"二五减租""分半行息"运动中,党支部支持牺盟会并以牺盟会员为骨干,遏制地主,砸烂地主收租大斗。斗争影响到南圢坂、崤口、西敌原、谭家等邻村,贫雇农纷纷起来抵制城关及崤口村的地主,要求都按照"二五减租"执行。1938 年夏,该 5 村雇农给地主减交 600 多石粮租,群众感谢牺盟会给农民办了一件大好事。

1938 年秋,阎锡山同志会的一个小分队共 6 人,进驻西沟吕氏祠堂,开始有计划、有组织地了解牺盟会和共产党员组织,煽动青年人参加同志会。支部书记高尚林召开会议,决定牺盟会员暂时停止活动,但要暗地向群众宣传,使其认清同志会为地主阶级服务的本质。牺盟会指示青救会出面,揭穿同志会搞分裂活动的阴谋,使同志会陷于孤立,当年秋末撤走。但同时也暴露了一些牺盟会同志,为防不测,党组织将这些人转到了外地,高彦文、王文秀、高林庆调到夏县政卫大队工作。

晋西事变后,同志会又卷土重来,在各种反动势力的阻挠、破坏下,牺盟会被迫停止活动,党组织的活动也更为秘密。在当时情况下,党内的政治教育还远远跟不上形势变化,个别人开始动摇，有的脱党，有的叛变，还有的惊慌失措，怕杀头，不敢工作。在这种恶劣环境下，高尚林宣布党组织解散。后来他又单线秘密组织立场坚定、忠实可靠的高希林、石林花、周麟声、廉友蔺、王佩玉等人开展工作。

日伪活动时期，上圪坂村党支部是地下县委和根据地县委抓的重点党支部。上圪坂村处在敌我双方拉锯区，是抗日政府的前哨。1940年，地下县委书记高一清，根据形势需要，在上圪坂建立起三条联络线，单线联系。高希林专接上级来人和信件，从上圪坂到冯家山娘娘庙对号（庙内殿前石板下取信物）联系；赵友善打入阎顽政府内工作，专门了解侯中和政府情况；廉子英打入精建会内工作，专门了解精建会在三区一片的活动。而高一清自己以地主身份，参加了工合社（中国工业合作社），收购木材、煤、铁等。该公司倒闭后，高一清又以教学为名开展工作。抗日政府成立后不久，高一清调绛县任县委书记。当时，日伪和杂牌队伍派粮要款，上圪坂村富裕户与贫困户因负担问题发生了争执，地主富农要求按人口摊派负担，贫苦农民要求按土地多少摊派，伪村长吕树仁倾向地主一边，廉子英、高尚林等站在贫农立场上。两派吵得打了起来。吕树仁到伪区公所告状说廉子英是共产党。伪区长赵存己马上派伪区警前来抓人，但需经汤圣庙伪武装队郭华峰（中共党员）批准。郭华峰接到伪区公所公文后，即刻叫尚佐魁通知廉子英躲避。高尚林被日军抓到常家坪，村上送了一头牛才获保释。廉子英、高尚林因身份暴露转到北山抗日政府工作。高林庆担任上圪坂村党支部书记和情报组长。高林庆重新调整党的活动：高希林仍负责到冯家山的交通联络工作，石林花负责望仙交通线联络，高宏负责上庄村与一区的交通线联络，高林庆亲自与王茅伪警备队联系。通过整顿，工作很快打开局面。

从1938年到1945年日本投降，上圢坂村党支部在县委领导下，不断发展，团结群众，坚持斗争，作出了贡献。

刘张村党支部　刘张村是垣曲二区大的行政村之一，影响力大。全村有12个闾近30个自然庄650多户2500多口人。1933年阎锡山县政府为了配合蒋介石反共，实行编村制，把埝堆、上王合并到刘张村，成立刘张编村村公所，还组建了防共保卫团。

刘张村地理位置重要。日军曾在地图上标出刘张村在中条山的位置，侵垣后又获悉刘张村有共产党在领导抗日活动，因此，不到一个月就组织了三四百伪军对刘张村进行"清剿"。一周后定点驻扎，日军一个中队驻左家湾，伪武装队一个中队驻刘张村，在刘张村修筑碉堡14个，并随之建立起了伪政权。

日伪政权建立后，为日伪军到抗日根据地"围剿""扫荡"带路，搜集情报，派粮催款，派民工修筑工事，选派生活服务队，替日伪军管理户口，残害民众。在伪军、伪政权的配合下，日军镇压刘张人民，罪行累累，罄竹难书，其中杀害无辜人民395人，绝户的19家，一家多数人口被杀的21户。杀人手段十分残忍，有用枪打的，有用刀砍的，有用火烧的，有纵犬咬的。被痛打致伤的210人、致残的76人。被烧的民房320座，有的整庄房屋被烧，有的简易草房接二连三被烧，不少人长期没房住，住在炭窑、石坎下。24座庙宇祠堂和村学校被拆。农民耕牛被拉走杀掉的有287头，猪被杀685头，羊被杀20多群。粮食被抢去25630石。家家户户财物几乎被抢光。日伪军的暴行，导致数十户农民家破人亡，妻离子散。刘张民众饱受日伪残害的痛苦，对日军及其汉奸恨之入骨。

成立于1938年的刘张村党支部处于日、伪、顽包围之中，工作的艰难可想而知，但他们仍在抗日斗争残酷的环境中坚持，直到最后胜利：

1. 为抗日武装输送革命青年。牺盟会时期，党支部以牺盟会名义，动员青年张汝壮等积极参加抗战，于1938年夏参加八路军一二九师；第二批发动86名，于1941年底和次年初参加东山抗日游击队，由党支部宣传委员庞金荣带领编入第二中队；第三批发动72名青年，于1942年底、1943年初参加挺进支队第三大队；第四批发动50多名青年，补充到垣曲县独立营二区区干队和垣南县大队，壮大了人民抗日军队。

2. 领导建立了刘张村抗日根据地和人民抗日政权。1941年底，经村党支部研究，上、中、下古堆和尖沟、铜矿峪、铜峪、苇园、店子沟、五龙沟、安子沟、柿树沟等"三古堆""两峪""五沟"为村根据地。同时，于1942年6月17日秘密成立了刘张村抗日村公所。从而，开始了对刘张村日伪政权针锋相对的斗争，不断缩小日伪村政权统权统治的范围，扩大根据地，有效抵制了日伪村公所。

3. 组织建立了由刘张村党支部直接领导指挥的、不脱产的人民武装——中条山人民抗日自卫队第三大队。按领导便利原则进行编队，"三古堆"为一中队，"两峪"、小孙坡、前岭、后河为二中队，"四道沟"、苇园、瓦舍为三中队。村人民抗日自卫大队有250多人，从民间搜集各式猎枪31支、大刀25把、红缨枪41支，在元头山、圪岔山、水洼山中日双方交战地先后找到37支步枪，在其他地方找到汉阳造2支、水连珠1支，并到太岳四分区东冶兵工厂领回手榴弹950颗、地雷40颗。

刘张村人民抗日自卫队建立后，积极维持村抗日政权，掩护县区驻刘张村开展工作的同志的安全，保护过路干部安全过境；配合二区区干队到官店岭割电线、锯电杆，破坏敌人通信，掩护向根据地运粮；还在区干队中队长支持下处决了刘张反共自卫团团长张肇作，摧垮伪刘张村反共自卫团组织；配合县区人民武装袭击驻左家湾的伪军警备队，警告伪村政权人员改变对抗日人员的态度。1943年5月8日，太岳四分区在阳城古隆召开全区英模大会，刘张村人民抗日自卫队作为垣曲敌占区抗日武装先进单位出席会议，受到表彰。

4. 建立秘密情报站。村党支部先后选拔了4名（其中党员3人）情报人员。其中，左家湾小学校长赵丕显（共产党员）为二区分委和东山游击队情报员；刘张村于振江（共产党员）为县独立营情报员；坡底张来全（共产党员）为报仇大队情报员；金黄思（磨洼农民）为二区区中队情报员。这些同志每天要设法掌握皋落、王茅、石龙山日军情况及皋落、刘张主村、左家湾伪军情况以及西山贾真一伪匪动向，他们定点定位，准确报告，不失密，不误时，圆满完成了任务，其中3名党员情报员都献出了生命。

在村党支部领导下，刘张村人民抗日武装配合县独立营、区干队不断袭扰境内驻扎的日伪军。1945年7月22日，日伪军逃回皋落、王茅老巢。1945年8月2日，全村各界群众召开大会，庆祝刘张人民对敌斗争取得胜利。村党支部以刘张村抗日村公所名义，表彰抗战中涌现出来的先进模范人物，共有58人被评为先进，受到表扬。乘胜追击残余敌人，开展反清算。通过审查，斗争了日伪村长郭永智、伪村维持会长冯学文、伪联村办事处主任谭俊仕等。根据群众要求，支部报请县委和抗日县政府批准，枪决了日伪村长郭永智。整顿了以村党支部为核心的村政权和群众组织，发展了一批党员，充实了党支部领导骨干。组建民兵基干连，从党员中抽调了一批青年充实到基干连中去当骨干，进行短时间政治军事训练，由区统一指挥，剿灭日伪军残余势力。在1945年9月1日全县庆祝抗日胜利的大会上，刘张村党支部受到中共垣曲县委的表彰。

南堡村党支部　1937年冬，共产党组织开始在南堡村秘密活动，动员进步青年参加八路军。

1938年5月，牺盟会三区特派员阎凤鸣（共产党员）主持建立南堡村党支部，有党员10人。王英臣为党支部书记，王兆国为组织委员。党支部建立不久，南堡村发生了严重的霍乱传染病，两个月就死了104人。贫苦人家死了人请人往外抬棺材，连饭也管不起，一时人心惶惶。面对这一情况，党支部决定成立互帮会，帮助贫苦户安葬，解决群众燃眉之急，借此凝聚人心，并组织贫雇农参加抗日反顽斗争，开展党的工作，壮大党的力量。互帮会会员给贫困户抬棺材不吃死者家属的饭，发动会员资助。对于死了人的财主家，不抬棺材，不帮忙办理丧事。互帮会的牌子一亮出，贫苦户热烈拥护。没几天，就发展到50多个会员。有钱户对此深感震惊，但也无可奈何。

有两户有钱人家里办丧事，托人带礼品、银圆向互帮会领导说情但被拒绝，他们不得不让自己的子弟和亲戚抬棺材。这举动，大大显示了贫苦农民团结起来的力量，扫了财主老爷们的威风。

中条山会战后，日军侵占了同善、南堡，以同善为据点，烧杀淫掠，无所不为，尤其是南堡与同善相连，日本兵几乎天天来村骚扰。在白色恐怖下，南堡村党支部书记王兆国、王英臣等，率领南堡村的几个青年，毅然在毛家沟举起抗日大旗，他们以阎顽县政府游击队的名义组建了一个"八中队"，很快发展到30多人。他们纪律严明，作战勇敢，深受群众拥护。他们转战于佛云山、麻姑山一带，屡屡创伤敌人。之后，八中队归编到抗日县政府武装。

王兆国离村之后，王贤才任党支部书记。从1942年到1945年秋，发展了6名新党员。他们以极其隐蔽的方式同敌人周旋。这期间处死宋毛才、王傲两个汉奸恶霸。通过打入伪武装队的地下党员搞到4箱子弹和电话机一部，将一门古代遗留的将军炮偷运送交抗日政府，作攻打同善日军据点之用。打入伪区公所的共产党员马玉辰，将搜集到的敌人情报送给党支部，党支部再将情报送给抗日政府。1944年一次就给抗日民主政府送交军鞋200双，1944年夏送交小麦1.3

万多斤，受到太岳区四专署表扬。

1945年春，同善的日军据点被地方抗日武装围困，日军被迫于6月7日逃离了同善。从此，南堡、同善一带的人民群众重见了天日。

●抗战时期党的基层支部分布

槐南白村党支部建立于1937年，支部书记先后为关中廷、贾润玉。

柳庄村党支部建立于1938年2月，支部书记先后为郭文古、冯文齐。

朱家庄村党支部建立于1938年3月，支部书记为李翰宸。

近圣村（今朱家沟）党支部建立于1938年，支部书记先后为马聚才、马相敬、石良台、柴树桂、郭宗周。

历山村党支部建立于1938年，支部书记为王星占。

上圢坂村党支部建立于1938年，支部书记先后为高尚林、高林庆。

店头村党支部建立于1938年，支部书记先后为刘希仁、刘中华。

北堡头村党支部建立于1938年，支部书记先后为任士英、乔克祥。

南蔡村党支部建立于1938年，支部书记为刘宗汉。

南堡村党支部建立于1938年5月，支部书记先后为王超遇、王兆国。

下亳村党支部建立于1938年10月，支部书记先后为郭盘月、史希文。

望仙村党支部建立于1938年10月，1942年11月恢复，支部书记先后为倪文岐、王靖华。

刘村党支部建立于1938年，1944年恢复，支部书记先后为赵恒玺、刘之博、刘彦彬。

刘张村党支部建立于1938年，1944年恢复，支部书记先后为阎凤鸣、赵丕承、鲍武扬。

上丁村（今清源）党支部建立于1938年，1945年恢复，支部书记为续登科。

西型马村党支部建立于1938年，1945年恢复，支部书记先后为高向荣、高依岳。

皋落村党支部建立于1938年，1945年恢复，支部书记先后为马万程、黄克义、蔡光亮。

回村党支部建立于1938年，1945年恢复，支部书记为文英林。

东型马村党支部建立于1938年，1946年7月恢复，支部书记先后为赵登荣、赵登科。

白水村党支部建立于1938年，1946年恢复，支部书记为赵从礼。

西阳河总支部建于1939年10月，支部书记张铎。

近佛村党支部建立于1943年3月，支部书记为侯林信。

落洼村党支部建立于1944年1月，支部书记为赵存富。

田村党支部建立于1944年5月，支部书记为王修升。

后河村党支部建立于1944年8月，支部书记先后为张俊秀、安文秀。

东北阳村党支部建立于1944年11月，支部书记为吴殿贵。

民兴村党支部建立于1944年，1945年恢复，支部书记为张得科。

后长直村党支部建立于1944年，支部书记为崔玉堂。

上庄村党支部建立于1945年2月，支部书记为柴振庆。

赵寨村党支部建立于1945年2月，支部书记先后为杨三范、于俊富。

南蒲村党支部建立于1945年6月，支部书记为王智祯。

自新村（今观坡）党支部建立于1945年8月，支部书记先后为石都山、石崔山。

同善村党支部建立于1945年，支部书记先后为郭凤翔、赵贞。

沇西村（今河西、绛道沟）党支部建立于1945年，支部书记先后为狄克让、李光德。

第十节 垣曲抗日战争的胜利

1945年8月15日，日本天皇裕仁宣布无条件投降。8月16日，中共曲县委和垣曲县抗日民主政府，根据太岳区统一部署，命令县独立营和区干队等地方武装，配合太岳军区某部，消灭了王村（今华峰）南岭之日军后，分兵三路，直逼日军皆藤联队司令部驻地——王茅镇。日军集结了垣曲境内驻县城、同善、皋落、南山等据点的所有日伪军，纵火焚烧各种物资及弹药仓库。22日日军全部逃跑，伪垣曲县知事张静心收拾残部同伪县公署人员逃往城关，与阎顽县长侯中和相勾结，双方把残部合编为条东游击纵队，侯中和任司令，张静心任副司令；统辖卫垣支队、保安支队和爱民支队共1000余人，盘踞在鸡笼山、寨里和洪庆观等地。侯、张垂死挣扎，不断向原上、东西河槽侵犯，继续残害人民。

为了解放垣曲，太岳军区第四军分区抽调阳城独立营、王屋独立营配合垣曲独立营和全县区干队共计1000余人，于8月25日开始进攻县城。首先肃清了峪子、沇岭、小赵等处之敌，继而进逼城垣，对县城形成包围。在发起攻击前，第四军分区陈康司令员命令刚由河南省洛宁北渡的晋冀鲁豫军区第十七师四十九团、五十团的两个营，由梁健生团长率领，从王屋急行军赶来参加解放垣曲县城的战斗。这两个营装备齐全，战斗力强，担任主攻任务，第四十九团三营攻打北门，第五十团二营攻打西门、南门和洪庆观，王屋、阳城和垣曲的独立营以及垣曲区干队攻打鸡笼山，并担负截击逃敌和捉拿俘虏的任务。参战支前的4000多名民工，积极参加转运伤员、供应粮食弹药的工作。

这次战斗由太岳第四军分区司令员陈康和政委李哲人指挥。8月28日晚9时，第五十团二营用猛烈的炮火在20分钟内摧毁了敌人在城南高地洪庆观的3个碉堡。29日拂晓，攻克寨里、鸡笼山、洪庆观，寨里的敌人被消灭后，县城内的敌人见大势已去，士气低落。同时，又从乡村动员敌军家属，到城下喊话，城内敌人四面楚歌，心慌意乱。

29日下午5时发起总攻，炮兵摧毁了城内敌人的工事，北门、西门相继被攻破。阎顽县长侯中和在南门口俯首就擒。经过短时巷战，全歼敌人。共计俘阎顽县长侯中和、伪县知事张静心和条东游击队司令部及两个县政府（公署）全部人员以及官兵 700 余人。缴获步枪 400 多支、机枪 8 挺、大批粮食、弹药及其他物资。垣曲县城胜利解放。

9月1日，在县城召开全县万余群众参加的庆祝垣曲解放胜利大会，太岳第四军分区司令员陈康、地委书记兼政委李哲人、第十七师四十九团团长梁健生、中共垣曲县委书记王铭三、县长任开宪等领导出席庆祝大会。

抗日民主县政府根据群众要求和党的"首恶必办"的政策，将伪县知事张静心、阎顽县长侯中和当场处决。

第六章
抗日战争胜利后的对敌斗争和经济建设

日军投降，内战又起，阎顽盘踞，垣曲复遭蹂躏。在中国共产党的领导下，老区人民积极开展对敌斗争，清算"六十斤"，诉苦复仇、反奸反霸、减租减息，改造村政权，发展生产，医治战争创伤，民主革命斗争如火如荼。

第一节 清算"六十斤"

日军占领垣曲之后，阎顽山西第七专署委派到垣曲的县长侯中和招降纳叛，搜罗地主、汉奸、特务及散兵游勇，拼凑成立了保安大队，加上其军政人员，共计发展到近千人。侯中和凭借自己掌握的政权、军权，给追随和支持他的人每人每月发六十斤粮（小麦）条，由这些人自己到村中催要。

侯中和县政府差务局长王俊德兄弟 4 人都吃"六十斤"，侯中和的红人石兴学 1 人吃 10 个"六十斤"。县政府的人，每人身上都装有多少不等的"六十斤"领条，城里城外可通用，他们到处去要、到处去吃。汉奸高尚文除利用日伪政权剥削农民外，手里也握有大量的"六十斤"，大小老婆和雇工、看门人、伙夫，加上他本人，共吃 6 个"六十斤"。高孔文本人，战前有 500 亩地，到日军投降时增加到 750 亩。而一区胡村农民申长男，战前有 30 亩地、6 间房，因"六十斤"全部变卖，无家可居，无地可种，举家出逃；农民裴高升原有 2 孔窑、5 亩好水地，除因上交"六十斤"变卖光外，还累计欠下 26 个"六十斤"，全家被逼逃往河南躲避。当时农民除负担所谓"正式"摊派外，每月光是负担"六十斤"就达近 5 万斤。因出不起"六十斤"被逼死的人不在少数。店头村 89 户村民一月之内就被逼走 17 户；胡村 600 口人，一年即被逼死 70 人。

1943 年冬天，中共垣曲县委曾指示一区抗日民主政府先在上庄村开展反"六十斤"斗争，规定凡吃"六十斤"者一律退出，颗粒不能少。一些人主动自首退出，但"六十斤"未能彻底清算。

垣曲城收复后，全县农民强烈要求清算"六十斤"。县委经认真研究认为，不能把吃"六十斤"的同等对待，而应有所区别：对"汉奸恶霸封建势力、借敌人势力剥削农民者，不管他们吃多少，要全数退出；对被侯中和骗去或抓走的中农子弟当小兵，看他对待群众的态度如何而定，或退出一部分,或坦白了事";一般贫苦农民,被汉奸恶霸所逼不得已而吃"六十斤"者,一律不退,但须坦白悔过"。

反"六十斤"的斗争,首先在陈村、型马等原上几个村展开,受"六十斤"剥削压榨的人们,在"有仇报仇、有冤报冤"的口号下,团结起来,与吃"六十斤"者算总账。不到10天时间,清算"六十斤"的斗争遍及全县。许多被逼外逃的农民闻讯后日夜兼程赶回家,夺回粮食、房产和田地。

经过前后10余天的斗争,全县清算"六十斤"取得了彻底胜利。

第二节 诉苦复仇、反奸反霸、减租减息

反"六十斤"斗争基本结束后,群众迫切要求反奸反霸、诉苦复仇,全县以"双反"为主要内容的群众运动迅速形成高潮。

然而,这个高潮形成不到10天,便冷了下来。此时县委已经召开会议,对全县开展反奸反霸和减租减息的群众运动作了安排,同时,县委组织部部长高向荣还带队在三区谭家村搞了试点,但群众仍然发动不起来。面对这种局面,干部说群众有怕"变天"思想,群众埋怨干部不为群众做主,不坚持原则,包庇汉奸坏人。县委通过调查研究,弄清了群众运动由热变冷的原因。一是当时群众强烈要求处决罪恶深重、群众恨之入骨的日伪时期的三区区长高孔文,数百名群众曾几次到县民主政府请愿,县委没有及时答复,在请示上级批准过程中拖延了时间。群众认为这是包庇汉奸,有情绪、

有怨气，造成群众与政府对立。二是群众对干部包办代替、不走群众路线意见很大。在斗争奸霸的场合中，干部定调子，群众只是跟着喊口号。还有些干部当"和事佬"，群众要求斗争谁，干部便出面和解。个别干部在地主和斗争对象家里吃吃喝喝不检点，脱离了群众。三是国民党大部队与民主政府隔黄河对峙，日伪顽残余之头面人物在河南渑池成立办事处，更有特务潜伏南山一带，不时制造事端，部分干部和不少群众存在怕"变天"思想。四是地主奸霸中的一些人假开明，假典假退，先典先退，给地不给契，麻痹了一部分群众。

县委通过认真分析，认为根本原因在干部，在"双反""双减"中搞调和，过分强调"统一战线"，过多地照顾了地主奸霸们的利益，致使群运发动不起来，走了弯路。

为进一步发动群众，把反奸反霸、诉苦复仇斗争进行到底，县委、县民主政府和县农会，于1945年12月5日至10日，召开全县区级以上干部会议，联系实际，对照学习朱家庄打破"变天"思想、开展群众运动的经验，认真检讨过去群运中的失误，决定抽调得力干部，到基点村分片包点，协助村农会发动群众，开展群运。

惩办汉奸 经上级批准，处决了汉奸高孔文，消除了群众和政府之间的隔阂，群众情绪迅速高涨起来。至1945年12月底，短短10余天的时间，全县5个基点村及其周围村的群众都开始发动起来了。

1946年1月6日，县政府在王村（华峰）召开追悼烈士大会，到会群众万余人，会议公审了汉奸刘万灵（即刘彦林），全县诉苦复仇运动达到高潮。二区首先发动起来，在斗争史宏章的诉苦复仇大会上,将史处死。之后的1月19日,三区上圢坂村召开大会,公审汉奸吕鲁德;谭家村也在同时斗争了汉奸王俊德,南圢坂、碛敌、西石、上庄等16村的男女老少,远道赶来诉苦,通过公审,当场处决了曾任日伪差务局长、罪恶昭著的王俊德,群众拍手称快。

先进帮后进 小赵村全村时有10个自然庄,共有6闾230户990口人,当过伪顽村长、村副的就有40多人。全村有相当一部分人思想复杂,加之敌对势力基础根深蒂固,群众有话不敢说。有人造谣说:"诉苦复仇一阵子,过几天就没事了!"甚至还有些假装为群众办事,带领群众"封"地主的门,一"封"了事,实际上保护了地主的利益。下亳基点村的党员干部们分析了小赵村的情况后,了解到小赵村群众受赵国瑞等人的压迫不敢说话是根源所在。于是,就率领下亳群众到小赵村,斗争了地主冯洛书、冯志书和富农赵国瑞,提高了小赵村群众的斗争勇气,掀起了斗争的浪潮。一连6天斗争了23个对象(其中,伪顽10个,地主1个,恶霸6个,有贪污行为的村长6个)。接着,还到西型马村斗争了一户地主,从斗争果实中拿出5石3斗粮食赈济了当地贫苦群众。县委及时总结下亳城村帮助小赵村、西型马村开展群运的典型,推动全县群运更加猛烈开展。

开展索文书运动 为了使群运向纵深发展,县上还抓了交斜村地主吕好义欺骗佃户写假契的典型,在全县开展了索文书运动。口内的南堡、同善、刘村、近圣与口外南圢坂、上圢坂、东石、西石等8个村首先响应。南堡村号称"女乡绅"的王文化,十分仇视共产党,经过群众多次开斗争会,最后被迫交出地契 45 张、借约典约 94 张。大石崖村群众斗争了狄士杰、马瑞，沇西村斗争了地主申金彦、石俊杰、石衡山等。运动又很快波及原上的陈村、马村等 8 个村。接着，二区、一区也相继展开索文书运动。全县共索要各种文契典约上万份。

五千群众政治攻城　反奸反霸、诉苦复仇群众运动在全县乡村一浪高过一浪，但在县城内却风平浪静，有的地主门上贴着封条，称已经清算过了，实际是日伪汉奸姚淮生（日伪县公署财粮科长）、姚鹤生等为蒙蔽群众而进行的假斗争。1946 年正月初九，谭家村 200 多名农民进城抓了姚淮生。城内地主姚森利用地方主义蒙骗群众，也集合了 200 余人，与谭家村农民相对抗。二月中旬，上圢坂、南圢坂等 7 村群众二次进城支援谭家村。特务王新恒等又唆使东滩、寨里等沿河 5 个村群众 600 余人进城与上述 7 村群众相斗。在严峻的形势下，县委指示农会号召皋落、平原、亳城、小赵、西石等村组织贫苦农民，连同前两次进城农民，共计 5000 余人进城与地主斗争。经过 4 天 4 夜的斗争，揪出斗争对象 80 余人，抓回逃跑对象 15 人，处死 2 人，其余坦白之后予以释放。这就是闻名太岳的垣曲五千人联合斗争，《新华日报》（太行版）予以报道和收复垣曲城的军事行动相提并论，被誉为"政治攻城"。

取得斗争胜利的农民，兴高采烈。北堡头村群众还把政治攻城的日子定为翻身纪念日，亳城农民大年初一全村会餐，群众相互请客团拜，丰村群众把晚上闲坐的牛窑改名为"翻身窑"，同善镇还买了一挺机枪，用来保卫翻身果实。

另外，全县办起了 20 余个农民剧团，演时装戏，教育群众。

通过这场大斗争，地主和日伪汉奸、特务被完全孤立。县委因势利导，把农民斗争的积极性及时引导到减租减息运动中，推动了垣曲的"双减"工作深入开展。

截至 1946 年 3 月，全县 77 个行政村，开展反奸反霸、诉苦复仇的有 70 个，其中多数村转入减租清债；召开大型斗争会 341 次；解决问题 1354 件（不含二区）；处死汉奸恶霸 201 人（含自缢 2 人），打成重伤的仅三区即有 16 个。群众得到土地 8193.35 亩、粮食 198819 石，得到牛 171 头、驴 25 头、马 2 匹、骡 5 头、羊 97 只、猪 10 头、房 402.5 间、窑 305 眼、衣服 2419 件、布 71 丈、包袱 51 条、家具 667 件、金 12 两、银 5 斤 15 两 8 钱、现洋 820 元、盐 112 斤、玉石玛瑙 1 斤 4 两、长短枪 24 支、柏山 2 座，还有很多木料。

第三节　改造村政权

群运的深入发展和群众政治觉悟的提高，对原来的村政权是个严峻的考验。谁好谁坏，群众看得清清楚楚，不少群众说："不怕没钱就怕没权"，"只要有了权，说啥就顶啥"。这样，群运工作就很自然地转向了改造村政权。党组织和农会及时引导，改造了多数村政权。但也有相当一部分村，表面看群运搞得很热闹，实际上是少数几个人说了算，群众并没有当家做主，甚至在个别地方还出现了坏人斗好人的问题。在这些村，共同特点是群众不吭气。如何能让不吭气的人抬头说话，就成了群运深入开展和改造村政权的关键。为了解决这个问题，县上帮助寨里村认真学习推广天水岭经验，把工作重点放到让不吭气的人说话上，专门召开不吭气人开会诉苦。同时，组织这些人参加活动，比如参加水手训练班，进行喊话训练，还带他们到峪子村旁听峪子村召开的群运工作会议，等等。通过一系列活动，启发了群众觉悟，群众得到了充分发动。在条件成熟的基础上，1946年6月10日，寨里村召集全村群众选举村政权，受群众信赖的王挺才、王乾坤、曹改生等12人被选为村干部，群众情绪高涨，过去不吭气的人开始抬头说话。县委及时抓住寨里村发动群众、改造村政权的典型，在全县推广，加快了村政权改造的步伐。截至当年6月底，全县77个行政村，其中应予改造的35个村政权全部进行了改造。至此，全县村政权基本上都掌握在可靠人的手中。

在改造村政权中，农会的组织作用和民兵的骨干作用得到了充分发挥，农会和民兵在全县百姓心目中占据了重要位置，不少农民纷纷找干部报名，要参加农会和民兵。截至1946年5月底，农会组织发展会员3322名，民兵发展到1180名。同时，还有不少青年积极参军参战。1946年，全县青年参军形成热潮，出现了不少父送子、妻送郎的典型。下亳城村在共产党员常中伦带动下，一次参军36人，在全县带了头。当时全县踊跃参军者在千人以上。

第四节 发展生产 医治战争创伤

日军投降后，垣曲千疮百孔，除少数几个老根据地外，新解放区社会秩序混乱，人民生活极度贫困，首先没粮吃、没盐吃成了亟待解决的头等大事。其次是不少农民眼看白露将近，没有麦籽下种，十分着急。最后是太岳根据地的阳城、晋城等地的煤、铁货、瓷器要经垣曲运出去，同时要从运城运回食盐，而同善一些不法商人高价盘剥过往商贾，直接加重人民的负担。面对这种情况，县委和政府抓了两个"恢复"。

一、恢复集市贸易，解决农民生活急需

县委和县政府指示县经济贸易局，着重做了以下七个方面的工作：

（一）打击发国难财的不法商人，稳定市场，安定人心。在解放垣曲城时，经济局就安排人员随部队进城，低价出售粮食200石和其他生活用品，打击了不法商人，保障了人民生活，安定了群众情绪。

（二）在城关和王茅设立收集站，公平交易，以略高的价格大量收购粮食和敌伪遗留下来的物资。粮食、食盐、大烟土、汽油全部交给县政府经济局，属军用品的悉数交给军分区供给部，其余生活、生产用品平价出售。这样做，提高了冀钞的信誉，稳定了币制。

（三）无息贷给全县群众小麦种子，其中一区31石、二区60石、三区30石。

（四）贷给城关商民麦子20石，帮助尽快开张营业。

（五）于1945年11月2日，首次在王村（华峰）举办骡马大会，确定每月三、六、九日赶集。集市建立后，从济源、孟县、青化来的商贩每集不下数百名，就连阳城、晋城的商

贩也绕道王村。当时的王村成为事实上的垣曲经济中心。

（六）恢复同善集市。同善每天过往商贾较多，但街道门面多被日军烧毁或破坏。根据县政府和分区指示，在同善镇开始建筑店房，11月1日破土动工，12月12日完工，开门营业，首先挂起了"骡马大店起火留人"的牌子。这样，不仅解决了阳城、晋城两地商贩来往运输住宿上的困难，更重要的是遏制了私人店房的过度剥削。到同善镇住宿的客人日渐增多，私人店铺也急剧增加。在10月只有3家的基础上，到年底，已增加到15家。留住同善镇的客人由10月的704人、牲口11头，增加到12月的4599人、牲口755头。住店价格也大大降低，由每人每夜柴火钱15元（旧币，下同）、白面每斤25元、被子每条20元、骡马每草钱60元、驴每夜草钱50元，分别降低到10元、22元、15元、30元、20元。过往客人一致称赞。

（七）组织群众担盐，解决群众吃盐困难。战争时期，盐贵如金。吃盐问题，不论是沦陷区还是解放区，都是老百姓生活中的头等大事。日伪常常在食盐上做文章，封锁解放区，欺压老百姓。为此，在垣曲解放后，县委、县政府要求经济局大力组织群众担盐，全县参加担盐的群众有4000余人。有不少地方的妇女也参加担盐。县经济局还重点扶持了南蔡村的担盐队，这个运输队开始时只有30人，为了解决他们的资金困难，县经济局还贷给他们每人600元。据统计，他们每个月除开支外，可净赚800元，运输队人数也大大增加，当时，群众编了这样一个顺口溜："八路军是好军，经常操的是爱民心，看着老百姓很困难，生法叫他们去担盐，汉家家（男人）背，老婆家（妇女）担，又顾口又赚钱，顿顿吃饭不离盐。"

同善集市的建起营业，打通了四分区与五分区的贸易路线，发挥了阳城、晋城与沁水等地的运输力量。这三县的群众，仅运输食盐的贸易收入，每月就可达数百万元。经济工作的活跃，使冀钞与伪钞的比值发生了很大变化。

二、恢复农业生产，开展生产互助

在农业生产上，突出的问题是劳力短缺。由于连年战事，青壮年参军支前，能投入农业生产的力量十分有限。为解决这个问题县委和政府提倡农民开展互助合作，发展生产。在互助合作运动中，全县涌现出不少典型，驰名太岳区。前长直基点村143户农民，减租后有18户由贫农变成中农，66户由佃农变成贫农。雇贫农家庭劳力紧张，生产工具不足，尤其缺少畜力，因此，参加互助的积极性特别高。他们说："我们虽然翻了身，要是不组织起来干，翻身就不彻底，分到的斗争果实也巩固不了。"为此1946年一开春，全村就有74户农民报名，按自愿结合的原则，组成5个互助组。从3月27日到4月27日，除开会、分散干零活，当差共用去15天外，共锄麦328亩，担粪1060担，种棉花87亩，种大麻96亩、芝麻14亩、麻7.5亩、菜2亩，开垦熟荒166亩，翻地187亩。互助组还贷款9万元，加上组员集资，每组买回耕牛5头，解决了畜力不足的问题。整修了3条荒废多年的水渠（约9里），恢复水浇地500亩。

回村全村308户农民，在群运中有94户得到了利益，在原来 74 户佃农中，有 62 户升为中农，12 户升为半佃农。在群运中改造了村政权，群众自己当家做主，热情很高。全村 175 户 647 口人组成了 11 个互助组（自由结合），互相换工，锄麦、送粪、种秋，还开熟荒 427 亩，全部种上了谷子和棉花。

北窑庄在村政权和农会组织下，动员全村群众互助合作，投工 600 个，一个月即修复了被日伪破坏的水渠，恢复水浇地 189 亩。

《新华日报》（太行版）曾在醒目位置介绍了前长直、回村和北窑庄互助合作的经验。在这 3 个典型的带动下，全县互助合作很快形成高潮。二区组织起来后，开垦熟荒 9940 亩。翻身后的历山群众除互助农业生产外，还互助副业生产，达到了一户一口猪、一人一只鸡。其间，县农会还扶持和鼓励私人经营，恢复了寺沟、五龙庙、文家湾、龙尾沟、解峪、墩底下 6 座小煤窑，解决了全县五分之三人口的燃料问题。全县农村，白天晴天互助合作搞生产，雨天和晚上搞清算，迎来了抗日战争胜利后的第一个春天。

第五节 选举国大代表

1946 年 3 月 31 日，根据国民政府《国民大会组织法》《国民代表大会选举法》及晋冀鲁豫国大代表选举办法，由文化界名流高延柳，太岳行署牛佩琮、裴丽生，群众团体代表卫恒，武委会主任曹普，新华日报社社长魏克明等 9 人，发起成立太岳区国大代表选举委员会，补选国大正式代表 2 人、候补代表 2 人。根据规定先由下而上每县选出代表 2 人，然后由代表再逐级推选。4 月 4 日，垣曲县民主政府接到太岳区国大代表选举委员会关于补选国大代表的通知。次日县委即进行了研究，成立了垣曲县选举委员会，由县委组织部部长高向荣、县民主政府民政科科长李青、县武委会主任杨志伟、县农会常委申杰、一区士绅师星明、二区士绅张恩庆、三区士绅高茂华等 7 人组成。6 日，召集各基点村干部讨论安排，决定广为宣传，使群众了解补选国大代表的重要性。村分为甲、乙、丙三等，7 闾以上者为甲等村，出代表 4 人；5～6 闾为乙等村，出代表 2 人；2 闾以上为丙等村，出代表 1 人。

从 1946 年 4 月 7 日开始，全县各村召开群众大会，广泛进行宣传发动。8 日开始公民登记，9 日划分公民小组，开始提候选人。10 日为全县统一选举日，选举县代表。全县 77 个行政村，共选出县代表 189 人，其中各村代表 180 人、各机关团体代表 7 人、学生代表 2 人。

1946 年 4 月 12 日正式召开选举大会。经过动员、初选等程序，13 日上午正式选举，王唐文、李青全票当选为出席省国大代表。这次会议，代表们共提出 54 条提案，主要内容是：要求国民党当局实行民主，建立联合政府，对垣曲实行战后救济，禁止反共宣传，严禁特务活动，释放政治犯，惩办汉奸，等等。

国民大会于 1946 年 11 月 12 日在南京召开。由于国民党的原因，垣曲人民没有享受到这一民主成果，但经历了民主政治的尝试和锻炼。

第七章
开展自卫战争 粉碎国民党的军事进攻

全面内战爆发，国民党部强占垣曲，烽烟又起。垣曲人民复遭蹂躏。匪徒猖獗，制造事端。"窑头惨案""五福涧惨案"震惊太岳。在中共垣曲县委和民主政府领导下，广大人民群众为保卫胜利果实、捍卫人民政权进行艰苦而英勇的自卫战争。反内战，守河防，开展游击战、夏收保卫战，积极有效地防御粉碎国民党军事进攻。

第一节 守卫河防

日军占领垣曲期间，国民党垣曲县党部和三青团垣曲团部皆在渑池办公。日军投降后，耿俊卿（芮城人）、申梦熊、刘仰宸、文和斋、冯廷汉、王国栋、刘汉三、赵恒寿、张生鸾、姚协中、赵书楼、陈绍亭、弟子佩等蒋、顽、伪、特、匪中的一些顽固分子，纷纷与三青团垣曲团部干事长关翰池、国民党垣曲党部书记长王培琳等接头，商讨所谓"善后计划"。之后，他们首先在三青团垣曲团部驻地——渑池关家圪垯召开会议，决定在渑池设立"垣曲县各机关代表临时办事处"（以下简称垣曲办事处），推选关翰池兼垣曲办事处主任。

会后发布成立垣曲办事处的布告,并致函山西省有关机关,"请速派员到渑池改组垣曲县政府",以推翻共产党的民主县政府。由于蒋、阎不和,国民党和三青团关系不融洽,一直无果。

1945年10月间,垣曲办事处向国民党第三十八军总部申请了"晋南人民自卫军第十七支队"番号,下设四个大队,王国栋、弟子佩、刘汉三、赵恒寿分任第一、第二、第三、第四大队长,第三十八军总部派员到支队任参谋。

1946年4月初,中共垣曲县委、垣曲民主政府组建了以县长任开宪为总指挥、县委书记王铭三为政委的垣曲县作战指挥部,各区、村也都成立了相应的机构。同时,命令二区作战指挥部副指挥张忠富率二区民兵30余人于5月中旬进驻五福涧村(时辖前岭、五福涧、上洼),守卫五福涧黄河渡口。垣曲办事处及其所属十七支队公开在垣曲南山一带活动,觊觎我民兵武装。在解峪、南丁、复兴、乐尧等村签订"联村协定",应对"双反""双减"。以上情况均有公安人员和群众向县委汇报,但未引起足够重视。

5月15日,中共垣曲县委在王村(华峰)召开全县各界人士反内战动员大会。王铭三在大会上讲话,他联系伪顽敌特猖狂活动的实际,揭露蒋介石假和平真内战、假民主实独裁的狰狞面目,号召全县人民以自卫战争手段保护抗战胜利果实。

华峰反内战大会后,县委又同王屋县委联系,成立了守卫河防联合指挥部,共同守卫河防,互通情报,以保证两县"双反""双减"工作顺利进行。时为王屋二区管辖的二区,抽调轮战民兵 25 人、区干队 35 人，成立河防指挥部，严守河防区内的芮村、马湾等重要渡口，严密监视河南敌特和土匪动态，保卫河防和沿河村庄的安全。

第二节　国民党军占领垣曲

从 1946 年 6 月下旬起，国民党军队向解放区先后发动了全面进攻和重点进攻，挑起了全国规模的内战。毛泽东于 7 月 20 日发出以积极防御粉碎国民党的军事进攻的指示。县委和县民主政府于 8 月 5 日召开反内战动员大会，当场自愿报名参军者 83 人。会后，参军运动遍及全县，有的村数十名青年结队要求参军，还有不少群众捐粮、捐物欢送参军青年。

针对战火随时都有可能向垣曲蔓延的情况，中共垣曲县委和垣曲县民主政府，于 1946 年 7 月 19 日，就空室清野、战时戒严、群众参战和通信联络等问题发出紧急指示，并提出具体要求。随后，县长任开宪亲自到靠近县城、党的基层组织坚强的下亳城村，组织、宣传、发动群众，准备在敌人到来之前，空室清野。8 月 24 日，民兵侦察得知，国民党军队即将进攻皋落。下亳城村党支部按事先安排，在 50 多位民兵、32 支步枪、2 挺机枪的掩护下，组织下亳城、南坡、晁家坡、西沟 6 个间 480 余口人、100 多头牲畜迅速转移到同善常家坪。县委书记王铭三、县长任开宪还专程到常家坪安排难民生活，召开群众大会，号召群众作长期打算，自力更生，解决自身生活问题。并要求村干部带领难民把生产生活搞好，组织搞副业、跑运输、砍柴卖柴等。下亳村干部组织劳力砍柴卖柴，又组织骡马到阳城、晋城跑运输，收入一律交给村干部统一使用，吃粮穿衣，干部与群众一个标准。

在下亳城村的带动下，县城及交通沿线的王茅、柳庄、白水、华峰、宋村等村的党员干部和一部分可能引起敌人注意的群众，也带领全家，空室清野，到北山一带避难。

1946年8月25日，胡宗南整编第三十师师长鲁崇义率第三十旅，经横岭关沿东（镇）垣（曲）公路向垣曲进犯，在官店到皋落的十余里中，被二区民兵连续五次阻击，敌人被迫迟滞一天半时间，保证了公路沿线群众的及时转移。这五次阻击意义重大，《新华日报》（太行版）全文登载马夫（即马万程）写的《五次阻击战》，赞扬了二区民兵英勇斗敌。

8月27日，国民党军队从皋落南下，与由闻喜、夏县山区东犯进入垣曲的胡宗南第二十旅、第六十七旅和第三十八师一个团在王茅镇会合，继续南犯。同时，国民党军队派飞机在垣曲县城上空投弹轰炸半小时，下午3时垣曲县城被占领。国民党军在皋落、长直、王茅、沇岭、胡村、寨坪、鸡笼山等要地构筑工事、设置据点，企图长期占领垣曲。

由于县委和民主县政府事先组织群众转移，守城部队也提前撤出，国民党军队仅占空城一座。整编第三十师在一周之后即行西撤，由驻河南整编第三十八师五十五旅一六三团驻守垣曲。

国民党军队占领垣曲县城后，立即控制黄河渡口及黄河沿岸村庄，并迅速与驻河南之国民党军取得联系，反复向二区回村、上王村、刘张村，三区的麻姑山，一区的佛云山一带根据地进行"清剿"。全县除口内同善等11个村及葫芦峪一带外，其余地区均沦为敌占区。

国民党军这一次占领垣曲，主要实行碉堡政策，仅在二区就修筑了大碉堡22个，1公里左右就修一座大碉堡，小碉堡更是到处林立，不计其数。

国民党军队占领垣曲，历时一年。其间，由于派系矛盾，三易县长，大体上可分为三个阶段：

第一阶段，从国民党军队占领县城（1946年8月27日）至1946年12月5日绛垣战役。这一阶段，国民党的军事活动主要是向游击区和解放区进行军事"清剿"。在政权上，阎锡山派系县长陈庆平，极力推行阎锡山的区村制。一面组织"维持"，一面进行反攻倒算。

第二阶段，从1946年12月5日绛垣战役开始到1947年3月初。1946年12月，国民党军队第一六三团主力被歼灭，蒋、阎特务组织曾一度被摧垮，县政府人员大部被俘虏，县长陈庆平见大势已去，于1947年1月卖掉400余石麦子，携现款逃走。之后，县长由国民党军第一六三团团长兼任，推翻了阎锡山的区村制，实行乡镇保甲制，一区改为中山镇，三区改为同善乡，谢村、磨头、南堡头、北堡头、胡村等5村编为立煌乡，峪子、店头、上下圢坂、西石、谭家、硖敌、上庄等村为成汤乡：乡镇下面每三两村编为一保，设保长、副保长，保下设甲，甲有甲长。这种制度表面很有秩序，实际一片混乱。中共垣曲县委抓住这一段有利时机，进行土改，开展游击战争，不断袭击敌人，取得了一个又一个的胜利。

第三阶段为1947年3月以后。3月初，山西省第七专署委派解嘉珍任垣曲县长，带来了由汉奸、恶霸等群运斗争过的对象 140 余人组成的奋斗团及一个由 50 余人组成的特务连。解嘉珍到任后，整顿顽县政府，任命各科人员，县政府从东滩村搬到寨里，4 月 15 日又迁至南山河堤村。

解嘉珍刚到任时，采取"现在一个不杀，将来一网打尽"的政策。对民众施以"怀柔"，赈济粮款伪装爱民，收买人心。此时国民党驻军与阎锡山地方势力之间的矛盾日趋尖锐。解嘉珍通过参议员刘希舟"电请国防部对垣曲所驻国军之军粮拨向他处供给"，以显示自己的"爱民"之心，并打击军方。

1947 年 3 月 24 日，解嘉珍在莘庄召开村长会议。次日，又在寨里召开闾长会议。其软硬兼施，欺骗威胁群众。在行政机构设置上又将国民党驻军实行的乡镇保甲制度恢复为区村制。

这一阶段，国民党驻垣军队频繁换防。最后接防垣曲的是新安、渑池、卢氏合编的保警二团。保警二团到垣曲后，第一战区与第二战区、军队与地方的矛盾一直比较尖锐，彼此明争暗斗。到 5 月，解嘉珍已无计可施，不得已只好让步，又恢复了国民党驻军实行的乡镇保甲制，并对乡镇长进行了调整。这时，国民党武装匪特活动猖獗，到处残害农会干部、村干部、民兵和无辜群众，抢夺牛驴骡马，强行摊派粮款，并经常化装成八路军敲诈勒索群众。为了破坏共产党土地制度改革，他们还散布谣言，威胁中农献地。全县 33 个土改试点村，发现特务破坏的村就有 15 个。参与破坏的特务分子有 50 名，其中国民党政治特务 10 人、三青团特务 23 人、阎特 5 人、其他破坏分子 12 人。在土改中，蒋阎特务（解嘉珍任期内）杀害区级农会干部 2 人、村级干部 14 人，其中共产党员 11 人。

　　垣曲失陷后，麇集在河南渑池一带的蒋阎特务组织和土匪，如十五支队、保警大队、爱乡团、奋斗团及精建会、随军工作队、慰问组等都返回垣曲，向人民群众特别是共产党干部、农会和民兵积极分子及翻身户大开杀戒，随便捆绑吊打积极分子和群众。除情报组因怕暴露不直接下手外，其余都随意抓人，严刑拷打，许多人惨遭杀害。据不完全统计，从 1946 年 8 月 27 日国民党军队占领县城，至 11 月 3 个月中全县被杀群众有 50 余人。

　　由于这几股武装特务组织的成员多系汉奸恶霸、地主等群运斗争过的对象，对在反奸反霸斗争中清算过自己的群众，特别是群运积极分子恨之入骨，威胁强迫群众退出斗争果实。对待抗属、干属及民兵积极分子家庭更是苛刻，百般敲诈勒索。他们组织武装站岗放哨，一发现我民兵武装有动向，立即鸣枪示警，通知给国民党驻军。政治特务组织，则采用恐吓和其他卑鄙手段，威胁抗属、干属、民兵积极分子家属，令其限期自首登记、悔过。在此形势下，有人投敌叛变，有人携枪逃跑，有人回家自首。垣曲再度陷入国民党的统治之中。

第三节　窑头惨案

　　1946 年 5 月 26 日，在窑头驻村的王屋二区副区长王振山，区公安助理张清标，区农会干部侯继武、王继先和四位民兵，准备组织召开批斗恶霸、汉奸大会。深夜，逃到黄河南岸的恶霸、特务、汉奸头子靳永清又一次带领国民党济源县第七区的"还乡团"匪徒70多人，由河南石渠偷偷北渡黄河，经任家山偷袭下窑头村。敌人打死站岗民兵靳小朋。村农会干部靳小胎听到枪响急忙跑到门外，被匪徒靳光照抓住，绑在柿子树上用刺刀戳死。随后敌人又包围了副区长王振山等人住的窑洞，并喊话要他们投降。王振山等坚决抵抗，双方展开激烈的枪战。因弹药缺少、寡不敌众，被迫退守到院子的天窑里。残忍的敌人不仅集中火力猛烈扫射，而且还从窑顶上点燃油菜秆往窑门口扔。敌人把守在窑口，烟熏火烧，王振山等无法突围。最终，二区副区长（共产党员）王振山、二区公安干部（共产党员）张清标、二区农会常委（共产党员）侯继武、二区区干部王继先（共产党员，河南洛宁人），以及二区阳山村河防民兵翟志道、二区蒲掌村河防民兵许小中等人全部壮烈牺牲。另外，敌人还打伤三个村民，抢去一头骡子、两头牛及群众的许多财物。第二天拂晓，在王屋县一区、二区民兵联合进击下，靳水清等一伙匪徒才仓促渡河南逃。

5月30日，王屋县李之放政委、刘任道县长和各地群众代表，前往死者家中慰问。二区区委在蒲掌召开区村干部会议，妇女、儿童、民兵、自卫队队员等3000多人参加会议，隆重举行追悼遇难同志及反对内战动员大会。祭祀之后，县委副书记王维平宣布牺牲的八位同志为烈士，号召人们要继承和发扬烈士们为农民翻身求解放的革命精神。会议时间很长，人们一天都没有吃饭，最后把烈士灵柩送至南沟河滩埋葬。

第四节 五福涧惨案

1946年5月17日，二区武委会主任张忠富率二区民兵30余人进驻五福涧村，守卫河防，保卫群众夏收。驻渑池的垣曲办事处陈绍亭策反五福涧村武委会主任韩文俊，韩文俊同意并答应由他策反河防民兵，将民兵部队拉到垣曲办事处，但被民兵拒绝，河防民兵将韩逮捕，并将其押送县城。陈绍亭等人获悉后，于5月27日在青崖底设伏，8位民兵，1人被当场打死，1人逃脱，6人被俘，押送到渑池处置，过黄河时，又打死2人，其余4人被辗转关押，至秋才被保释。

陈绍亭等人当日返回上洼南岭，包围民兵驻地，张忠富被当场打死，其余20余位民兵全部被俘。

当日晚上，陈绍亭接到特务报告，二区民兵排长姜登科率民兵30余人前来换防。于是，陈绍亭率土匪50多人再次埋伏于青崖底，除姜登科一人突围外，其余全部被俘。连同先俘的20余民兵关到一起，准备28日早一并送往渑池。

28日早，四五个民兵被放走，其余50余人被押送到黄河边阳上庄，文和斋在黄河南岸命令将民兵推进黄河。除姬如林、赵宇文等8名民兵侥幸鬼出外，余皆葬身黄河。

五福涧惨案，共有36人牺牲。另有2名外县过路干部被枪杀，共计牺牲38人。掠走民兵枪支50余支、手榴弹多枚。

29日，五福涧惨案传遍全县，全县群众掀起了报仇怒潮。仅二区，各联防民兵参加复仇者即达300余人。此外，还有毛家湾、朱家两村群众自动到三分区夏县、闻喜联络民兵复仇。全县群众普遍展开募捐慰问，除慰劳前方民兵部队外，还为死者家属捐款14.8万元、捐麦子万余斤，选了40多个代表组成慰问团，协助政府到各烈士家中慰问，并根据其家庭情况进行救济抚恤。另外，二区各村互助组自动为死者家属和参加复仇民兵家属、抗日军人家属代收3000多亩麦子。

噩耗传遍太岳，全区人民无不感到震惊，太岳区参议会办事处、武委总会及各群众团体，通电全国，呼吁各界人士仗义执言，给垣曲人民以正义的支援，并坚决要求国民党当局解散特务组织，枪毙祸首文和斋、陈绍亭等，对死难者家属进行抚恤，以息众怒。

太岳行署主任牛佩琮、副主任裴丽生闻讯后，代表太岳区300万人民发来唁电。

1946年6月上旬，河防工作委员会主任李挺锋带人到原土坪村总结五福涧惨案教训，一面稳定群众情绪，一面发动群众配合部队，开展清剿工作。由于特务告密，被土匪包围，牺牲3人，李挺锋等4人脱险。

6月12日，太岳武总与阳城县武委会联合召开大会，隆重追悼死难烈士，并抚恤死难者家属两万元。13日，太岳武总向全区人民武装发出号召，要求全区民兵和自卫队员立即行动起来，誓为死者复仇。

王屋县窑头惨案和紧接着的五福涧惨案的发生，激起太岳区广大干部群众对敌人的极大愤慨。当时，《新华日报》（太行版）撰文痛斥了敌人的罪恶行径。

8月27日，国民党"英武部队"占领垣曲县城，垣曲办事处与七支队人马北渡返垣。到县不久，三八总部就命令将十七支队交归垣曲地方，改编为"爱乡团"，团长由县长陈庆平兼任。爱乡团发展到 320 人，拥有机枪 7 挺、步枪 200 余支、掷弹筒 2 个，是当时垣曲所有反动武装中力量最强的一支。

1946 年底，解嘉珍接任垣曲县长，又将"爱乡团"原二营改编为"保警大队"，解兼任大队长。之后，还从爱乡团分出一个以叶希文为组长的"情报组"，又相继组建了"奋斗团""警察局"。

第五节 南蒲民兵事件

1946 年 10 月 26 日夜，盘踞在垣曲县城东关老盐店的济源县七区闫廷武残部靳正清、乔尚清、陈国章等人，勾结地主、流氓、恶霸张道南及叛徒民兵张小毛，率国民党顽匪百余人，从垣曲县城出发，奔赴蒲掌偷袭村民兵活动据点和宿营地尚家岭、孟家庄等地。由于民兵事前转移，敌未能得逞。后又跑到张家坟把在家的农会主席、共产党员王志贞（张家坟人）和村长、共产党员李维干（张家坟人）等人抓捕。在敌人返回途中被在高崖村芦家庄宿营的民兵阻击，敌人当即反扑，敌众我寡，民兵被包围在窑内。除民兵队长王太华（双庙人）突围、民兵王庆章当场壮烈牺牲外，其余 10 多名民兵被俘。午夜时分，敌又将南蒲民兵驻地包围，抢走步枪 24 支，并将村农会常委郑应贵（高崖人）、村民兵排长郑金邦（双庙人）、村司务长芦一岐（高崖人）、村司务长成明义（南蒲人）、村警芦书同（高崖人）、村警崔怀文（高崖人）、民兵宋齐来（南蒲人）、民兵闫保富（双庙人）等22人一齐抓捕。只有民兵队长王太华和村警崔怀彦（高崖人）趁机逃脱。敌人将他们押往垣曲县城，关在城东关的阎王殿里，酷刑拷打。不仅用皮鞭抽打、背压大秤锤、梁上反吊，还使其受冻、饿之苦，并横加威胁和侮辱。如匪徒们叫王志贞走一步摔一跤，百般戏弄，并威胁要将他"大卸八块，将两腿砍掉"。他说："砍了光荣。"又说要将他"剖肚挖心"。他说："哪怕你炒着吃。"村长李维干说："禁闭我10年也换不了脑筋。"闫保富在狱中也非常坚定。50多天的非人生活把他们折磨得面黄肌瘦，死去活来，但是，他们一个个始终坚贞不屈。当我军解放垣曲城后，他们才被解救。当人们欲打开其脚镣时，却发现脚镣已嵌进肉里，镣锁已锈死，民兵把他们抬到垣曲峪子村河滩里，用石头才把镣锁砸开。

第六节　县委领导的人民自卫战争

垣曲失陷后，阎锡山政权垣曲县长先后为陈庆平、解嘉珍。这两个人在国民党驻军和蒋阎政治特务及地方武装的扶持下，军事活动空前猖狂，特别是奋斗团与保警大队气焰尤为嚣张，其活动范围延伸到了陈村、北羊、马村、丰村等地，经常对根据地进行袭扰。

为了保卫抗日战争胜利果实，中共垣曲县委和民主县政府，领导全县人民与敌人开展了针锋相对、艰苦卓绝的斗争。

孤立顽特反维持　国民党军队占领垣曲后，各种地方势力为巩固统治，不遗余力地建立维持政权，搞了很多名堂：

一是以暗藏的特务分子为耳目，在顽军抓人抢劫时，安插特务混入群众当中一起逃难，等老百姓遭到损失后，则趁机煽动维持，并唆使思想落后的军属、干属、烈属出头，主动向敌要求维持。

二是威胁村干部。其一，通过委任思想不坚定的干部，在群众中造成混乱，原上宋村、华峰等都出现此类情况。其二，牵走村干部家的牲口，找干部家属麻烦，甚至杀害威胁村干部，逼其就范。其三，抓捕村干部，直到其答应维持条件，才放人。

一旦形成维持，顽县府、编村等便能堂而皇之地派粮、派款、派差，群众苦不堪言。特别是编村，群众气愤地称之为"油坊"（榨群众油之意），把编村村长叫"油坊掌柜"。在南堡头村，一个闾每季派麦2石7斗，每月分公所派700斤，保三团1.1万斤，十五支队400斤，群众不堪重负。

中共垣曲县委认为，要保卫人民抗日战争的胜利果实，首先必须面向广大群众宣传，使其认清维持的罪恶目的，坚决反维持。当时在维持村发生了国民党驻军士兵强奸警察局督察员、巡官安某的妹妹和洗劫国民党地方士绅赵绍唐事件，共产党组织抓住这些典型教育群众，让群众明白，维持没有出路，维持不如不维持。

反维持有了一定的群众基础之后，县委便动员群众组建新的村政权。东石村在摸清情况之后，经区委批准，扣押主要维持分子石某某等3人，民主村公所随之建立，村上的事立即由民主村公所处理。同时，监视主张维持的人，并设立岗哨，组织群众转移，空室清野，开展游击小组活动，互助组劳武结合，各项工作井井有条地开展起来了。

至1947年6月底，全县摧垮敌占区和接敌区18个村的维持会，游击区的维持会全部被摧垮。全县共逮捕了79个维持分子，把敌人的势力范围完全压缩到了敌占区，最大限度地孤立了敌人。

在反维持斗争中，由于广泛发动群众，特务的活动也处在了群众的监督之下，仅二区就破获了七个村的特务情报组织。

反维持斗争后，群众立即团结到新政权周围，就连国民党军长期驻扎的城内、胡村、谢村、小赵等村的农民，都自动向民主政府缴纳公粮。解嘉珍县政府连自己吃粮都成了困难，不得不贴出布告，称"只要给粮就行"。

据不完全统计，截至1947年4月，在反倒算和反维持中共处死63人，其中经县民主政府判决处死的23名，被群众打死的40名。

在反维持、反倒算和反特斗争中，有10名共产党员和7名进步群众牺牲。

反击"一扫光"，打垮"雷哼哼" 1946年12月绛垣战役后，国民党军"雷哼哼"部，在垣曲各区之间的边沿村庄不断进行"一扫光"式的抢掠，所到之处，群众的牲畜、衣物、家具等被一扫而光，片物不留，妇女遭凌辱。县委和区分委，组织边沿区各阶层人民（包括农民群众、中小地主、顽军等），在与土匪雷文清（又名"雷哼哼"）部的斗争中，开展各阶层武装自卫反"一扫光"运动，并创造了警卫民兵掩护群众、野战民兵机动作战的斗争方法。各阶层的群众很快团结起来，最先从一区开始，在开展政治攻势中，用活生生的事实，打破了一些人想通过"维持"敌人来避免"一扫光"的幻想，争取了不少逃亡户重返解放区，结成一体，共同摧垮维持。长直、埝堆等村群众，积极进行空室清野，生活完全战斗化，敌军每次到来之前，在民兵掩护下，群众都能安全转移，敌人一无所获，又不断被警卫民兵阻击，其活动大为收敛。

1947年3月17日，《新华日报》（太行版）刊载了太岳四分区武委会主任、指挥部司令员席炳午发表的《各阶层人民死里求生，垣曲展开反"一扫光"运动》文章，同时还配发了题为《边地斗争形势的新变化》的短论。

镇压首恶反倒算 垣曲失陷后的当月（即1946年8月），垣曲县民主政府即根据县委安排发布公告："凡在1946年8月以前人民减租清债、反奸反霸所得之一切财产（包括土地、房屋、衣物、粮食、牲畜、金银、器物等），均为人民合法之神圣财产，任何人不得再行非法倒算，无理侵夺。如在蒋军侵垣后业已非法倒算之人民翻身果实，应即迅速自动退回，政府既往不咎。如继续非法倒算，则目前不仅坚决依法惩办，即垣曲重获解放后，政府亦不负任何保证之责。"

1946年9月29日，国民党县政府为罪恶昭著、已被处决的侯中和等举行追悼会，并在会前会后杀死无辜百姓21人。

国民党特务疯狂组织和鼓动土改斗争对象向翻身农民倒算账甚至杀人放火，气焰十分嚣张。针对这种情况，县委于1946年12月命令作战指挥部就战时几项政策规定再次发出公告：

1. 凡公开或秘密配合敌人向我进行破坏者，任何人都可随时随地捕捉之，但遇有持武器拒绝逮捕不能捕获者可以当场打死，并立即报告县区作战指挥部。

2. 凡窝藏包庇放纵特务、斗争对象、伪顽人员及保存敌人文件资财者，应受连带处分。反之，报告县区作战指挥部者予以奖励。

3. 严禁乘机造谣，捣乱社会治安事宜，否则以危害治安论罪。

4. 过去系斗争对象，但顽军到后未进行公开或秘密破坏活动者，不得擅自逮捕，并向其说明，使他安心。

5. 凡能逮捕回之人员，一律不准杀害，事后分别轻重交给群众处理。

6. 任何人不得乘机进行各种私人报复，否则经查明应受到严厉处罚。

7. 任何人未经县区作战指挥部批准，不得没收伪顽人员的家产（倒算者例外），但其存有伪顽武器、资财、文件者，任何人都可收缴，报告区作战指挥部。

布告发出后，特务和反动地主多数有所收敛，但也有不少人有恃无恐，继续为非作歹。县、区党组织和政府态度鲜明，组织和支持反倒算。上王村"复仇队"大队副常寿山、大恶霸曹近荣，依附国军党部队皋落据点进行反攻倒算，到处强迫农民倒算账，向翻身群众勒索合法果实粮30多石、猪8头等许多财物，并在皋落支起大油锅，威胁群众"到油锅里去翻身"。二区民兵为保卫群众利益，武装包围皋落敌人据点，封锁碉堡，直抵曹近荣住宅，当场打死拒捕的曹近荣、常寿山。将群众应得的合法果实如数退还，群众大为振奋。

皋落于1946年8月被蒋军侵占后，黄克里当村长，崔挺魁当村副。他们一上台，便向农民倒算，杀死农会小组长郭景旺，积极分子芦福行、武亮春，军烈属徐文约等，民兵家属与干属被扣被打受处罚者达30余家。他们用倒算回来的农民血汗钱吸食大烟，请顽军大吃大喝，并要求顽军长驻皋落，保护他们。顽军撤走时，二人自知罪孽深重，跟着国民党败军逃往闻喜。闻喜解放后，皋落民兵将其抓回，群众无不拍手称快。1947年7月25日，全村召开400余人的斗争大会，有70余人在大会上诉苦，最后二区副区长杨峰接受群众要求，宣布黄、崔二人罪状后，将其执行枪决。

在三区，区分委和区政府组织民兵20余人，展开反倒算攻势，武装保卫翻身群众利益，处决西型马高圣基、马村堡安秀芳（女）两个汉奸恶霸。

一批倒算头子被镇压后，地主、汉奸、恶霸的嚣张气焰开始收敛，从而保证了土改工作的顺利进展。

"拉锯战"民兵显神威　为了反倒算、反抓丁、反抢粮，中共垣曲县委从群众最迫切的保家保田的要求出发，组织民兵积极开展武装斗争。1946年8月30日，国民党整编第三十师三十旅1000余人，向峪子、无恨一带犯扰。地方武装和民兵奋起还击，毙伤敌100余人，其余敌人仓皇逃回县城，取得游击战争开门红。

次日，垣曲和王屋二区（原英言、蒲掌、窑头）民兵，在峪子北岭二次打退蒋军一个营对峪子村的四路进攻。

9月2日，蒋军第九十团对峪子北岭进行报复性出扰，民兵配合正规军将其击溃，毙伤敌40余人，获子弹500余发。

9月9日，二区民兵分3路出动，烧毁鲁家坡、龙王崖、西坡交斜等地碉堡9座，割断皋落至王茅间30里的电话线。

9月21日，刚接防的国民党整编第三十八师五十五旅一六三团1个营，由县城出动，向白鹅、英言一带进犯。王屋县独立营第一连配合垣曲县独立营，在英言村骆驼腰附近伏击敌人，战斗进行2个小时，敌军死伤11人，余皆逃回县城。

次日，蒋军第三十旅1000余人，自县城分路北犯麻姑山、陈村、上圢坂等地，民兵武装奋起迎击，敌军伤亡惨重。

10月3日，为打击麦秸古垛和玉皇庙顽军出扰，掩护群众秋收，民兵分两路逼近碉堡射击敌军。这两处60余名敌军，全部撤至胡村，次日早才返回原防地。

1946年9至10月，全县民兵共计进行大小战斗181次，毙伤国民党军50余人，生俘3人，打死及活捉武装特务30人，捣毁敌碉堡12座。

1946年11月2日，县城蒋军和复仇队百余人，带机枪两挺、步枪70余支，向芮村一带大肆抢掠，被芮村民兵70余人伏击，敌4人投水溺亡、5人负伤。民兵解救被抓群众4人，夺回牛7头、猪3口。

11月4日，国民党军队在袭击麻姑山下的安家庄、张家庄等地返经丰村时，进入民兵何书才等埋设的地雷区，炸死4人，重伤6人。到西型马南窑时，再次触发地雷，又炸死1人。

次日晚，王屋二区民兵配合垣曲民兵袭击垣曲县城北关及北窑庄驻敌，烧毁国民党军碉堡7座。

11月6日，驻县城国民党军队出动百余人，进犯西型马村时被三区民兵诱进地雷阵，炸死4人，伤6人，其余逃回县城。

11月9日，城内自卫团、爱乡团80余人，分两路向东石、谭家抢粮，一区民兵区干队配合八路军1个排，与敌刺刀对战，毙敌8人，伤11人，生俘3人，缴获步枪5支、子弹300余发、手榴弹10余颗。

11月9日至11日，二区民兵全线出击，烧毁国民党军碉堡9座。

11月上旬某日，敌还乡团百余人，到型马一带抢劫，被三区武工队和野战连打死3人。

11月13日晚，二区民兵偷袭皋落，捣毁敌人4座水磨。

11月16日晚，二区民兵5人，二次潜入皋落镇，散贴传单，击毙复仇队1人。

11月20日上午，垣曲城蒋军百余人，带驮骡5头、民夫五六十个，分两路到谭家村抢粮，行至东河口一带，被当地民兵打死1人，伤10余人，生俘2人，缴获步枪5支、子弹400余发。

12月下旬，垣曲三、四区民兵，乘敌后空虚展开反倒算攻势，连续袭击南丁、西风口、华峰等据点，将顽十五支队一大队队部及华峰编村村公所彻底摧毁。生俘顽编村特派员、排长等23名，击毙杨成业等倒算头子2人，击伤2人，缴获步枪7支、手榴弹20余发，解救被扣群众30余人。

1946年12月，垣曲县作战指挥部在同善同心会馆召开全县抗战英雄表彰大会。杀敌战斗英雄赵元玺、李树林、赵中强、刘宗斌受到表彰奖励。

1947年1月17日，国民党中条山游击队独立支队三大队大队长弟子佩和中队长马维华率领50多人，全副武装，从解峪出发，当夜包围了新兴村民兵驻地北岭。民兵只有10人，虽顽强抵抗，终因力量悬殊遭到重大损失。除3人跳崖突围外，其余皆壮烈牺牲。惨案发生后，第四区负责干部和新兴村党支部，立即组织群众，掩埋烈士尸体，整顿民兵组织，总结经验教训，建立基干民兵连，向匪部展开积极主动的斗争。

2月初某日，敌人正规军一个营及匪军共四五百人，携带迫击炮和重机枪，从县城出动向西原进犯。行进到西型马村时，三区武工队和野战连从东型马往西侧击，县独立营从正面由北向南进击。敌人被迫向南溃退。此役共毙伤敌30多人，武工队战士樊丙辰牺牲。

2月19日，太岳区武总召开英模表彰大会，赵元玺被评为太岳区反倒算民兵英雄，受到嘉奖。另外，在1946年12月杀敌立功运动中杀敌百人以上的县中，垣曲县以杀敌346名的战绩名列全太岳区前茅，也受到大会嘉奖。新兴村被太岳武总评为模范民兵战斗队。

5月15日，垣曲一区与王屋二区成立前方联合指挥部，携手打击敌人，保卫夏收、夏种。

5月17日，垣曲民兵打退到西石村抢粮之敌40余人，伤敌2名，将被抢的粮食、衣服全部截获。次日，敌保二团一个营携炮2门，带民夫150余人，又到谭家、南圪坂村抢粮，一区6名民兵在邱圪垯河滩两次阻击敌人，掩护群众安全转移。接着，各村民兵蜂拥而至，2名敌人中枪，其余向南溃窜，空手而归。

5月20日，顽匪100余人，进扰李家圪垯、无恨、东石家沟等村，被垣曲野战连与王屋轮战队东西合击，敌人一无所获，逃回城内。

5月26日，民兵战斗英雄李树林率武工队配合独立营在马村打退敌抢粮队伍。

夏收保卫战 土地改革运动激发了人民群众的种地热情，庄稼在战火中顽强生长，1947年夏收开始了，人民盼望丰产丰收，顽敌趁机抢粮。面对如此严峻的形势，垣曲成立了夏收指挥部，各区、村成立了"生产参战立功委员会"。号召全县军民"一手拿枪，一手拿镰"，"不让敌人抢走一粒麦"。全县万余军民投入到紧张的保卫麦收的斗争中，夜以继日，"抢收、抢打、抢晒、抢藏"。一场轰轰烈烈的夏收在战火中开始了。

数百名民兵带雷封锁敌我交界区，深入到县城东关、小赵村埋雷。边沿区活动的独立营、民兵轮战队、李树林武工队，一手拿枪、一手拿镰，警戒作战，并帮助群众收割。后方警卫民兵、自卫队及群众组成武工队，由农会主席郝贵堂等带到前方抢收。三区武工队百余人，活跃于型马、南羊、北羊一带。县区机关人员，就地帮助群众收割。许多村收获头场麦，先交公粮，并迅速入库保存。

1947年6月1日，垣曲顽保二团、伪县政府及地方爪牙200余人，分数路向型马等村进扰，企图抢麦。李树林率武工队和阳城远征队1个排,出动阻击,与敌激战于犁马南之料角圪垯一线。顽军用重机枪、轻机枪、迫击炮疯狂射击,企图以优势火力吓退民兵,但民兵从早上一直顽强抵抗至黄昏,敌被迫退却。

6月2日,垣曲各区在县指挥部统一指挥下,突击抢收敌占区粮食,保护群众安全转移,做到区区联防,村村联防,建立了东起胡村、谢村、白水、小赵、下毫、柳庄,西至乐尧、南丁一道防线,东西50里,到处埋地雷,封锁路口,将敌人压缩到城关以南,保护后方群众安全收麦。敌人分3路出发,企图冲破封锁线,遭民兵迎头痛击,毙伤27名,敌被迫南窜。

边沿区的硤口、西敌原、上下圢坂、东西石、沇东,谭家等村,6月10日前完成抢收以后,又开始突击夏种。在民兵的掩护下,各村抢时间、抢速度,男女老少一起上,3天抢种谷子200亩、玉米2800亩。

6月14日,处于接顽区的店头、峪子、南北堡头,谢村、磨头、胡村等村,在开展护麦斗争中,配合王屋民兵封锁了胡村、谢村以南路线,把敌人压缩在城关附近。组织民兵突击组8人,出没在城关附近,抓获顽伪村干部车存信、裴玉春等10数人、隐藏特务许五奎等4人,打乱了敌人抢粮计划。

6月30日黎明,敌警察局50余人,包围西石村,抢粮拉牲口。李树林带领三区民兵从西坡沿向敌压迫,一区民兵在东石村以南隔河响应,很快将敌人冲散击退,解救群众10余人。

1947年6月30日,太岳武委总会召开评功会议,评出

4月、5月杀敌立功竞赛运动中涌现出来的模范单位和有关人员。垣曲县李树林、赵中强民兵武工队，赵元玺民兵武工班榜上有名，同时垣曲被评为歼敌百名以上模范县，荣获"保卫毛主席，杀敌有功"锦旗一面。

1947年7月7日，县委和县民主政府召开庆功大会，刘加福、申景春、张玉娥、李树林、张小来、颜承平、狄永清、赵余庆等16人被评为特等功臣。

7月26日，《新华日报》（太行版）公布垣曲县夏季攻势战果：大小战斗84次，毙俘和杀伤敌共82人，解救民夫19人，夺回牲口17头，打坏敌人机枪2挺，缴获步枪3支、子弹145发，夺回麦子15石。给顽伪写信147封，反维持打垮敌18个村政权，逮捕79人，顽伪登记48人，镇压3人，口头宣传3983人（不含二区），张贴传单1293张，散发传单9500份，完成夏屯任务100余万斤。

从1946年8月27日胡宗南部队占领垣曲县城到1947年8月26日垣曲彻底解放，历时一年。一年中，敌我拉锯战斗从未间断。其间，太岳部队曾于1946年12月6日发起收复垣曲城战斗，歼灭了胡宗南侵垣部队一六三团的有生力量。之后，敌胡宗南部一六四团驻防垣曲，团部驻在关家，部队分别驻扎寨里、鸡笼山一带。1947年6月，一六四团撤离垣曲后，河南保二团接防，遭民兵多次袭击围困，于8月24日渡黄河南窜。临逃前，责令垣曲保警队300余人据城死守。保警队看大势已去，26日即弃城逃往五福涧，不久渡河南逃。自此，垣曲彻底解放，人民自卫战争取得了伟大胜利。

第八章
保卫胜利果实 巩固发展解放区

中共垣曲县委人民民主政权在战火中成长,在对敌斗争中壮大。领导全县人民在自卫战争中,支前参战,组织担架队、民工队,随军行动。组织艄公,支援陈谢大军南渡黄河。全国胜利前夕,抽调干部南下,接受新解放区。加强自身建设,保持党的纯洁,开展整风整党,深入发动群众,进行土地改革,恢复发展各项事业,夺取新民主主义革命的胜利。

第一节 支前参战

支援绛垣战役 1946年12月,根据中央精神,为消灭国民党军队有生力量,太岳军区决定发动十二月战役,其中包括吕梁战役和绛垣战役。绛垣战役由太岳军区司令员王新亭和副司令员孙定国指挥,集中10个团的兵力,首先对盘踞在垣曲县城及绛(县)垣(曲)公路之敌发起进攻。

12月2日,太岳军区第十二旅在旅长黄定基、政委车敏瞧的率领下,从阳城固隆地区出发,于5日22时包围了垣曲城。与此同时,太岳军区二分区警卫第四团、三分区第五十五团、五十六团、垣曲县独立团、阳城独立团、王屋独立营也分别向赵家岭、寨里、解峪、王茅、尧汉、皋落等处之敌发起攻击。

12月6日9时，太岳军区第十二旅攻克垣曲县城。同时，太岳军区和其他部队也分别攻占了周边敌人重要据点50处、碉堡60个。此次战斗，太岳军区部队共歼灭国民党第三十八师五十五旅一六三团大部，共1000余人。其中，毙伤副团长以下400余人，俘副营长以下730余人。缴获迫击炮4门、重机枪9挺、轻机枪20挺、步枪300余支、短枪14支、电台1部、电话机8部、牲口百余匹、粮食5000石和大批弹药，控制绛垣公路30里以及东滩、湾里黄河渡口两处。另外捕歼垣曲城内的复仇队、倒算队300余人，拔除了国民党从豫西伸向黄河北岸的桥头堡，使太岳区第三、第四军分区连成一片，对晋南战局的发展产生了极为有利的影响。12月8日晚，太岳部队回师济源，14日晚解放济源县城。绛垣战役胜利结束，共歼敌1800余人。

垣曲、王屋、阳城参战的民兵，在肃清垣曲和济源两县城外围残敌的战斗中，战绩突出，功不可没，涌现出阳城民兵李银保等战斗英雄。

在解放垣曲城的战斗中，中共垣曲县委和民主政府专门成立支前指挥部，组织垣曲4万农民（包括妇女和儿童）全力支援太岳参战部队。为保证源源不断地供应前线部队粮食、柴草，口内各村将半劳力组成临时支援前线互助小组。骆驼腰村将45个全半劳力组成5个小组，磨面、碾米、砍柴。县指挥部分配该村小米1190斤、白面1285斤的任务，限7天完成，结果5天就完成了任务。口内联学区10岁以上学生上山打柴供应前线，8岁以下学生在家照顾幼童，大人支援前线。根据地各村群众事先收拾好房屋，切碎马草，劈就木柴，等候参战部队的到来。住在东塄村的上毫城村难民30余人，也积极参加支前工作，9个妇女24小时磨面1000斤。下毫城村武委会主任邓民玉等7个村干部，协同部队到县城附近侦察敌情。近圣农民刘克让年届六十，毅然参加支前。当战斗还在城郊寨里等地激烈进行时，群众冒着炮火，将预先蒸好的3.7万斤白馍送到前线。

支援部队强渡黄河 1947年3月13日，太岳军区第十二旅和第四军分区武装在孙定国和贺崇升的率领下，从阳城出发，17日在垣曲、王屋间强渡黄河，垣曲组织船只5艘、民工250余人，王屋二区组织民工30余人、渡船3只，全力支援。部队成功强渡黄河占了新安、渑池两县的制高点，控制陇海铁路10余公里，激战3日，顺利完成掩护陈（先瑞）韩（东山）部北上的任务。

支援晋南战役 晋南战役从1947年4月4日开始至5月12日结束，历时39天，歼敌2.2万余人。为了支援晋南战役，太岳区在垣曲、王屋等29个县动员民工52645人参战（包括担架队、运输大车和部队战地动员的1.5万人），参战民兵1.2万人。垣曲民工800余人、王屋二区民工300余人参加支前。

支援同蒲战役 1947年4月末，晋南部队协同吕梁部队正式发动同蒲战役。垣曲县民主政府秘书尹克昌（董启民）和两名干部带领200余名身强力壮的民工，同济源、王屋的民工组成"济王垣担架队"，随第二十二旅、第二十三旅参加解放乡宁县城的战斗。随后辗转太岳、吕梁两大解放区的阳城、沁水、翼城、曲沃、绛县、闻喜、夏县、新绛、襄陵等 19 个县，历时 45 天，胜利完成支前任务。

支援陈谢大军南渡 1947 年 8 月不到，陈赓、谢富治率领晋鲁豫军区部队挺进豫西，部署从垣曲的马蹄窝、马湾两村和济源境内渡口过黄河。根据上级要求，8 月 20 日以前在窑头、马湾造船 10 只，修旧船 5 只，并做好大军渡河的各项准备工作。窑头、下马、芮村承担准备木材和船夫选拔任务，西阳、北阳、南蒲、韩家河、无恨、英言、白鹅、赵寨、赵家坟、河底河、落洼等行政村承担出动民工、铁匠、木匠等任务，限期两天到窑头工地。由武委会主任胡宝昌和副主任崔怀德分别带领民兵，加强对黄河对岸和城关一带敌人的严密封锁。

为加快造船速度，10 只船在 10 个造船场地。同时开工，每个场地都配备了木工组、铁匠炉、运输队，各场地都有区干部、党员、有经验的艄公。参加造船的民工约 2000 人，夜以继日，克服种种困难，按时完成造船任务。每艘船配备船长、舵手与船员，标记船号，并组织了战前训练，保证各船都能指挥顺手，动作整齐，操作熟练。

8 月 21 日，上级下达命令准备渡河，各场地又组织民工们连夜组织运船。此时西阳河水下落，船底紧贴河床，寸步难行。在这种紧急情况下，共产党员，区、村干部亲自下水指挥民工，用肩扛、杠子撬，整整用了一夜工夫，把 15 只船按时推送到黄河渡口。这时天色已亮，对岸敌人向我开火。前线指挥部当即决定强渡黄河，一面集中火力压制敌人，一面组织突击队乘船向敌人发起总攻。广大共产党员和船员们临危不惧，登船摆渡，船工齐心协力，冒着枪弹炮火，冲过激流恶浪，迅速把船驶向对岸。经过一天的紧张摆渡，陈谢大军和支前民工2万多人，安全地渡过了黄河。部队向参战的船工、民兵和民工表示了感谢，太岳军区四分区和指挥部对参战的地方人员予以通报表扬。

支援豫西战役 1947年8月22日，在护送陈谢兵团抢渡黄河的同时，垣曲县政府文教科长张冠五和战勤科长娄天华率领垣曲民工1000余人，从芮村长泉渡过黄河，随军运送给养、弹药，抬送伤员，支援豫西战役。转战河南渑池、陕县、灵宝等地数月，直至豫西解放，于1947年11月初返回垣曲。

参加陕县、灵宝剿匪 1947年8月25日，垣曲民兵再次远征豫西，代号为一五三团第八连，从东窝过黄河抵新安，归野战军第三十七旅指挥，先后辗转灵宝、陕县等地，剿匪安民，至当年底返垣。

支援临汾战役 1948年3月初，临汾战役打响。垣曲县组织了740人的民工支前战斗队，前往临汾前线支援，大队长张欣、教导员娄启民。一、三区组成沅滨中队，由张林绍带领；二、四区组成亳清中队，由张绍勋带领。下分11个小队。

5月2日，人民解放军攻打临汾东关电灯公司据点，垣曲民工85人担任向前沿阵地运送门板的任务，原定任务为200块，结果送去250块。其他物资如麻袋、檩椽等都超额完成任务。在东关战斗中，垣曲民工一夜往前沿阵地送了6次弹药，一天只吃了一顿饭，没有一人叫苦。

在敌人炮火和飞机轰炸下，垣曲民工们连续100天向东关前沿阵地运送弹药，无一人伤亡，无一人逃脱，圆满完成了任务。支前民工坚决执行临汾战役后勤司令部（以下简称"后司"）规定的战场纪律。随军进入东关，看到许多毛巾、衬衣，但一件未拿，拾到的长短枪和毛毯也都上交了部队。

战役结束后，后司在洪洞县东谷村召开思想政治工作会议，检查汇报民工在参战支前中，特别是在敌机不断轰炸情况下产生的思想问题。会上，大家一致公认，垣曲民工不惧艰险，支前任务完成得好。临汾战役后勤司令员裴丽生得知情况后，亲自到垣曲民工大队作政治报告，表扬和勉励垣曲民工的英勇精神。后司对垣曲民工嘉奖表扬，奖锦旗五面。后司军械处还赠张欣、娄启民每人一支手枪，赠给垣曲支前大队步枪5支。

此外，1947年8月25日，二区武委会主任赵元玺带民兵两个连，前往渑池协助剿匪，历时4个月，歼匪300余名。

第二节 支援渑池县公安工作

1947年8月30日，河南省渑池县解放，随后相继建立了县、区、村政权。当时蒋匪的残余势力和土匪及反动地主、汉奸、恶霸势力在渑池还很猖狂，敌我双方还处在拉锯状态。同年9月，渑池县公安局成立，太岳地委派张良向任公安局副局长。后又从刚反正的国民党军队中挑选了6名人员作为公安队员，加上通讯员一共8人，有六七条步枪。此时，政治环境险恶，敌情十分复杂，关押、审讯、处理反革命罪犯等任务，十分繁重，公安力量非常薄弱。在这种情况下，中共渑池县委首先想到了隔河相望的革命老区垣曲县。于是，派张良向于同年10月北渡黄河，与中共垣曲县委书记王铭三商量后，决定在垣曲西型马村筹建渑池县公安局后方留守处和临时看守所，专门关押、审讯、处理反革命罪犯。为了改变渑池县公安人员的成分，建立一支可靠的人民公安武装力量，在中共垣曲县委支持下，由垣曲县公安局局长史光明负责，从农会和民兵积极分子中招收了60名公安队员。同时，还从垣曲公安局公安队中抽调成克斗、张修德两名骨干，分别担任渑池公安局公安队正、副排长。1948年2月份，又调张雨三任渑池公安局秘书。调入渑池公安局的60多位垣曲同志，虽大多数来自农村，但政治素质好，经过了长期的战争考验，是垣曲民兵武装力量中的佼佼者。经过短期训练，配发了枪支，开始工作。但时间不长，除少数留守西型马外，多数同志于同年3月1日到渑池，配合县大队，参加剿匪和反霸斗争。在对敌斗争中，垣曲同志能吃苦、能打硬仗，在开辟渑池新区、保卫渑池人民的斗争中作出了突出贡献，受到渑池人民的称赞。排长成克斗、队员成志华在对敌斗争中光荣牺牲。

　　1954年，10余名同志转业回县，还有一部分同志因工作需要调离渑池。留在渑池县的同志为开辟和建设渑池作出了贡献。

第三节　干部南调接管新区

　　1948年12月，中共中央华北局决定，从太行、太岳两个区党委选调4100余名得力干部，组建成南下区党委，辖6个地区30个县105个区的党、政、军、群全套干部架子（番号为中国人民解放军长江支队），随军南下。同时决定，区党委主要领导、军区司令部、财政金融干部由太行区调配；行署主要领导、组织部、政治部由太岳区调配。太行、太岳两区各负责3个地委、15个县委、55个区委成套班子的调配组建。太岳区党委对抽调南下干部的条件是必须有较强的政治素质，有丰富的革命斗争和工作实践经验，有良好的组织领导能力。要求各地、县领导班子进行双线配备，为输送干部、培养领导骨干作好一切准备。在保证质量的前提下，按两套班子配备，一分为二，走一套，留一套，成套调出。根据太岳区党委要求，每个县按5~9个区配备，每县编制120人左右。

作为革命老区，垣曲县光荣地承担了抽调任务，但压力也很大。一是在此之前，已陆续调出数百名干部（包括抽出62名骨干支援新区渑池县组建公安局）；二是不少同志担心，从北方到南方，人生地不熟，水土不服，生活上难以适应；三是在解放区生活相对安逸。当时有些干部家属怕抽自己男人南下，连政府的救济粮都不敢要。还有两名干部逃跑，受到惩处，被地委通报。在这种情况下，县委书记侯景域、副书记申杰、县委组织部部长郭人健等不少领导同志带头报名。特别是郭人健年龄大，家庭负担大，他舍小家顾大家，积极报名参加，产生号召力，带动了全县干部争相报名，都要求到艰苦的地方去，支援新解放区政权建设。还有不少群众支持亲人报名南调，出现许多感人事迹。

为解决南下干部后顾之忧,组织上决定对南下干部提出5方面照顾:①南下干部家属按军属对待;②家庭经济困难的给予补助;③家中缺乏劳动力的,由区、村给予代耕;④南下干部家属在农村的,可以批准回去探亲、安家、告别,限期返回单位;⑤女干部不能跟队行军的暂不南下,等新解放区环境安定后,派专人来接。由于老区干部政治素质好,群众思想觉悟高,整个干部南调工作进展顺利。经过自上而下、自下而上反复讨论酝酿,好中选优,三榜确定。经过审查,报名南下的同志,都经过1947年"三查"(查阶级、查工作、查斗志)、"三整"(整顿思想、整顿组织、整顿作风)运动和1948年"整党整风"教育,符合党性强、觉悟高、能力强、身体好的条件,最终确定了人选。中共垣曲县委、县人民政府为支援干部南下,在战后吃、穿、用十分困难的情况下,拨出小米10686斤,救济了50名家庭有困难的南下人员。另外,还给27名南下人员解决了缺衣少被的困难,折合小米1260斤。南下启程时又拨出1150斤小米作为路途医药费。

垣曲县于1949年2月初两套班子基本组建就绪。走的班子(老班子),政治素质、文化、年龄结构均好于留的班子。

新区县委班子,县委书记侯景域,组织部部长郭人健,宣传部部长王乐道,县委秘书王益三,县委宣传部干事马景春,县委办公室干事王翠珍。

第一区分委书记靳三军,组织委员董建业,宣传委员李继唐,第二区分委书记李鸿儒,组织委员王甲贤,宣传委员王经志。第三区分委书记马景岱,宣传委员王国才。第四区分委书记任秉法，组织委员狄林祥，宣传委员赵恒玉。

新区县政府班子，县长郝贵堂，县政府秘书李希连，文教科长张辛，文教科员熊佳谋，财粮科长王登榜，税务局副局长段振江，税务局干事琚成贤，银行经理张国华，工商科长王俊峰，公安局长史光明，公安局干事赵恒强、刘廷亮、高吉庆，县政府会计文世英，审计崔云涛，仓库科员王瑞。

县武委会主任吴全安，干事安元生、王明秀。

县农会副主席伊树连，常委王治邦。

第一区区长谭良德，助理员史传良、李居瑞。第二区区长李振华，助理员范世荣、娄启民。第三区区长常博厚，助理员苏风荣、高志民。第四区区长安峰，助理员文呈祥、侯廷荣。

第一区武委会主任申景武，干事张忠勤；第二区武委会主任张福隆，干事阴发明；第三区武委会主任常子同（后更名为常云峰），干事狄超荣；第四区武委会主任杨克仁，干事马亭峰。

第一区农会副主席马景衡，常委范孔文。第二区农会主席申得贵，常委普企尧。第三区农会主席王旭，常委周发阴。第四区农会主席常子祚，常委霍光荣。

通讯员侯鸾富、张仰善、韩宪珠、车圣贤、岳木成、刘成意、宁天才、张雄才、李加才、张新法、董振歧。

事务员宁书善。炊事员孟金升、王富升、成全林、沈天有。饲养员娄瑞云、潘效贤。

以上南下干部和公杂人员共计84名（其中，干部66名，县团级4名，区科长级26名），其中中共党员68名，占总南下人员的81%。平均年龄为28.1岁。为了保证南调干部素质,当时的原则是县、区各套班子一般走正留副。

在临启程时,二人因故未走,三人补缺,总人数实为85名。

1949年2月27日在县城召开欢送南下干部大会,3月6日到同善集中出发,经过半年多的时间,行程6400余里,于9月20日到达福建福安,接管寿宁县。

9月24日宣布班子:由郭人健任中共寿宁县委书记(原定县委书记侯景域留中共福安地委任职),许威任县长(寿宁地方干部)。

由郭人健、郝贵堂、许威、王乐道(仍任县委宣传部部长)、史光明(仍为公安局局长)、吴全安(仍任武委会主任)、黄明(原任垣曲独立营副营长,到寿宁后任县大队长)等7人组成寿宁县委,其他人员基本上都按原任职予以宣布。

寿宁县位于福建东北部群山包围之中,自然条件十分艰苦。当时武装土匪如麻,在国民党残余势力操纵下,活动频繁,而且十分猖狂,对新生政权极端仇视,千方百计对抗减租减息和镇反、土改等工作。光天化日之下,干部在台上讲话,下面打黑枪之类的事经常发生。1951年5月8日,寿宁县反动组织大刀会组织暴动,南下干部、寿宁三区区委书记李鸿儒被大刀会匪徒砍了13刀,暴尸河滩。

虽然形势严峻艰苦,但垣曲南下干部思想稳定,斗争坚决,很快稳定了局势,巩固了新生政权。

此外,垣曲还有不少干部,分散抽调支援南方及西北地区新区建设,并在当地扎根安家。

第四节　整党

抗日战争胜利后,在中共垣曲县委和党政府领导下,垣曲以反奸反霸和减租减息为内容的群众运动轰轰烈烈地开展。然而仅仅过了一年,垣曲又落入国民党胡宗南部之手。尽管如此,一方面中共垣曲县委和其基层组织在炮火连天中,一手拿枪,一手分田,在根据地和游击区及部分接敌区,开展土地改革,使各级党组织得到了锻炼和考验。但另一方面也暴露出在组织发展,特别是党员教育上存在的诸多问题。为此,早在1947年3月,垣曲就在一部分村开始带有试点性质的初步整党,并在试点村公开支部与党员。根据3个区18个党支部的情况看,党组织政治不纯和脱离群众的问题相当严重。

1948年1月,四地委在晋城召开县、区干部整党大会,县、区干部中的党员和农村党员骨干(调干对象),先后分三批在晋城东关西后河村参加整党。重点检查土改中"左"的倾向,认真开展批评与自我批评。

1月9日,县委书记侯景域,县长任开宪,县委组织部部长郭人建,副县长尹克昌,宣传部部长郭守周,县委委员申杰、王靖华、刘宗汉等150余人到晋城东关报到,参加中共第四地委第一批整党。

整党从1月10日开始动员到3月26日结束,大体经过了三个阶段:第一阶段是传达冶陶会议精神,学习土地改革的路线和政策；第二阶段是检查和批判官僚主义、军阀主义等国民党作风；第三阶段是对号入座，人人过关，检查个人的思想作风，并进行组织整顿。这次整党以"三查"（查阶级、查工作、查斗志）、"三整"（整顿思想、整顿组织、整顿作风）为主要内容。前期主要是批判右倾思想，如批判地富思想以及包庇地富、干涉土改的行为；后期（任弼时讲话发表后）主要是纠正"左"的倾向，如强调贫雇路线、排斥中农、侵犯工商业等错误倾向。垣曲与会同志联系实际，先后解剖了谭家、英言、皋落、同善、北阳等7个村党支部的问题和在陈村召开的"雇贫坐天下"会议的问题，使大家从思想上明确了依靠贫农、巩固联合中农、消灭封建制度的正确路线。同时，还清算了工作中的官僚主义、军阀主义等不良作风，树立了为人民服务的思想。大会对"左"倾偏向纠正不够彻底，对许多干部进行了过火的批评和错误的处分。参加这一期整党的共807名党员，其中有156名党员受到不同的处分，占18.5%。垣曲受处分党员28人，占18%左右。会后不久，又对部分人员甄别纠正。

整党前后，第四地委遵照上级党组织的指示，将出身地富及与剥削阶级家庭有重要牵连的党员领导干部调出垣曲，实行回避，以利于土改整党。

整党会议结束后，垣曲参加整党的同志迅速返垣，并立即组成了以县委书记侯景域和县农会主席郝贵堂为正、副团长的土改整党试验工作团，抽调县、区党员干部二三十人，在同善、南堡两村进行土改整党试点，并于1948年5月初公开了党组织，出榜公布了党员名单，为全县农村整党工作全面铺开摸索到一些办法。

整党试点工作结束后，农村整党全面铺开。

为了集中领导力量，农村整党结合土改分三期进行：第一期在 4 个区 21 个行政村实行，时间从 1948 年 11 月 1 日开始，次年 2 月 5 日结束，历时 65 天；第二期在 41 个行政村实行，自 1949 年 3 月至 4 月 10 日，历时 40 天；第三期在 27 个行政村实行，自 1949 年 5 月至 7 月底，个别特别复杂的村如城关等延至 10 月底结束。

1948 年 9 月，根据中共太岳区党委关于公开农村党支部的通知精神，垣曲分期分批公开了农村党支部和党员名单。公开党组织的过程，实际上也是让群众帮助整党的过程。首先召开群众大会，由整党工作组负责人宣布党支部和党员名单，并说明党支部在革命战争中作出的贡献，号召群众提出党员在革命工作中的缺点错误，以贫农团为主收集起来，提出批评，帮助改正；群众意见大的党员要向群众检讨，争取谅解；对于因工作犯有错误的，由工作组负责人代表上级党组织承担责任。个别党员因犯有严重错误而受到组织处分，也有少部分党员因个人历史问题被驱逐或劝退出党。

通过整党，全县清除党员 124 名，占全县党员总数 1447 名的 8.6%。其中在农村党组织中，"有 92 名党员被清洗出党的组织，内有阶级异己分子 8 人、蜕化分子 7 人、投机分子 28 人、太落后分子 33 人、流氓分子 9 人、奸细分子 7 人"。通过整党，垣曲党组织保持了纯洁，纠正了党员贪污、霸占、窃取、多占群众翻身果实的行为；批判了党员干部滥用行政命令、打骂群众等野蛮行为，初步改善了党群关系，使党员认识到脱离群众的危险；树立了政策思想，明确了为人民服务的宗旨；发展了一批新党员，增加了党的新鲜血液，调整了党内成分，使基层党支部在政治上、组织上、思想上、作风上提高了一步，垣曲党组织发生了具有重大历史意义的变化。

在整党中，县委在1948年冬季和1949年春天，结合土改和整党又新建了支部16个，全县党支部增加到78个，建起党小组338个；新发展党员662名，全县党员总数1922人。

农村支部整党之后，县委根据整党中的情况将支部划分为5类。第一类，较好的支部，共15个村。包括一区的赵寨、白鹅、上庄、硖敌、芮村、南蒲，二区的回村、后青廉、槐南白，三区的陈村、河底河、西石、后河、宋村，四区的沇岭。其特点：一是有坚强的骨干，形成了领导核心；二是在工作上能主动完成党的任务，能执行党的政策；三是能联系群众，有较强的战斗力和一定的活动力。

第一类支部中存在的问题：一是一般的党员觉悟程度不高，对党的认识不够，对革命前途不了解，特别是文化水平低，党员中70%左右是文盲。回村9个支委中，3个粗通文字，6个是文盲。像这类支部，在全县属普遍情况。二是生活制度一般不够健全，特别是民主制度没有建立，党员定期向支部汇报工作、支部向党员大会报告工作没有形成习惯。三是个别党员对整党存在不满情绪，在整党中没有解决思想问题。四是个别党员怕调动，不敢积极工作。五是发挥全支部的积极性不够，支委活动多，党员活动较少。

第二类，一般的支部，共26个村。计有一区谭家、西阳、北阳、田村，二区皋落、刘张、南蔡、民兴、平原、埝堆，三区近圣（朱家沟）、望仙、近佛、沇西、历山、南堡、自新（观坡）、上圢坂、南圢坂、北堡头、南北羊、东型马、西型马、华峰，四区柳庄、下亳。

  这一类支部的特点，有一定数量的骨干，形成领导核心；分配任务能完成，但不够主动；支委中新党员占优势，在工作上经验少，办法不多，活动力较差，并且新旧支委中存在着某些不协调的现象；少数村党员干部对整党有不满情绪，或者受处分后就躺倒不干了。

  这一类支部存在的问题：一是缺乏坚强的骨干核心，缺乏经验办法，能力较弱；二是大部分村都有个别党员对整党不满，或对处分不满；三是普遍缺乏健全的民主生活会制度；四是在支委和党员中，有少数人怕调动；五是有少数支部中存在着多项兼职现象；六是大部分村支部有不团结问题，有的不服从调动，影响其他党员情绪。

  第三类，问题较大的支部，共13个村。为二区前长直、前青廉、朱家庄、上王村、官店，三区近圣、刘村、落洼、上圢坂、南北羊、马村，四区白水、王茅。

  这一类支部存在的问题：一是在整党中对调整成分不慎重，缺乏骨干核心；二是在工作中消极应付；三是阶级觉悟低，立场不坚定，某些人和封建反动势力没割断联系；四是某些支部中有不团结现象；五是在整党中某些党员思想问题解决不够，在某些问题的处理上不恰当，形成少数人不满，躺倒不干；六是支部中的各种制度以及民主生活会形同虚设，根本不能落实。

第四类，新支部，共16个村。有一区无恨、胡村、赵家岭、峪子，二区交斜，三区南堡头、丰村，四区南庄、乐尧、复兴、解峪、河西、原土坪、五福涧、上亳城、小赵。

这一类支部的特点：一是工作积极，热情负责，但缺乏经验和办法；二是觉悟低，认识差，活动方式上问题多，作风不够民主，存在滥用行政命令现象，对政策的掌握也不够好。

第五类，特殊支部。这一类支部都在一区，有下马、窑头、英言三个村。

这一类支部的问题：一是下马、窑头两村在整党中，解决问题不彻底，领导成分没调整，如窑头17个党员中，参加整党的只有9人，支书任金玉也没参加，因此，党员思想没转变，党群关系未改善，党员没核心，工作不能很好地展开。二是发展党员的手续不严格，感情用事，私人拉拢。三是根子没扎好，把党组织建立在宗派基础上。四是领导重视不够，党员觉悟低、文化程度低。

通过整党基本解决了党组织特别是农村党员中存在的突出问题。但农村党员仍然缺乏共产主义理想信念和政治远见教育，普遍认为，土改整党结束后，封建阶级打倒了，革命就算成功了。不少党员担心调离老家影响种地，还有不少党员认为，用不着党员干部为农民操心种地。更有一些在整党中受到处分的党员，对整党不满或心存畏惧，采取明哲保身的态度，以防群众再提意见，等等。针对这些问题，县委利用生产空闲季节，对全县党员一个不漏地分三期进行了训练，每期10~15天。训练重点：一是对党员进行共产主义的革命前途教育；二是要求党员思想尽快转移到引导和组织翻身农民发展生产上来；三是加强支部建设，普及党的基本知识。通过训练，有效地巩固了整党成果，广大党员再次焕发革命激情，各支部在训练之后很快形成领导农民发展生产的核心，多数党员成为引导农民发展生产的榜样。

第五节　土地制度的改革

垣曲作为革命老区，早在牺盟会时期就开始实行减租减息。1942年抗日县政府建立之后，又在望仙、历山一带发动群众在根据地实行减租减息，并很快延伸到三区的河底河、落洼和二区的民兴等村。1945年日军投降后，垣曲部分村在冬季实行减租减息。1946年春，全县大部分村都进行了诉苦复仇、反奸反霸、减租清算运动。1946年8月，国民党军队侵垣后，全县人民在县委的统一领导下进行了反顽斗争和反倒算运动。到1947年1月，在部分地区施行了一次土改，当时有的村进行"和平分地"，如上庄村。1947年夏，县委贯彻地委土改会议精神，在部分地区开展了土改运动。这次土改由于是在战争中进行的，老区、半老区和新区互不同步，出现了不少问题。1948年晋城整党结束后，县委根据上级党组织关于土改运动的系列指示，进行了土改复查和填平补齐。全县土地改革可分为三类地区：

第一类地区，土地改革较为彻底。共21个行政村，包括三区同善镇、南堡村、近圣村、近佛村、扶圣村、河底河村、落洼村、后河村、望仙村、历山村、刘村、沇西村、自新村；一区上庄村、北阳村：二区上丁村、回村、民兴村、皋落镇、后青村、后长直村等。一类地区行政村占全县行政村23%；户数4222户，占全县19.2%；人口15897人，占全县24%强。

这类地区土地改革已基本彻底，但有个别村由于干部包庇，划阶级成分时遗漏了个别地主富农，如同善镇几次运动，因为干部包庇，地富平均每人仍占有土地3.6亩，超过雇贫农平均数一倍多，产量超过雇贫农平均数1石4斗。雇贫农翻身不彻底，从同善、南堡、上丁村的调查材料来看，翻身不彻底的户数占35.2%，人口占6%。个别地富仍占有相当一部分土地，干部中也有多占问题。同时有干部脱离群众等问题，群众要求民主整党，改善干群关系，负担公平合理。

在这类地区中，侵犯中农利益的现象十分普遍。同善镇误斗中农33户，占被斗争面的83.7%，占全村总户数的21%；斗争外村中农、贫农25户，村与村交叉斗争。另外，这类地区还有地权未正式确定，按表现和问题分配斗争果实，在运动里面干部有多占多得等问题，如同善镇干部党员中，多占果实超过全村雇贫农每人平均数（主要是土地产量）的一倍以上、二倍以下的有12户。上圢板村，民兵武装对敌斗争需要的粮食、衣物、弹药都是用斗争果实购买的，浪费严重。

第二类地区，不彻底地区。有43个行政村，三区马村、陈村、华峰、宋村、丰村、南羊、北羊、西型马、东型马、上圢坂、南圢坂、西石、店头、北堡头、南堡头，一区赵寨、白鹅、英言、无恨、芮村、南蒲、西阳、下马、窑头、硖口、谭家，二区刘张、上王、埝堆、关店、杜村、槐南白、南蔡、前青廉、前长直、永兴、上涧、朱家庄、平原，四区下亳城、白水、柳庄、新兴村，占全县行政村的 48.3%；户数 1446 户，占全县总户数的 68%；人口 34126 人，占全县人口总数的52.5%。

这类地区的土改不很彻底。据对陈村的调查，雇贫农发动很不彻底，群众觉悟程度很低，而地富在政治和经济财产上未伤元气，雇贫未彻底翻身，这类地区一般占总户数的 30%～50%，人口占 30%～40%。

第三类地区，新区。有 25 个行政村，一区东石、沇东、峪子、胡村，二区毛家湾村、交斜，四区沇岭、城关、东滩、西滩、莘庄、小赵、王茅、上亳城、河西、安窝、南丁、南庄、复兴、赵家岭、乐尧、寨里、解峪、五福涧、原土坪等村，占全县行政村的 28.08%；户数 2539 户，占全县户数的 18.9%；人口 14673 人，占全县总人口的 22.4%。

南山一带 1945 年新中国成立后，未很好地发动群众，虽然进行了一般的斗争，但 1946 年敌侵垣后，地主又倒算回去了，雇贫未能翻身。1947 年秋后彻底解放，南山和第三类地区才开始发动群众，进行斗争。一区东石村、沇东村虽然解放得早，但未进行过土改，雇贫农未翻身，封建势力仍然未彻底消灭。

土改工作基本结束后，县委组织力量进行了认真检查，从全县情况特别是从存在问题看，在填平、补齐、结束土改中存在以下几个问题：

1. 从总的情况来看，封建土地制度已经被消灭。从 72

户地主来看，在结束土改时只抽出土地103亩，但因地主达不到最低生活水平，而补给了177亩，这样所抽出的土地还不足补进。富农179户，基本上可维护到平均水平。但从地富所抽出的资产看，除牲口、木料外，其他都少于原斗争果实，被干部多占。因此，必须认真清理积存和干部多占果实，满足贫雇农的要求。另外，有76户地富需要安置，以前对这个问题注意不够，影响社会安定，同时也不符合党的政策，必须解决。

2. 在纠偏中对补偿中农注意不够，只是简单地从能不能维持中农生活水平来补偿。侵犯中农49户，只补偿了10户。过去只重视贫雇农翻身，对侵犯中农、补偿中农问题根本不重视。

3. 从17个村的检查来看，有15%的贫雇农对土地的要求没有得到满足，主要是望仙、历山、落洼、河底河等村，地主土地少，有的村没有地主，因此，土地问题不能满足贫雇农的要求。

4. 关于划阶级成分中的问题。在各区、村划分阶级成分中大部分都有提高成分的偏向。任弼时同志指出"这是十分错误的，哪怕错划1户，也必须纠正"。划错的原因，一是领导思想上对划阶级成分的意义、目的和重要性认识不明确，没有深刻理解划分阶级成分的目的是分清敌我界限，孤立敌人，分化敌人，否则就会搞乱自己阵营，特别是把中农和富农混淆起来，是违反共产主义的原则的，是干部"左"倾思想作怪。二是没有反复深入地学习划阶级成分的标准和政策，没有发动群众掌握标准。大部分村在试划中找的例子不适当，在划成分时，不是根据有关材料慎重评定，而是凭估计而定。例如，王茅村划了30户地富，但掌握其具体材料很少；刘张村农代会审查成分，硬是用估计办法把群众划的49户提高到61户。三是不充分发扬民主，不是依靠民主评定，而是干部、积极分子和工作组包办，造成支部和工作组对立。四是降低总收入，提高剥削分量，计算总收入普遍存在单纯化，只计算粮食不计算其他副业收入的情况。有的雇工雇主各一个，不问双方劳动力如何，便妄断雇工比雇主劳力强。不合乎划阶级成分的原则，也是提高成分的主要原因。有的村对错划的成分不愿纠正，怕丢人。五是对错划的地富，应转化而未转化，增大了地富阵营。应转化而未转化的原因，是干部思想上的问题。即对地富成分，不是从停止剥削参加劳动之日算起，而是错误地从彻底消灭之日算起。另外，还有把政治成分算入社会成分，把鳏寡孤独、丧失劳动力的按高成分确定的问题。县委要求，对错划成分必须纠正，要严格掌握标准，该退还的财产也必须退还回去。

土地改革运动史无前例，无现成的经验可以借鉴，加之当时干部、群众政策理论水平不高，特别是斗争环境的影响和顽特的破坏，所以不可避免地出现了一些偏差和失误。1948年前后土改运动就是在不断克服右倾和"左"倾错误的过程中前进的。垣曲党组织自觉正视问题，不断提高解决问题的勇气和能力。

对于土改复查中发现的问题，县委采取了以下措施。首先，集训党员，宣传全国解放战争的大好形势，讲党的基本知识，整党的重大意义、政策及党员应抱的态度，讲结束土地改革的政策和做法。

其次，反复强调，要根据《中国土地法大纲》和毛主席1933年划分苏区阶级成分的四个层次，即地主、富农、中农、贫农，依据生产资料占有和生活来源状况而定，即占有大量生产资料、不劳而获者为地主；占有较多的生产资料但本人参加劳动，在生活来源中剥削收入超过总收入25%者为富农；占有一定的生产资料，有轻微剥削者为富裕中农；中农主要是自供自给，在中农中分为富裕中农（只是内划）、中农、下中农，统称中农；占有少量的生产资料或无任何生产资料者为贫农。计算时间为抗日政权建立之日起向前推算3年。划分阶级成分的做法：①向群众广泛宣传划分阶级成分的政策、规定，做到家喻户晓；②在村农会和工作组的领导下，由群众选出代表组成划分阶级成分小组，进行调查和计算；③出榜公布，由群众充分讨论，三榜定案。

再次，将划为地主富农的房、财（土地已经分给贫下中农了）和新划的富农的房产、土地和牲畜、农具，分给贫下中农，并责令地主富农交出房产地契。在新解放区，还要对一些不法地主进行坚决的斗争。

最后，发放房产证、土地所有证。

经过几个月的努力工作，至1949年6月底除城关等少数几个村的土改延迟到10月底以外，全县土改顺利结束。全县共斗争地主306户、富农687户，除按规定留9388亩土地外，其余189313亩土地全部分给无地和少地的农民。

第六节 各项事业的恢复与发展

农业 垣曲县在全境解放之前，除敌占区外，大部分村于1947年3月份开始进行"耕者有其田"运动，到1949年夏，全县土改结束，为恢复和发展农业生产提供了极为有利的条件。但是，土地改革在部分村发生了"左"的倾向，或多或少地侵犯了中农利益，并渗透到了负担、当差、贷款等项工作中，使生产发展受到了一定的影响。据1947年8月统计，全县荒芜耕地10万余亩，大都集中在敌占区。老区因劳力严重缺乏，也有此问题。土地改革中"左"倾错误的纠正，填平补齐运动的深入，使广大农民相信土地关系已基本稳定，不会再有大的变动。同时，对"扫地出门"的地主、富农进行妥善安置，对犯有错误的农村干部和农村党员进行批评教育，发挥他们在农村生产中的骨干作用。太岳行署1948年3月颁布加紧春耕的通知；4月5日，决定在春耕期间停止支差两个月。5月6日，发出消灭荒地的指示。垣曲贯彻上述指示，全县农村生产开始得到恢复。为解决劳力严重不足的问题，特别是烈、军属，民兵，民夫支前参战后的家庭实际困难，县政府号召农民自愿结伙，全县组织临时性或季节性互助组、变工组831个。至当年底全县10万亩荒地基本得到复垦。当时，蝗灾、旱灾等严重自然灾害频繁，各区、村积极组织引导农民恢复和新修渠道90里，恢复和扩浇土地3000亩，使农业生产出现转机。

兴办工商业 在反奸反霸、减租清债、土地改革中，由于"左"倾影响，一些小工商户在群运、土改、政治攻城、解放县城中，被错误地斗争、没收、伤害、抓捕，据当时统计共有57户。因此，在垣曲彻底解放后，他们仍然心有余悸。垣曲的工商业本来就很不发达，此时市场更加萧条，城关只有丁海珍等两家卖馍、卖杂货，就连老区同善，原来有100余户工商户，后来也减少到30余户。为了解决这一问题，1948年5月，县委在解决土改纠偏、补偿中农的同时，还全部补偿了8户工商户，部分补偿了6户。其中还有一部分，如城关两次解放中错抓的13户，有11户不知去向，已无法补偿；政府没收的5户，问题得到落实处理；其余也予以补偿。通过经济补偿和政治补偿，工商户普遍打消了疑虑，工商业开始迅速恢复和发展。截至1948年6月，全县新增加工商户94户，其中杂货店15户、店房15户、铁匠炉3户、盐行5户、小摊贩2户、理发店2户、药铺3户、成衣局2户、粉坊1户、钉掌1户、纺织厂1户、打袜2户、运输队3户、牲畜行1户、掌鞋1户、染坊3户、水磨3户、饭铺3户。到当年9月，城关街道上门面房全部恢复营业，市场开始活跃起来，每日上市人数达2000以上，食盐一日成交十几万斤，牲口成交50头以上，共有坐贾153户，呈现出自1938年以来少有的繁荣景象。

随着纠偏工作的深入，工商业恢复与迅速发展，到1948年9月中旬，全县工商户发展到318户，其中杂货130户、店房43户、饭铺82户、粮行3户、小贩19户、药铺14户、肉案3户、书店1户、盐行10户、运输5户、牲口行3户、杂货行3户；从业480人，资产65330.4万元（旧币，下同）。

手工业发展到 53 户，其中铁匠炉 21 户、皮匠铺 9 户、理发所 6 户、刻字 1 户、成衣局 4 户、银匠炉 4 户、钉掌 1 户、石印厂 1 户、纺织厂 1 户、打袜厂 2 户、掌鞋 2 户，纸厂 1 户；从业 123 人，拥有资金 1299.3 万元。作坊发展到 71 个，其中粉坊 15 个、油坊 31 个、染坊 10 个、水磨 15 座；从业人员 229 人，资金达到 1239 万元。工业发展到 13 家，其中煤窑 7 个、瓦罐窑 6 个；从业 127 人，拥有资金 1217.8 万元。

医药卫生 垣曲山高林深，中药材资源丰富，但交通不便，群众缺医少药。1942 年垣曲抗日县政府在望仙成立后，就把开荒种地生产的 40 石玉米作为股金，组建了林华消费合作社，主营药材、杂货。1943 年冬，对敌斗争尖锐，自然灾害严重，疾病流行，加之当时农村条件落后，农民愚昧，迷信和生活习俗，给人民群众的生活带来巨大痛苦，根据地政府就开始着手解决群众疾病治疗问题。

1944 年在林华合作社兼营药材基础上，在同善筹建起政民药社。师星明奉抗日政府之命，出任经理。1945 年在此的根据地成立垣曲民兵医院。抗日县政府医药卫生机构成立后，网络一批民间医生，走村串户给群众看病，极大地方便了群众，有效控制了传染病的流行。

但后来由于"左"倾影响，伤害了医生的热情。1947 年冬季时，对医生的伤害更加严重，有些村干部对医生采取歧视态度，一些医生因过去不支差或成分等问题而被管制起来。医生去给群众看病，还必须经过村干部许可，否则不让出村。医生侯林书、孟景秀原来开着药铺，土改时因成分不好，药铺交村充公。村里让侯林书参加互助组，但看病不能顶工。更有甚者，近圣村医生狄进吾在村上看病，随身还跟个村干部监视，出去给谁看病，回来还要给村干部汇报。医生给人看病，误了农活，耕地荒芜。也有因药价过高，农民吃不起药，群众反映说药铺是"三钱一斤买，三钱一分卖"。蒋阎特务趁机造谣惑众，反动封建会道门制造谣言，用迷信麻痹群众。二区朱家庄李兴臣，以蛇为神，烧香拜药，由一二十人传到五六十人，20天内有3000多人到朱家庄求神拜药，后来又发展到四区五龙庙、小赵等村，有六七人听信巫婆神汉而身亡。

针对这些问题，中共垣曲县委和县民主政府采取了以下措施：一是要求各级干部首先要重视医疗工作，强调不能歧视医生，对医生的歧视就是对农民的漠不关心。二是把全县各村划分为13个医疗区，下分医疗组。为治疗方便及照顾医生就近为群众治疗，医疗组的划分打破区、村界线，按地域划分。三是成立医药卫生研究委员会，专门负责全县医药卫生工作，设委员15人，主任委员孟景秀。四是为了解决药贵和假药问题，决定实行合作买药，把全县药铺组成5个合作买药组，由刘培州等4人专门负责组织买药。其办法是：以组为单位，集中资本，推举老实可靠、对药有经验的人到行里去买，按需开药。5个买药组可以调剂余缺，但全县药价统一，不得私自抬价，也不得私自购药。同时，对医生收费也作了规定，对于内科诊脉断病出药单的，诊断费500元（约计1升麦子），针灸费100元。外科所需药品及价款视轻重由双方协定。打针手续费100元，接骨按轻重收取1000元至3000元。五是医生服勤按《太岳区人民服勤试行办法（草案）》办理。由于采取上述措施，既保证了医生看病有适当的收入，又解决了农民看病难的问题，促进了医药卫生事业的恢复和发展。

1949年春，根据医药卫生事业恢复和发展的需要，各区均成立了医药推进会，全县医疗卫生工作走上了正轨，进一步从组织上保障了农民看病问题。1949年入夏以后，二区各村疾病流行，该区医药推进会立即组织医生，分工到各村给群众治病。据医药推进会的调查，在5月、6月两个月中，民兴、上王等11个村，小儿患上吐下泻、痢疾病的有452人，成年人患疟疾、伤寒等病的有560多人，使农村生产和各项工作受到很大影响。全区医生、药铺分布又很不平衡，如民兴村一带，只有一个药铺，一个医生也没有，上王、刘张两村都各有医生六七人，不少村群众买药求医很难，甚至危及病人生命。因此，推进会通盘考虑，派医生张志刚等人携带药品，常住民兴村一带，就近给群众看病。推进会副主任江科甲、王安民等，又分头带领两批医生，分两路下乡，沿途挨村开展防疫治病工作，使二区的流行疾病得到了控制。

1948年全县只有两家医疗机构，1949年9月底仅个体行医户就已经发展到16家，药铺有20余家。农民看病买药难的问题得到缓解。

教育事业 在1942年县抗日政府建立后不久，就在历山成立抗日初级小学，招收10~20岁男女学生23人。1945年夏天，抗日政府又在大石崖建起一所抗日高级小学，择优录取男女学生60人。其间，随着抗日根据地的扩大，根据地学校数量渐增。日军投降后，至1946年6月底，全县高级小学由1所发展到3所，学生150人；小学恢复和发展到198所，其中公办86所，民办112所，在校学生达到5799人。1946年8月，国民党军队占领垣曲县城及交通沿线主要村庄，初小多数被迫解散，高小撤至北山。

1947年8月垣曲彻底解放后，教育事业很快得到恢复并迅速发展。据1949年4月份统计，全县88个行政村，共有公办、民办、季节性学校231所，完小4所，有教师262人；全县共有学龄儿童8863人（其中男5712人，女3151人），入学儿童5912人（其中男5368人，女544人），占学龄儿童的66.5%；失学儿童2951人（其中男1200人，女1751人），占学龄儿童33.5%。

在抓学龄儿童入学的同时，政府还抓了农民业余教育。主要是识字教育，达到一般水平的能写会算。早在1941年时，抗日根据地望仙、同善、刘村等10余个村就曾开展工农业余教育。当时，以教育为长期战争服务，实行抗日民族统一战线、救国救民为方针，推行成人识字教育，兴办冬学和夜校，一边生产一边学习。教师一般由当地小学教师或者村里稍有文化的人担任。1944年，谭家、圢坂、陈村等30余村成立冬学。1947年8月，垣曲解放后，提出"翻身要翻心，识字开脑筋"的口号，各村均成立了教育委员会，动员组织青壮年农民进冬学，接受扫盲识字教育。1948年12月，县民主政府召开全县冬学会议，讨论进一步办好冬学的工作。会后，全县掀起冬学高潮，各村都按县上要求把青壮年编成学习小组，同时召开群众大会，采取自报的办法，根据各自文化程度基础，编成了读书组、珠算组、识字组、娱乐组、生产组，开展活动，全县冬学办得有声有色。

为了把冬学长期坚持下去，全县统一开展竞赛，村内组与组竞赛，一个星期一次；冬学与冬学竞赛，半月一次；村与村竞赛，一个月一次；学区与学区竞赛，两个月一次。本村组与组、冬学与冬学竞赛，由村教育委员会主持；村与村竞赛，由所辖学区领导；学区与学区竞赛，由县上统一组织。

全县冬学运动的扎实开展，为以后大规模的扫盲运动和推广"速成识字法"奠定了基础。

文化娱乐 抗日战争时期，人民群众颠沛流离，逃难逃荒，村剧团全部解散，群众文化娱乐基本没有。日军投降后，原来基础比较好的村大都恢复了旧剧团或组建了新剧团，剧团与冬学运动紧密结合，配合党和政府的中心工作，宣传教育群众，活跃农民业余文化生活。1948年5、6月间，全县农村文化娱乐活动普遍开展。同善的翻身剧团，在口内11个村很受欢迎，在全县也很有名气。为了添置古装道具，村农会组织劳力100余人，驴驮人担，先后20余天，从夏县大阳运回万余斤食盐，贩到阳城，赚钱14万元（旧币），购回12口大衣箱。袍、甲置办齐全，大幔小幔各类行头应有尽有。翻身剧团除排演了一批古装剧外，还配合反奸反霸、减租减息、土改划成分等中心工作演出了《穷人难》《胡孩翻身》《血泪仇》《河神娶妻》《站岗放哨》等剧目，并从口内唱到口外。

1948年初冬，为适应形势，县委责成贾克泌组建垣曲文工团，人员限额50人左右，一律实行供给制，费用均由财政开支。

1949年农历正月十五，在县城（今古城）组织全县各村文艺大会演，物色演员，为组建文工团打基础。通过会演，根据演员阵容，决定以第三区同善镇和第二区南蔡、槐南白村两个农村业余剧团为主，在全县各村中挑选演员，共选拔80人，并将筛选出的演员名单报县委审定后，下达到区公所，通知各村及本人。演员家庭享受干部家属优待。

　　文工团成立后演出的主要剧目有：古装剧《红娘子造反》《正气图》《回龙阁》《闹渭州》《蝴蝶杯》《黄鹤楼》《成恩吃瓜》《三上轿》《三娘教子》《三对面》等；现代剧《穷人难》《血泪仇》《胡孩翻身》《王贵与李香香》《小二黑结婚》《刘胡兰》等；还有根据当时形势和中心工作，编演活报剧和小歌剧《兄妹开荒》《夫妻识字》等，歌曲《翻身道情》《妇女翻身》《十二把镰刀》《大生产》等。

　　文工团除演出外，还配合县委中心工作，上山下乡，走村串户，刷标语、打快板、唱歌曲，运用多种形式，宣传党的方针政策，活跃群众文化生活，推动党的各项工作。

第二编 社会主义革命和建设时期

（1949.10—1978.12）

从1949年中华人民共和国成立到1978年改革开放前夕，垣曲老区人民在历届县委、县政府的正确领导下，自力更生，艰苦奋斗，奋发图强，保持和发扬饱满的政治热情和苦干实干精神，极大地推动了垣曲革命和建设事业的蓬勃发展。垣曲大地政治稳定，社会进步，经济发展，人民安居乐业，生活幸福。各行各业都发生了翻天覆地的变化。

第九章
中华人民共和国成立初期垣曲的社会主义建设

中华人民共和国的成立，开启了中华民族伟大复兴的历史新纪元。在中国共产党的领导下，垣曲人民积极参加抗美援朝，开展"三反""五反"，从互助组、初级社，到高级社，逐步对生产资料所有制进行变革，基本完成社会主义改造。为垣曲的发展进步奠定了根本的政治前提和制度基础。

第一节 社会主义过渡时期

中华人民共和国的成立，结束了一百多年中华民族受帝国主义侵略和封建制度压迫的历史。站起来的垣曲人民和全国人民一样，成为新国家、新社会的主人。

但日寇侵略垣曲8年之久，加之阎顽政府长达40多年的统治，日伪、国民党、阎锡山旧政权溃退时潜伏下来的特务、反动党团会道门分子及各类反动分子和土匪、社会渣滓等仍在进行疯狂的破坏和捣乱，另外，还有相当一部分人对新政权持怀疑、蔑视甚至敌对态度。严重威胁着新生的垣曲人民政权的安全与巩固。面对上述严峻形势，中华人民共和国成立之初垣曲县委领导全县人民紧随党的步伐为巩固新生的人民民主政权进行了多方面的斗争。在军事上,组织干部南下,支援全国的解放战争;在政治上,进行整党、建党,建立和健全各级人民政权;在经济上,建立国有经济,调整各方面关系,稳定物价,有计划地开展各项民主改造运动。

1950年6月,朝鲜战争爆发,全县人民开展了抗美援朝保家卫国运动,踊跃捐款,积极报名参军参战,19人在朝鲜战争中牺牲。1950年到1953年春,大规模进行镇压反革命运动,稳定了社会秩序,巩固了人民民主政权。1951年5月,在党和国家机关工作人员中进行了"三反"运动,纯洁了党的干部队伍;在城市私营工商业中开展了"五反"运动,为改造资本主义工商业,创造了良好的环境和条件。通过这些工作,巩固了人民政权,安定了社会秩序,国民经济初步恢复。

第二节 互助组

垣曲是个山区农业县,土地是人民群众赖以生存的根本。早在1944年3月,在垣曲抗日根据地历山、望仙、北阳等地就创建了换工组,对人、畜、农具等实行互助换工,解决生产困难。1946年冬,全县各地开始组建临时和长期互助组。临时互助组为季节性变工互助形式,常年互助组有共同发展生产计划和一定的组织制度,其特点是长期定型,对象固定,常年互助,由开始的劳畜力简单互助向技术、副业等项发展,有公共财产和公共积累。互助组的生产资料虽大都仍归私有,土地经营也并不统一,但生产资料互通有无,鳏寡孤独等缺乏劳力者生活基本得到保障，尤其较好地解决了烈、军属的实际困难，促使民工、民兵积极参战支前。到1948年，全县共发展互助组831个。由于土改纠偏，批判命令主义，放松了对互助组的领导。1949年，全县临时、常年互助组减为346个。

新中国成立后，政局稳定，农民积极性高涨。党中央号召个体农民组织起来，走共同富裕道路。广大农民积极响应，互助组迅猛发展。1950年发展到573个，1951年发展到1599个。1952年春，中共垣曲县委召开互助组代表大会，并组织劳模、互助组中的中共产党员代表到太原、天津参观学习，大力发展互助组，当年全县互助组发展到2359个，其中常年互助组325个。

1953年秋，由于强调政策观念，防止冒进。互助组放任自流，加之一些人乘机煽动，许多互助组自行解散，当年减为879个。当年12月到1954年4月，由于宣传贯彻中共中央关于过渡时期的总路线，垣曲再次掀起互助合作高潮。互助组发展到1174个10323户，其中拥有较多公共财产的常年互助组发展到611个，季节性互助组逐步减少。90%以上的互助组同供销社、信用社建立了互助挂钩关系。之后，随着农业合作化运动的发展，互助组逐步过渡转并为初级农业生产合作社。

第三节 初级农业生产合作社

1952年春，在县委派驻干部的帮助下，下亳城常亭安、近佛苏秦秀、回村丁学义、张扶胜等试办了4个带有半社会主义性质的初级农业生产合作社（简称初级社），入社55户230人，按劳三七或四六、二八分红，牲畜农具给报酬，公共积累按公积金纯收入的1.5%提取。1953年，初级社发展到24个，其中10~20户的14个，20~50户的9个，50户以上的1个，入社农户554户2493人，土地入股，统一经营，牲畜、农具等生产资料作价入社。

1954年，全县初级社发展到43个，1955年底210个，其中168个社丰收，出席了全县劳模代表大会。1956年，全县初级社发展到276个。

第四节 高级农业生产合作社

1955年12月，中共垣曲县委重点试点，把常亭安、苏秦秀、丁学义、张扶胜、王立位、张保贵6个初级社转并为高级农业生产合作社（简称高级社）。同月22日，中共垣曲县委召开初级社社长、副社长、会计等37人转社骨干训练会议。至1956年底，全县原253个初级社转并为150个高级社，入社农户21580户，占全县总农户的97.3%，入社人数84058人，占农业总人口的95.8%，基本完成了农业社会主义改造。高级社实行生产资料公有化，取消土地分红，牲畜和大型农具作价归公，社员按劳计酬，多劳多得，实行计件酬制，高级社下设农业组或生产队，社对组、队包工、包产、包投资，固定耕地、耕畜、劳力、农具，超产奖励，硬奖硬赔，称"三包一奖四固定"。

第五节 人民公社

1958年8月下旬，中共中央发出《关于在农村建立人民公社问题的决议》。27日，皋落、刘张16个高级社合并，成立皋落人民公社。9月3日，在东河槽西石村大柿树下召开人民公社报喜大会。全县所有高级社转并为城关、同善、南山、蒲掌、皋落5个人民公社。公社规模庞大，权力集中，既是工、农、商、学、兵五位一体的基层单位，又是党、政、社合一的基层政权组织。公社化初期，成立公共食堂（俗称"大灶"），吃大锅饭，分配绝对平均，农村劳力、土地、牲畜、物资、资金无偿平调，全县各地上行下效，刮起了高指标、瞎指挥、浮夸、平调和强迫命令"五风"。1959年中共中央郑州会议之后，"五风"得到纠正。全县5个人民公社划为10个，原16个生产管理区分散为105个。1961年，贯彻中共中央《农村人民公社工作条例》（六十条），公共食堂陆续停办。1962年，全县划为15个人民公社、187个生产大队、1231个生产小队，实行"三级所有，队为基础，独立核算，自负盈亏"。

第三编 改革开放和现代化建设新时期

（1978.12—2012.11）

1978年，党的十一届三中全会之后，垣曲县和全国各地一样，按照党中央的部署，实现伟大的历史转折，把工作重心转移到经济建设上来，掀起了全面建设小康社会的热潮。

第十章
改革开放和社会主义现代化建设新时期

1978年12月，党的十一届三中全会作出把党的工作中心转移到经济建设上来、实行改革开放的历史性决策，实现了中华人民共和国成立以来党的历史上具有深远意义的伟大转折，开启了我国改革开放和社会主义现代化建设的新征程。中共垣曲县委认真贯彻中央决策，带领全县人民，深化改革开放，完成治理整顿，使全县的社会主义现代化建设得到快速发展。

第一节 结构调整 农业增收

垣曲是山区县，也是农业县。中华人民共和国成立后，受自然条件及农村经营体制、分配原则等问题的制约，农业生产的发展和农民生活的改善比较缓慢。

党的十三届三中全会后，在农村实行土地经营制度的改革。1980年，全县建立起以定额计酬为主的多种形式的生产责任制；1981年，在部分生产队实行联产计酬劳动责任制；1982年起全县普遍实行家庭联产承包责任制，之后按家庭人口分配承包土地，建立健全了承包合同，以户承包，自主经营，承包户负责完成国家粮棉油的征购计划，交纳集体提留，剩余部分全部归自己，叫"大包干"。1986年后逐步完善农业生产责任制。

土地经营制度的改革，推动了农村体制改革。土地没有变，改变了人与土地的关系，改变了生产关系，调整了生产结构，农民获得了土地自主经营权，极大地调动了其积极性。农民舍得投资，舍得投入，精耕细作，粮食产量逐年上升，农村经济大大发展。

1995年，根据中央关于"积极支持，正确指导，合法经营，逐步规范"的精神，按照"谁投资，谁治理，谁收益"的原则，对农业、水利、种植、果园经营及"四荒"治理等进行产权拍卖、股份经营，促进农业专业股份合作制的发展。

1996年，县政府推出"四荒"拍卖方案，使用权30～50年不变，并颁发使用证，在使用期内允许转让和继承。同时全县推广办水新机制，宣传小型水利工程"谁投入，谁收益"的政策，广大群众踊跃参加，积极参与，投资入股，打井修渠，兴办水利；大力开展平田整地、开荒填地等农田基本建设，为农业持续发展聚集后劲。

土地的改革奠定了基础，体制的改革推动了发展。40年来，在县委、县政府领导下，垣曲农业循序渐进，逐步发展，从单一的粮棉种植发展到多种经营，农林牧副渔全面发展，特色产业逐步形成。

垣曲山多坡多，水草丰美，发展畜牧业得天独厚，1979年被列为全国商品牛基地县。之后县政府把商品牛基地建设作为畜牧发展龙头，加强领导，增加资金、物资、技术投入，完善服务体系，促进养牛业发展。

1984年，县烟草公司试种的烟叶、产量高，品质好。初步拉开了全县烤烟生产序幕。随后，在全县推广种植，种植面积逐年扩大，生产技术不断提高，产量逐步上升，农民收入增加，服务体系不断完善，成为农民增收致富的主要产业。垣曲成为山西省最大的优质烤烟生产基地。

垣曲瘠薄的山地适宜辣椒生长，20世纪80年代，辣椒在东原引种成功，农民从中尝到了甜头，种植面积逐年增加，产量不断提高，形成特色产业，小辣椒做出了大文章。

垣曲养蚕历史悠久，20世纪80年代初，县委、县政府提出发展蚕桑战略，投资购苗，建桑园，指导农民养蚕，建设缫丝厂。经过十多年的发展，蚕桑养殖业形成规模，缫丝厂成为省、市龙头企业并出口创汇，通过公司加农户的蚕桑发展战略，促进了垣曲县及周边县市千家万户农民植桑养蚕，取得了经济效益和社会效益双赢。

垣曲沟壑纵横，1983年，古城镇三联村村民邓士文，承包治理本村南洼300亩荒沟荒坡，因地制宜，林草间作，瓜果药材结合，养猪、养羊、养蜂结合，多种经营，几经寒暑，昔日的荒沟林带与粮食作物布局合理，田埂整齐，绿树成荫，瓜果飘香，形成山地庄园雏形。邓士文的做法引起县委、县政府高度重视，提出靠山吃山、治理荒山的号召，发动群众植树造林，打坝造地，治理荒坡荒沟，全县掀起小流域治理热潮。先后涌现出张承恩、卫世新、郑念龙、王志俊等一批各具特色的山地庄园。时任山西省委书记王茂林，1991年5月27日来垣曲视察工作，看了邓士文的山地庄园，并题词：

"绿化邓家庄，小流域治理后成为山地庄园，造福子孙后代，向邓士文同志学习。"《中华英才》以《心比天高》为题，登载了邓士文的事迹，邓士文被誉为"中国第一个山地庄园创建者"。

小浪底水库建成蓄水，垣曲有了浩瀚的水域，库区周边群众，依靠得天独厚的水资源，养鱼、捕鱼转型发展，农民转变成渔民。水产品除供应本县外，远销省内外。

农业的发展，土地是根本，水利是命脉。农业的根本出路在于机械化。农村体制的改革，土地经营方式的变革，极大调动了农民办机械的积极性。40年来，农业机械从小型到大型，从普通操作到智能机械，从运输、犁、种、收到薯类采挖、谷物烘干，逐步发展。农业生产全部实现机械化，减轻了农民的劳动强度，保证了丰产丰收。"面朝黄土背朝天，出力流汗拼命干"的原始耕作方式成为永远的历史。

改革开放40多年来，垣曲农村农业发生了翻天覆地的变化。农业产量稳步增长，2017年粮食年总产量达9.41万吨，是1978年的1.5倍；亩均单产544斤，是1978年的1.25倍；水果总产量1.88万吨，是1978年的4.7倍；猪牛羊存栏17万头（只），是1978年的6.42倍。农业总产值超过12亿元，是1978年的35倍。

农业生产设施不断完善，农业机械化程度率达95%以上，农田有效灌溉面积12万亩。乡村水电路全部实现"三通"。

农业生产规模逐步扩大，特色农产品达35类210余种，农副产品加工企业、农业合作社、家庭农场等农村新型经营主体正在形成。

农民收入持续增长，农村居民平均人均支配收入6700余元，是1978年的91倍；居民存款71.42亿元，是1978年的847倍。农民的幸福感、获得感不断提高。

第二节 工业改制 创新发展

垣曲铜资源丰富，铜业历史悠久。中华人民共和国成立后，214地质队钻井勘探后发现，垣曲铜资源储量在国内位列第三。

中条山有色金属公司1956年在垣曲组建成立，下辖胡家峪矿、篦子沟矿、铜矿峪矿、中央机修厂、选矿厂、冶炼厂等企业，是国家大型企业，几十年来为社会主义建设和国家事业作出了贡献。

自改革开放以来，中条山有色金属公司深化改革，扩大开放，科学决策，稳健经营，调整结构，整合资源，推进科技进步，发展循环经济，建塑企业文化，步入快速稳健发展的轨道。下辖十几个公司，集采矿、选铜、冶炼为一体，产品质量提高，产值逐年攀升。其"中条山牌高纯阴极铜"为全国用户满意产品、山西省名牌产品，产品质量达到国际水平。2007年在上海期货交易所成功注册，2010年获国家有色金属产品实物质量"金杯奖"。

中条山集团掌握着铜业生产的核心技术，技术力量雄厚，设备先进，资源潜力丰富。自然崩落法采矿工艺和湿法冶金工艺获国家科技进步二等奖；奥斯麦特双炉冶炼技术及整体设备装备水平在国际铜冶炼同行业中居领先地位；在世界上首先实现浸没式富氧顶吹双炉炼铜工艺的工业化生产。获中国有色金属工业科学技术一等奖。2008年被省国资委、科学技术厅、总工会联合确定为山西省首批创新型试点企业，从2009年至2012年连续四年荣获山西省"科技奉献特等奖"。2007年，中条山集团荣列中国最大1000家企业第625位；大企业竞争力500强第358位；连续多年荣列中国有色工业销售收入50强、山西省工业企业30强；多次获全国有色金属行业先进集体、山西省模范企业等荣誉称号。

中条山集团公司几十年来立足垣曲，开发铜业，增加了地方税收，吸纳了农村剩余劳动力，为垣曲经济发展，作出了重大贡献。

垣曲县是农业县，中华人民共和国成立时，只有少数家庭作坊，经营打铁、木工、酿酒等。县政府采取减轻税收、鼓励银行贷款、收购产品等政策措施，大力扶持工业发展。经过公私合营，完成了社会主义改造，1978年完成总产值312万余元。

党的十三届三中全会以后，在"调整、改善、整顿、提高"八字方针指导下，垣曲县推行不同形式的经济承包责任制，调动了广大职工积极性，工业产值逐年提升。从1978年到1990年，十余年间，垣曲二轻企业繁荣发展，名优产品不断推向市场。五龙泉啤酒行销省内外。二纸厂生产的枫叶、钻石、马头、红玫瑰等品牌卫生纸、厨巾纸、油光纸、高强度粉楞纸等10个花色品种，销往香港，出口东南亚十多个国家和地区，木器厂的木折尺销往全国各地。

也是这个时期，各种荣誉接踵而来。五龙泉啤酒获省市优质产品奖。二纸厂成为山西省卫生纸出口商品基地，马头牌卫生纸获国家经贸委颁发的"优良产品"证书，草浆卫生纸列入山西省"星火计划"。1988年，在全国轻工业出口产品博览会上，枫叶牌皱纹卫生纸被评为"出口产品铜质奖"；二纸厂被评为"全国轻工业出口先进单位"；各类型纸产品均被评为"山西省优质产品"；省计划委、省经贸厅命名二纸厂为"山西省出口小卷卫生纸生产基地"。荣获省轻工业厅"新产品开发先进单位"。到20世纪90年代初，全县二轻企业发展到10个，有职工1100余人，产值达到760余万元。

垣曲二轻企业40年来，历经繁荣发展，艰难转型，浴火重生，经过产权改制，走上了快速发展的道路。

垣曲工业基础薄弱。国有工业从无到有，从小到大，1955年到1960年，国有企业从仅有窑头煤矿1家发展到40家。20世纪60年代初，随着工业调整和手工业回归，国有企业数量和门类趋于合理。

20世纪70年代，相继完成工业企业的新建、扩建、改造。解元庙煤矿、同善铁厂、玻璃厂、陶瓷厂、水泥厂、化肥厂、空压机厂、化工机械厂等企业投产，全县国有企业年产值达千余万元。

党的十一届三中全会后，国有企业逐步打破传统的"统购、统销、统收、统支"模式，向有计划的商品经济转型。工业生产持续稳定发展，到1998年，全县国有企业工业总产值1600余万元，实现利税1175万元。

但我们也看到，在改革大潮中，由于无序发展，私采乱挖，矿山千疮百孔，厂矿烟囱矗立、浓烟滚滚，污水横流，严重污染了环境。

进入21世纪后，我国进入全面建设小康社会时期，"十二五"规划提出加快工业改组和结构优化升级，大力发展服务业，加快国民经济和社会信息化，继续加强基础设施建设。

垣曲工业经过改组、重建、淘汰、新建，如今结构完善，布局合理，适宜发展，走上公司化经营模式。

第三节 城乡交通 四通八达

垣曲历史上只有一条"官路"东出封门口，西走横岭关，交通极为不便。

中华人民共和国成立后，县政府修复了被战乱破坏的公路，之后十多年，历经数次改造，扩修，升级，至1975年，成为西端31公里的三级柏油路面，东端56公里的三级沙石路面的东济干线公路。

改革开放前，域内的县级公路仅有4条，里程约为71公里，乡道8条，里程60公里，还有乡村简易公路，里程约为200公里。

交通的不便，制约了垣曲的发展。改革开放后，县委、县政府注重交通事业的发展，逢山筑路，遇水架桥，公路建设逐年提高。

到2017年，县域有国道3条135公里，其中东济高速路46.7公里，二级公路96.5公里，县道10条249公里，乡道 53 条 367.5 公里，村道 103 条 167 公里，其中三级公路 146 公里，四级公路 676 公里，公路密度 60 公里/100 公里^2，通车里程 1000 多公里。

升级改造乡村农村公路 280 公里，街巷硬化 1400 公里，新建旅游公路 30 公里，森林防护道路 400 公里，县域内，高速横亘，省道畅通，县、乡道路纵横，村路密布，交通网络基本形成，人们出行更加便捷，推动了工农业生产的发展。

20 世纪 50 年代，为开发铜矿，中条山有色金属公司投资兴建礼垣支线铁路，1957 年开工建设，1965 年通车，全长 44.1 公里，垣曲境内仅 8 公里，初为货运，后通客运。铁路的建成，促进了矿山建设，同时也方便了垣曲人民的出行。到了 20 世纪 90 年代，由于公路的发展，铁路逐渐停止运营。

黄河流经垣曲 46 公里，历史上曾经是中原通行西北的主要水运通道。垣曲境内多有渡口，改革开放后，陆路交通迅速发展，随着黄河大桥的建成，船运摆渡逐渐停止，小浪底水库建成蓄水后，沿河渡口被淹，但广阔的水域也为航运发展提供了得天独厚的条件，于是有投资购置游船用于客运观光的，也有建造驳轮货船从事货物航运的，水上运输一片繁忙。

第四节 林草结合 山川秀美

垣曲地处中条山和太行山接壤之地，山峦起伏，群峰竞秀，林木繁茂，植被丰厚。但历经灾害战火，大片森林被毁。

植被退化，山石裸露，至1949年，全县森林面积仅存22.78万亩，覆盖率只有9%。

中华人民共和国成立后，党和政府注重林业发展，除林业部门外，先后成立了中条山林区皋落林场、中条山自然保护局等林业管理部门。大力保护原有生态林地，号召植树造林，封山育林。垣曲涌现出很多造林模范。20世纪50年代，南庄乡妇联主任刘秀兰带领130多名妇女上山造林。20世纪50年代，县政府在古城小赵村成立了小赵苗圃，各村也建起了苗木基地。在全县掀起植树造林热潮。无论农村社员还是城镇居民，无论机关干部还是工人学生，都积极上山植树，同时植桑苗，栽柿树，建园发展经济林，大搞田园绿地。到20世纪70年代，全县大部分林地恢复生机，林木成材，植被茂密，为社会建设提供木材，林业经济为农民带来了效益。

改革开放后，县委、县政府依托丰厚的自然条件，把林业作为工作重点，强抓不懈。落实林业政策，进行林地确权，给农民颁发经济林使用证，给国有林场、苗圃发证，确立责任，解决遗留问题。根据森林法，成立林业派出所，加强警力管护，同时实行县长、乡镇长、村长"三长"护林防火、病虫害监测负责制，有效地防止和遏制了森林灾害的发生。

垣曲山峦起伏，群峰竞立，人工造林难度大，除人工植树之外，从20世纪80年代起，实施飞机播种造林，每年6月至7月，飞机盘旋，播撒树种，现代科技为林业建设插上了翅膀，成效显著。

全民植树造林，封山育林，飞播造林，垣曲森林面积覆盖率不断增加。尤其是历山国家级自然保护区核心区七十二混沟的保护，严密精细，至今1.2万亩原始森林完整无虞，覆盖率高达85%，成为华北地区一颗绿色的明珠。

丰富的林业资源，促进了林副经济的发展。垣曲猴头、木耳誉满三晋，发展核桃、苹果、柿子、梨、枣、杏等林产品。引进香菇、花菇、银耳、木耳、猴头、鸡腿菇等食用菌栽培种植技术，扩大林业经济，为农民广开增收门路。

按照县委"山上治本，身边增绿，林业增效，产业富民"的工作思路，树立"既要金山银山，更要绿水青山"的理念，坚持生态优先，绿色发展；推进"造林绿化、天然林保护、退耕还林、核桃经济林、荒山造林绿化、县乡通道绿化、园林村建设、重要水源地保护、农田林网建设、苗木基地培育、生态修复"十大生态绿化工程，建立垣曲林业生态主体框架。着力抓好十项重点工作，即科学规划，构建绿化屏障；发展核桃产业，实现生态、经济双赢；打造荒山造林精品工程；建立完善的水土保持体系；实施园林村建设，改善人居环境；提档升级通道绿化，打造绿色长廊；建立苗木基地，为林业建设提供保障；推进林树制度改革；完善林业产业体系；实行天然林保护工程，确保森林资源安全。

如今的垣曲，山上林木葱葱，植被繁茂。山下果园飘香，花椒簇簇，核桃累累，蝶恋花，蜂采蜜。舜乡大地山清水秀，景色新，村庄美。林业经济发展，农民增收增产，环境优美，宜人宜居。山西省政府授予垣曲"林业生态县"称号；国家林业局授予垣曲"国家级核桃示范基地"称号；省林业厅授予垣曲"全省森林防火工作先进单位"，"山西省六大工程建设先进县"称号。2016年6月7日，垣曲被授予"全国绿化模范县"称号。

第五节 文化自信 整体推进

垣曲地处晋豫交界，山陕文化、中原文化、太行文化、黄河文化在这里相汇交融，多元发展。风情别具，民俗多样，戏剧、游艺门类众多，形式各异，有其独特的文化结构和文化现象。

中华人民共和国成立后，党和政府注重文化事业的发展。1949年初，组建成立了垣曲县文娱工作团，唱歌演戏，发动群众，宣传群众，教育群众。

1951年成立了垣曲县人民文化馆，集文化、图书、文物为一体，配备了专业文化干部，组织举办文娱演出，指导文艺创作编导，培育文化人才，挖掘整理民间艺术，购置、订阅书籍报刊，开办群众图书借阅业务，负责对全县文物普查。在各个历史时期，对全县文化事业的发展发挥了重要作用。

1985年，垣曲县人民文化馆分为三馆，即文化馆、图书馆、博物馆，职能分离，各司其职。

1994年，县文化馆按照文化部提出的"蒲公英计划"，率先创办了山西省首家农村文化园——山芽儿童文化园，担负起全县少年儿童的文化艺术辅导任务。1996年1月被文化部命名为"国家级蒲公英农村儿童文化试点园"。先后编排出《垣曲花鞭》《山妞妞》《喜庆花鼓》等节目，赴京参加"庆六一"农村娃文艺晚会，受到党和国家领导人的亲切接见。

垣曲戏剧种类多，群众排戏演戏的劲头高。从1999年开始文化馆每年元宵节举办"农村小戏调演"，促进文化活动开展，涌现出许多"庄户剧团""文化大院"，排演出许多反映农村生活的戏剧节目。

致力于非物质文化遗产的挖掘和保护，成功申报"西石花鞭""垣曲炒棋""垣曲镲"等10项省级非遗项目，"高跷""道教音乐""舜的传说"等16项市级非遗项目。

近年中，垣曲文化馆创作室创作的大型电视连环画《中国历史故事》360集，《千千万万个为什么》1000集，由山西省电视台编排的《喜庆花鼓》《溜溜的康定溜溜的情》，在央视播出。

经济的发展，社会的进步，促进了文化的繁荣。党和政府高度重视文化工作，在省、市文化主管部门的支持下，全县各乡镇成立了综合文化站，建立起文化活动室、图书室、资源共享室，配备了乐器和体育器材。在101个村建起了文化活动室，56个村建起了文化广场，不少村建起文化大院、"庄户剧团"。群众文化有声有色，欣欣向荣。

为适应文化发展需求，2009年建成的垣曲县文化艺术中心，总投资800余万元，建筑面积4200平方米，集培训、展览、排演于一体。

2006年，新建图书大楼落成。为垣曲图书事业的发展奠定了基础。配备了计算机网络对外接口，与全县公共图书馆互联互通，方便了群众借阅。在全国组织实施的知识工程中，垣曲图书馆实施"荒原绿化工程"，通过送书下乡，建设流动书库、科普宝库，开办夜校等形式，辐射城乡，资源共享，形成图书网络通道，构筑了"知识绿化带"。文化信息资源共享工程，通过光纤接入互联网，在全县各乡镇建成资源共享服务站。与县委组织部并网，对农村党员干部实施现代教育工程。新形势下的图书事业，对弘扬先进文化、构建和谐社会、建设新农村起到重要作用。

垣曲的电影事业伴随着社会主义建设成长，随着时代的不断发展。20世纪50年代中期，垣曲成立了电影队，有了电影事业。几十年来，从县办到社办、队办，从16毫米、8.75毫米到35毫米，从露天看电影到电影院、俱乐部放映，从看得少到看得好，普及放映，循序渐进，逐步发展。

改革开放，文艺复兴，电影业繁荣。农村体制改革，催生了农村公益性放映向商业性放映的多元经营。个体电影经营户如雨后春笋，经营方式不断创新。红火热烈，前所未有。

进入20世纪90年代，多元文化兴起，电影业日渐萧条，进入"休眠期"。

2007年，国务院实施农村公益电影放映，"政府买单，农民受益"。春风送暖，唤醒电影事业发展。放映技术的革命，催开电影花。全县9个数字电影放映队，活跃在全县广大农村、学校，年放映2500余场。城市电影加入院线，电影市场逐渐回暖。

垣曲地处晋豫交界，戏剧种类多，晋南蒲剧、陕西眉户、河南豫剧、曲剧、怀梆、越调，在这块土地上腔高声远，东腔西韵、家戏村班，丰富多彩。

1953年，垣曲县成立了曲剧团，这也是山西省唯一的曲剧团。数十年间，垣曲曲剧团组织引进戏剧人才，培养优秀演员，在艺术上坚持百花齐放，推陈出新。排演了《风雪配》《陈三两》《卷席筒》等百余个传统剧目，创作移植了《赶脚》《游乡》《掩护》《双生女儿》等一批现代戏。在省地调演中屡屡获奖，名噪一时，誉满三晋，唱响晋豫、陕、甘，成为山西戏苑中的一朵奇葩。

新的时代为戏剧发展注入新的活力，为新剧目的编创提供了丰富题材。1996年，在县纪委的组织领导下，垣曲县曲剧团创作排演了现代曲剧《情系法网》，省纪委高度重视，安排在全省巡回演出400余场，创造了当时全国现代戏年演出之最，该剧获山西省"五个一"工程奖，《人民日报》《山西日报》等媒体多次报道。2003年创作演出的《花菇岭的弯弯事》，在全市巡回演出，广受好评，获中国人口文化奖。

进入21世纪，蓬勃发展的新媒体冲击着传统文化，剧团举步维艰，困难重重。近年来，党和国家高度重视戏曲文化的传承与发展，出台了一系列有关振兴戏剧的优惠政策。县政府对剧团政治上关心、事业上支持、经济上资助，实行"戏剧惠民，送戏下乡，政府出钱，百姓看戏"，垣曲剧团逐渐恢复生机。2019年，创作排演以扶贫攻坚为题材的现代戏《核桃湾的笑声》和反腐倡廉古装剧《苍娃做官》，弘扬了主旋律，推进了戏剧事业发展。

丰富的戏曲资源，为人们的文化生活提供了丰富的娱乐空间。垣曲人爱看戏，更爱唱戏。除了专业剧团，乡村有宣传队、庄户剧团。农闲时节，吹拉弹唱，过年过节，粉墨登台，唱蒲剧、眉户，唱怀梆、越调，演古装剧，演现代戏。以唱戏为乐，以登台为荣，县里举办文艺会演，各代表队精心编排，不遗余力。一簇簇农村戏曲之花，编织出舜乡大地上的戏曲之苑，姹紫嫣红。

垣曲是文物大县，各历史时期的遗址、遗迹多有分布，地上地下文物丰富。20世纪50年代考古发现下川文化、二里头文化、东关文化。80年代，随着小浪底水库修建，中国历史博物馆在垣曲大规模考古发掘商汤城遗址，填补断代历史空白。90年代末在黄河畔的寨里村土桥沟发现的曙猿化石，更是石破天惊，打破了人类起源非洲之说，将人类起源推至4500万年以前。

近年来，垣曲致力于文物保护，对全县文物进行了普查摸底。配合新农村建设开展古遗址、古村落调查开发，在国家有关部门支持下，先后对埝堆元代舞台、宋村永兴寺、蒲掌二郎庙等多处文物进行修复。

中华人民共和国成立后，人们文化水平逐步提高，党的文艺路线方针推动了文艺繁荣，火热的生活为各类文艺创作提供了丰富的题材。新时期的创作队伍随着文化馆的成立逐步形成。举办辅导班，提高创作水平；创办《革命文艺》《垣曲文化》，提供平台。创作队伍不断壮大，在社会主义建设的各个时期，写小说、散文、诗歌，编写戏曲、曲艺、歌曲配合了党和政府的中心工作，教育、宣传、娱乐人民大众，不少作品被各级报刊采用。

改革开放，文艺复兴，垣曲文学爱好者厚积薄发，创作出一大批各类体裁的文学作品。随着垣曲文联成立，作协、民间文学协会相继成立。创办了《舜乡》文学杂志，举办各类型展览，组织各类文学笔会与征文大赛，文学作品创作繁荣，报纸杂志登载不断。

第六节 水利开发 惠民利民

垣曲沟壑纵横，河流众多，自古以来只有河槽地带有少量的水浇地，水利建设仅靠百姓修渠垒堰，以自流水灌溉。小农经济时代，水利投资少，设施简陋，丰富的水利资源得不到充分利用，旱涝无常。百姓靠天吃饭，望水兴叹。

新中国成立后，政府动员群众兴修水利，修渠引水，到1959年，全县新修渠道20余条，可浇水地3.2万亩。

水利是农业的命脉。从20世纪60年代始，全县兴起大办水利热潮，修建一批水利工程，形成沇西、亳清、西阳等11条灌渠，总长220余公里，增加水浇地1.6万余亩。修建赵寨、八一、北沟、上庄、长涧等12座中小型水库，库容量数百万立方米；在干旱缺水地区打旱井、挖水塘，改善缺水状态；在沇河、亳清河等流域打坝1.5万米、填地2.1万亩，抵御洪水对沿岸村庄的威胁；同时在缺水村修建提水工程，解决人畜饮水难题，至70年代中期，全县水利网络基本形成，有效利用了水资源。

改革开放后，垣曲水利建设快速发展，合理规划，科学用水，加大水利投资，对原有灌渠加固防渗，挖潜流，打机井，建电灌，增加水浇地，解决群众饮水用水问题。

垣曲地处山区，沟壑多，小流域治理是水利建设的重点。1977年，开始大规模的农田基本建设，聚全县人力、财力奋战三年，平田整地4万亩，河滩造地8000亩，治理水土流失面积 11.2 万亩。1980 年后，水土保持转入以经济效益为中心的小流域综合治理。鼓励动员千家万户成为治理专业户，国家投资和个人投资结合，平田整地，修坝造地，开发山地庄园，取得显著的经济效益和生态效益。

1991 年，作为小浪底水库移民安置工程，后河水库第三次上马，于 2001 年竣工。巍峨大坝，高峡平湖，库容量 1375 万立方米。总干渠、东干渠、西干渠穿山越岭，总长 50 公里，灌溉东、西两原土地 7.5 万余亩，旱原涌清水，改变了东西两原长期缺水的面貌。

第七节　移民搬迁　安居乐业

1991 年 9 月 1 日，黄河小浪底水库开工建设的隆隆炮声，拉开了垣曲移民搬迁的序幕，奏响了垣曲大移民的壮歌。

小浪底位居黄河中游河南洛阳市以北 40 公里的黄河干流峡谷出口处，是黄河从黄土高原流向平原的最后一道关口，在这里修建水库，处在承上启下的关键部位，具有防洪、防凌、减淤、灌溉、供水、发电等综合效益，对豫鲁皖和黄淮平原的除害兴利十分重要。通过调节，使黄河下游防洪标准从不足百年一遇提高到千年一遇，基本解除黄河下游洪水及凌汛的威胁，减缓下游河道淤积，同时为下游人民增加供水，提高灌区的用水率，为经济发展提供宝贵的资源。

小浪底水库正常运用期水位 275 米，水库面积达 272.3 平方公里，总库容量 126.5 亿立方米，回水长度 130 公里。这就意味着，所有居于库区 275 米高程以下的群众必须实施移民搬迁。

垣曲处于库区核心区域，根据黄河水利委员会设计的库区淹没标准线，275 米以下的淹没区包括垣曲 7 个乡镇的 42 个行政村 164 个居民组，含 4 个乡镇政府及 136 家工矿企业，淹没区总人口 4.2 万人，淹没国土面积近 10 万亩，淹没面积在全库区两省八市县中名列第二，安置任务名列第一。

这些淹没区地处黄河沿岸和垣曲五条河流的两岸，是垣曲的富庶之地，山清水秀，良田广阔，人口稠密，资源丰富。如果说，1959 年垣曲县城的搬迁是因修建小浪底水库的动议，只是行政单位的搬迁转移，那么 30 年后的移民搬迁，就意味着有 4.2 万人要离别故土，离别生养自己的土地。同时也意味着处在非受益区的垣曲县要为小浪底水库的建设作出巨大的牺牲和无私奉献。

调查落实，实物登记。1996 年首次登记，1999 年复查登记，扎实开展，精细落实，客观反映库区淹没情况，做到公平、公正、公开、合理，达到国家、地方、移民三满意。

征询意见，规划安置。采取就地后靠、出村安置、出乡镇安置、出县安置多种方式，最大限度地了解民意，采取最有效的途径，满足群众需求。移民涉及全县几乎所有乡镇，4 万多移民，6 万多安置影响群众，共 10 万多人，占全县总人口的一半，牵一发而动全身。难怪小浪底水库领导这样说："只要山西垣曲的移民搬迁问题解决好，整个小浪底工程涉及的移民问题就不大。"

选址勘察，规划设计。各迁建工地先后破土动工，统一设计，统一施工。运来沙石，运来砖瓦水泥，在新址上盖房建院，热烈繁忙地建设，冲淡了垣曲移民心中的惆怅，为了国家这个大家，他们用勤劳的双手建起了自己的小家。

为了确保移民搬迁整体推进，保证移民建设顺利开展。垣曲县成立了以县委书记为组长、县长为副组长、其他副职和县直单位一把手为成员的移民工作领导组，移民安置乡镇成立了党委书记为总指挥、乡镇长为副总指挥的建设工程指挥部。上下联动，凝心聚力，解忧排难，全力以赴促进移民建设进度。

不等竣工，来不及装修，甚至有的连门窗也没安，院墙也没垒，屋里院外没有抹水泥就搬来了。垒几块石头做灶，扯一块油布挡风。"住进来再慢慢拾掇，咱不能拖了移民搬迁的后腿。"这是广大移民的心声。此起彼伏的鞭炮声宣告迁居新地，移民搬迁开始了。

小浪底水库建成蓄水日渐临近，为了保证按时搬迁，县政府组织了车辆，派出干部，奔赴全县各搬迁现场。干部群众齐动手，男女老少齐上阵，搬抬物品，装车拉运，演奏出移民交响曲。

要搬迁了，故土难离。毕竟这是祖祖辈辈住的地方，村边是乡亲们耕种的田地，岭头有祖辈的坟茔，这里有曾经欢乐的童年，有着满满的回忆。再向祖坟上烧炷香，磕几个头，掬一把故乡的土，坐上车，回头再看一眼那家门口，眼含热泪，依依不舍。

2001年6月30日，垣曲淹没区高程275米以下的38250口人全部搬离库区，在规划好的迁建点进行安置。

随着水位上升，山峦沟壑、村庄房舍被彻底淹没了，昔日的家园成了一片汪洋，高峡平湖，水波荡漾，宁静的水面层层涟漪，粼粼波光……移民工作仍在继续。

移民不仅要搬得出，还要稳得住。让移民群众逐步致富，这是摆在县委、县政府和移民办面前的一大课题。

2006年，国务院颁布《关于完善大中型水库移民扶持政策的意见》，正式启动对小浪底水库移民的后期扶持工作。从2006年以来，垣曲县对移民政策上倾斜、资金上扶持、项目上扶持，核定扶持人口，直补资金发放。对移民村的安置村进行基础设施建设，修建村巷道，灌溉渠道，建设文化广场，修通田间道路，整治村容村貌，解决人畜吃水问题，移民村水、电、路、住房、通信及环保等基础设施得到极大改善。

在生产上扶持，如种植业：古城杞柳种植，下马樱桃种植，沇岭石榴，皋落蔬菜大棚，店头香菇，华峰核桃，成家坡、上涧中药材种植，古城、王茅南坡花椒，马村富硒黑小麦等。形成养殖产业，促进移民增收，像养猪、养鱼、养驴、养小龙虾等已形成持续发展规模。同时，投资兴建移民就业园，引进项目，支持创业，持续不断蓄力扶持。

移民的致富梦。垣曲大移民，涉及人口众多，持续时间长，在垣曲史无前例。县移民办在历届县委、县政府领导下，强化党建引领，严格资金管理，认真开展扶贫攻坚，重视库区安全，狠抓移民信访，成绩斐然。做到了领导放心、群众满意。多次代表山西省接受国家检查，受到各级领导高度肯定，移民群众的获得感和幸福感大幅提高，各级媒体多次宣传报道。

弹指一挥间，垣曲移民从规划到搬迁，再到帮扶稳定，已近30年。如今，小浪底水库已竣工运行，桀骜不驯的黄河在垣曲积蓄成浩瀚的水域，清澈的蓄水滋润着豫鲁平原，巨大的电能源源不断地输送到四面八方。小浪底水库见证了垣曲大移民30年的历史，它以独特的姿态向世人做证：垣曲人民曾为小浪底水库建设作出了巨大牺牲和奉献，垣曲人民在县委、县政府的领导下，不忘初心、牢记使命，发扬移民精神，以改天换地的气魄创建美好家园。

第八节　城镇面貌　焕然一新

垣曲老县城在现在的县城东南30公里处，始建于西魏大统十六年（550年）。台塬漫坡，北高南低，沇河城东直泻，亳清河西来绕城，谓二龙戏珠；东有凤凰山，北靠凤凰台，谓双凤和鸣；中如神牛安卧，称"五灵城"。垣曲1400余年的县城、1400余年的政治经济文化中心，历经增制修建，墙垣高大，门楼雄伟，庙宇亭阁遍布，民宅街市纵横，集历朝历代建筑风格为一身，彰显北方县城城建之风韵。随着小浪底水库的建成蓄水，这座千年古城，终于淹没在库底，成为一片浩瀚的水域，留给人们的只是永远的回忆。

20世纪50年代，国家拟建小浪底水库，同时有撤销垣曲县建皋落市之动议，遂将垣曲县城迁建。经过挑选论证，选地在今址。

这里原来是刘张村西坡跟头的一片河滩，荒滩旷野，河道蜿蜒，沙石遍地，杂草丛生，野兔傍地走，山鸡草中鸣。经过勘探规划，新县城建设破土动工。

60年岁月，60年奋斗，垣曲人民在这片土地上，绘制最新最美的图画。

从1959年初建一直到20世纪70年代，受时代和条件的制约，县城多土墙瓦房，满目青灰；街道宽阔但多为沙石铺面，店铺不少但简陋萧条；两三层楼房即鹤立鸡群，千百步就走到尽头。南北两条街，东西三条路，不足五公里。尽管如此，亦称"新城"，它是垣曲县新的政治经济文化中心。

改革开放四十多年，垣曲县城建设突飞猛进，面貌日新月异，真正成为一座新城，一座新兴的城市，像一颗明珠，镶嵌在中条山间，熠熠发光。

扩大延伸，颇具规模。随着改革开放的浪潮，垣曲县城东扩西进，南延北伸，城市框架从两纵两横到七纵九横到九纵十二横，逐步扩大，城区面积已达30多平方公里，城市道路50余公里，布局井然有序，科学合理。

街道宽阔，高楼耸立。应当承认，初始的县城规划颇具前瞻性。2000年，垣曲县城经过大规模拆迁拓宽，"三管两线"全部入地，空中不见电线网，路边没有排水沟，路面水泥硬化，人行道石砖铺面，宽阔通畅。经过改造重建，高楼拔地而起，小区井然，廉租房、经济适用房、公租房等保障性住房建设相继落成，有效地改善了城区居民住房条件，满足了城镇化需求。

桥梁通达，河晏水清。东边是垣曲县城，西边是中条山有色金属公司，亳清河横亘其间，每逢雨季，河水上涨，阻隔两地。1970年修建的军民桥，虽然简陋，但连接起两个区域，方便了群众。近年间，垣曲县城先后又架起了七座桥，满足了城市发展需求，加强了工农联盟。河水穿城过，不失为一道风景。但当年的亳清河是当年的污水河，杂物堆积，河道淤塞，异味刺鼻，成为城市的一道伤疤。1996年"7·31"、2007年的"7·29"两次特大洪灾，使县城基础设施遭受严重破坏，人民生命财产安全受到威胁。之后，县委、县政府痛下决心，投入巨资，实施综合治理。今日的亳清河县城段，河宴水清，七桥飞架，两岸绿化，亭阁点缀，水波灯影，如诗如画。它集防洪泄洪、休闲娱乐为一体，是县城最亮丽的风景。

绿树掩映，路灯洒辉。城市建设，要盖楼也要栽树。城建合理规划，先后对"四大主题公园"和"六小亲民园林"进行提档升级完善设施，实施拆墙透绿，加快居民小区和单位庭院绿化、城区道路绿化和公园绿化，做到建一条，绿一线，美一路。城区栽植苗木50余种，绿化面积320万平方米，绿化覆盖率40%。白天，高楼林立，绿叶碧翠；入夜路灯洒辉，光怪陆离。垣曲县城青山环抱、绿树成荫，成为自然和谐的山水园林城市。

设施配套，功能齐全。垣曲县城借城市发展机遇，近年中，加大投资力度，逐步完善城市配套设施，修建滨河公园、楹联广场，丰富市民文化生活。2012年启动的中心广场，建有观礼台、步行道、文化雕塑、绿地及地下停车场、应急避难场所及公共服务用房，成为县城新的地标。从数十里外引来后河水库天然矿泉水，送进千家万户。过去做饭靠煤电，污水靠蒸发，垃圾靠风刮。现在用上了天然气，集中供暖，建起污水处理场、垃圾处理场，集中处理，净化排放，再生利用。

城区道路清扫，配备了洒水车、湿扫车、垃圾车、餐厨垃圾收集车，实行机械化清扫、定期冲洗、定时洒水，城区卫生环境大大改善，令人赏心悦目。

第九节　党政重视　教育强县

垣曲自古崇尚耕读传家，重视兴办学堂，开设私塾，培养子弟识文断字，打算盘。有条件的垣曲人更是走出山外，到省府京城求学读书。20世纪20年代，正是在外求学的有识青年，接受新思想，寻求真理，把革命的火种撒到垣曲。

中华人民共和国成立后，社会稳定，人民安居乐业，翻身了的农民渴求知识，党和政府办夜校，教识字，扫文盲，兴办小学完校，成立师范中学，发展教育事业，提高人民文化水平。

1977年恢复高考，积聚十年的英才脱颖而出，人们认识到教育的重要性。1978年党的十一届三中全会召开，拨乱反正，开展真理标准大讨论，社会主义建设转向四个现代化发展，垣曲教育事业翻开新的一页。落实知识分子政策，平反冤假错案，教育工作的重点逐步转移到以教学为中心的正确轨道。兴办各类学校，配备师资力量，教学育人。乡镇有中学，村庄有小学，琅琅读书声回荡在希望的田野上。

改革开放，打开了国门。各种新技术扑面而来。通过农村体制改革，生产力发展，富起来的人民群众深刻感受到知识就是力量，科学技术就是生产力。对文化知识的渴求，激发了人民群众的办学热情，"教育为本""尊师重教"的理念深入人心。20世纪90年代，在县委、县政府"科教兴县"的战略指导下，群众集资办学蔚然成风。全党抓教育，全民办教育，人人出资，个个流汗，兴建学校，改善校舍校貌，配套教学设施。那时村里最好的地段是学校，最好的建筑是学校。当时有这种说法：再苦不能苦孩子，再穷不能穷教育。足以说明那时人们兴学办学的热情，对教育的重视。

县教育主管部门审时度势，根据发展需求，从20世纪90年代初开始，逐步撤销众多的农村窑洞式学校、农户式学校和单人学校。全县小学数量1990年初为664所，2000年精简为141所，复式教学状况基本消除。创建出一批农村寄宿制学校，优化教育资源，强化师资配置，学校布局日趋合理，教学质量大大提高。

初中教育通过1980年调整撤并，1984年在部分乡镇兴办乡级初中，村办七年制初中逐步取消，通过初中教育资源的整合，使初中教学质量明显提升。

1980年，县委调整学校布局规划，保留了新城、古城两所高中。进入20世纪90年代，县政府不断加大高中建设资金投入。新城中学教学楼、办公楼、学生公寓相继建成投入使用。古城中学借小浪底水库移民机遇，迁址新建。2010年，中条山有色金属公司子弟中学移交垣曲县管辖，更名为"中条中学"。2012年，县委、县政府对高中教育进行整合：将古城中学高中部与中条中学合并。

设施是前提，师资是关键。根据教育的发展，通过培训、岗位竞聘、教学竞赛、教学能手评选，提高教师素质，教学质量不断提高。普及九年义务教育,中考成绩持续上升,高考达线人数连年增长。

"文化大革命"后期,农业中学名存实亡。为发展职业教育,1984年,县政府开始筹建垣曲职业技术学校,校址几易。但由于师资力量薄弱,一直没有形成规模。1996年县政府痛下决心,将职中迁至县城,几经周折,2000年投资240万元的职业中学教学楼落成投入使用,正式定名为垣曲县高级职业中学。学校配套设施不断完善,办学规模不断扩大,专业设置更加科学,高考达线率不断上升,排名居全市同类学校之首。先后被授予"山西省再就业工作先进单位""省级教学质量先进单位""山西省平安校园先进单位"等荣誉称号。从2010年开始,职业中学进一步转型发展,实施了全县职业教育免费全覆盖。

特殊教育在垣曲县一直是空白。1997年,县教育部门创办了聋哑培训学校,开办之初借用民房。2010年,在县委、县政府的大力支持下,筹资1000余万元,新建校区。2012年,一所设施完备的现代型特殊教育学校正式投入使用,为垣曲特教事业的发展奠定了基础。先后被运城市政府、垣曲县政府授予"残疾人之家""特殊教育先进单位"。

第十节 医疗卫生 创优发展

改革开放后,垣曲县的卫生计生健康事业发生了翻天覆地的变化。特别是近年来,县委、县政府着力推动医改纵深发展,实施卫生计生改革,以健康为主线,以惠民为导向,服务全县发展和百姓健康,改革的成果不断地惠及人民群众。

医疗卫生资源不断优化

从破旧低矮的瓦房医院到崭新巍峨的门诊楼,见证着医疗条件的显著改善。从"赤脚医生"为主到科班出身的专家团队,见证着卫生队伍的蓬勃壮大。从简易落后的医疗设备、常见病治疗到现代高端的医疗设备、九成以上患者县域内治疗,见证着医疗技术的突飞猛进。从单一卫生防疫、疾病治疗为主到人人享有基本公共卫生服务、预防保健为主,见证着群众健康水平的全面提高。

医疗服务水平不断提升

改革开放40多年来,通过加强医疗卫生服务体系建设,逐渐形成了以县级人民医院为龙头、乡镇卫生院为枢纽、村卫生室为网底、私营医疗机构为补充的医疗服务网络多元化办医格局。

政策推动,着力破除群众看病贵的顽疾。通过不断深化医改,我县所有公立医院全部取消药品加成,所有医疗卫生机构基本药物100%阳光采购,100%零差率销售,并在二级及以上医院按病种收、付费。在推进健康扶贫过程中,实行"先诊疗后付费""一站式"结算,落实"大病集中救治一批、慢病签约服务管理一批、重病兜底保障一批"的"三个一批"政策。截至目前,属于大病范畴的贫困人口及重病兜底保障的对象全部落实了相应政策,全县建档立卡因病致贫返贫户100%享受了"先诊疗后付费"服务,有效降低了群众医疗费用负担。

完善机制，有效缓解群众看病难的问题。推行家庭医生签约服务。组建服务团队284个，签约居民155201人，通过开展主动服务、上门服务，为辖区居民提供安全、有效、方便、价廉的基本医疗和基本公共卫生服务，实现了从群众患病排队找医生，到家庭医生主动签约上门服务的转变；实现了二级以上医院指定科室和家庭医生对接转诊有效对接，让群众看病更方便更快捷。实行县、乡医疗卫生机构一体化的改革，垣曲医疗集团应运而生。推行分级诊疗制度，构建了县域一体、上下联动、信息互通的新型基层医疗卫生服务体系。实现县、乡、村三级医疗卫生计生服务网络的建设，改善了群众的看病就医环境。

第十一节 县城经济 全面发展

中华人民共和国成立后，在垣曲县委、县政府领导下，全县人民艰苦奋斗，医治战争创伤，加紧努力生产，三年时间，恢复扭转了残破的经济局面。1952年，全县工农业生产创历史最高水平。

1953年县计划委员会成立。计划经济在全县各行各业实施。从1953年到1976年，垣曲人民和全国人民一样，积极投身社会主义建设事业，圆满完成了全县第四个五年计划的各项任务。

党的十一届三中全会后，社会主义建设逐步转向以经济建设为中心的发展轨道，促进了计划管理体制改革。单一的计划经济逐步变为指导性和指令性相结合；自然经济、产品经济逐步成为有计划的商品经济。

改革首先从农村开始，从1981年到1992年，实行联产计酬、家庭承包、包产到户的农村体制改革，培养发展重点户、专业户。黄牛、山楂、烟草、蔬菜四个基地初具规模。1992年，出台开发山地庄园的10条优惠政策，增强了农村经济活力。同时发展乡镇企业，支持鼓励农民办厂。

至1990年底，全县完成"七五"计划确定的各项任务，地区生产总产值达1.43亿元，居民收入1.2亿元，分别比"六五"时期增长52.5%和143%。

工业改革贯彻中央"调整、改革、整顿、提高"的八字方针，调动广大干部职工的积极性，至1991年，全县完成工业总产值8532万元，实现利税收支平衡。

党的十四大确立了社会主义市场经济的改革目标，全面推进实施市场经济，加快改革开放步伐。逐步建立以市场经济为主、计划经济为辅的社会主义市场经济体系，巩固农村家庭联产承包责任制，公有制实现形式多样化。

1996年，垣曲县委、县政府提出"九五"期间经济和社会发展总体战略，坚持党的基本路线，高举改革开放和艰苦奋斗的两面旗帜，实施"农业稳县、龙头强县、畜牧兴县、道路通县、旅游活县、科教兴县"的发展战略。

1999年，县委、县政府出台《关于延长农村土地承包的实施意见》。稳定土地承包关系，延长30年不变；荒山、荒沟、荒坡、荒滩"四荒"使用权，可以拍卖和承包给农民开发治理，使用期50年不变；农户在承包土地中发展特种经济，再延长承包期；允许土地承包使用权依法继承。

从1997年至2002年，通过农业产业结构调整，逐步形成"烟、桑、果、菜、畜"五大支柱产业，同时加大扶贫资金投入，完成14个村的扶贫移民，4万贫困群众摆脱贫困。

从1993年至2002年十年间，工业改革按照"抓大扶小，扶优扶强""国退民进，全面民营"的指导思想，先后完成21家工业企业改制，新建一批骨干企业，开发出一批市场广阔、竞争力强的产品项目。

开发旅游资源，完成垣曲县生态旅游开发规划。历山旅游区被列入山西省重点开发的十大景区之一。建立了望仙革命老区纪念馆、民兴中条山抗战纪念馆等红色景点。

社会主义各项事业全面推进。至2002年，全县地区生产总值达8.16亿元，财政收入达9383万元。

2003年到2012年，我县改革开放稳定发展。2002年县委、县政府出台《工业经济结构调整实施方案》提出"十五"期间垣曲县工业经济调整总体思路，以建设工贸旅游为目标，突出抓好"三个产业""十个产品链"和十个年上缴税金100万元以上的企业。

2007年，垣曲县第十四届人民代表大会提出"十一五"垣曲经济社会发展总体要求。立足垣曲实际，发挥山水优势，调整经济结构，转变增长方式，围绕新农村建设"两区"项目建设，实施基础设施建设、生态旅游工程建设、碧水蓝天工程建设、造林绿化工程建设，发展休闲经济，提高群众生活质量和幸福指数，努力实现经济社会又好又快发展。

2009年，提出"六三"发展战略，经济社会发展各项事业走上快车道。在农村，新农合、新农保全面实施，土地流转，农村产权制度改革全面铺开。

到 2012 年，全县地区生产总值完成 34.4 亿元，财政总收入 3.75 亿元，一般预算收入完成 1.2 亿元，全社会固定资产投资完成 30.1 亿元，社会消费零售总额 15.7 亿元，城镇居民人均可支配收入达到 16951 元，农村人均纯收入达到 4220 元。

第四编 中国特色社会主义新时代
（2012年11月以后）

党的十八大以后，垣曲革命老区人民在省委、市委和县委、县政府的坚强领导下，以党的十八大、十九大精神和习近平新时代中国特色社会主义思想为指引，坚持改革、创新、协调、绿色、共享的发展理念，坚持稳中求进的工作基调，坚持推进"五位一体"总体布局和协调推进"四个全面"的战略布局，坚持打好防范和化解重大风险、精准脱贫和污染防治三大攻坚战，使全县的经济社会发生了深层次的变革，取得了全方位的、开创性的成就，使县域的面貌、人民的面貌、党组织的面貌发生了前所未有的巨大变化。

第十一章
十八大以来的跨越发展

第一节 经济建设跨越发展 综合实力明显增强

十八大之后，垣曲县坚持"五位一体"总体布局，进入全面深化改革的新阶段。按照党的十八届三中全会审议通过的《中共中央关于全面深化改革若干重大问题的决定》要求，分解改革任务，明确协调单位、牵头单位和参加单位，推进经济、政治、社会、文化以及生态文明的全面改革。

2013年，垣曲县十四次党代会认真贯彻中央、省委、市委决策部署确定了全年工作的指导思想：立足垣曲实际，以党的建设为龙头，以生态建设为引领，统筹推进工业挖潜升级、农业提质增效、旅游全域发展、城乡功能提档、民生福祉改善、脱贫攻坚摘帽六大发展举措，奋力建设黄河金三角区域重要的特色农业生产加工示范区、矿产资源综合开发集聚区和生态观光休闲旅游度假区，全面加强党的思想、组织、作风、制度和反腐倡廉建设，着力打造山灵水秀、宜居宜业的美丽舜乡、生态垣曲，为全面建成生态美、百姓富、实力强的垣曲小康社会而努力奋斗，凝聚起了24万舜乡儿女摆脱贫困、走向繁荣的强大合力。

"十二五"时期，面对错综复杂的宏观环境和艰巨繁重的改革任务，在中央、省委和市委的坚强领导下，县委、县政府团结带领全县人民，深入学习贯彻习近平总书记系列重要讲话精神，按照省委"五句话"总要求，坚持全面从严治党，扎实开展党的群众路线教育实践活动和"三严三实"专题教育，深入推进党风廉政建设和反腐败斗争，切实加强党员干部队伍作风建设，不断净化政治生态，全县党风、政风和社会风气焕然一新。以"三个一百"为抓手，"四个方案"为路径，强力实施"六三"战略，全县经济、政治、文化、社会和生态文明建设迈上了一个新台阶，"美丽舜乡、生态垣曲"建设取得了显著成绩，"十二五"规划确定的主要目标任务如期完成。

县域综合实力实现新提升。全县地区生产总值由2010年的23.5亿元，提高到2015年的46.8亿元；固定资产投资由2010年的24.6亿元，提高到2015年的65亿元；规模以上工业增加值由2010年的12.1亿元，提高到2015年的20.4亿元；财政总收入和公共预算收入分别由2010年的2.5亿元和0.9亿元，提高到2015年的3.4亿元和1.7亿元；社会消费品零售总额由2010年的10.9亿元，提高到2015年的22.5亿元；我县经济实力显著增强。产业转型升级展示新活力。全县三次产业结构比例由2010年的13.2∶45∶41.8调整为8.8∶48.1∶43.1。

"十三五"期间，县委、县政府带领全县人民，深入学习贯彻党的十八大，十八届三中、四中、五中全会和习近平总书记系列重要讲话精神，严格按照"五位一体"总体布局和"四个全面"战略布局，牢固树立新发展理念，认真落实省委"一个指引、两手硬"的重大思路和要求,着力实施"三动三新"战略,坚持不懈狠抓"三个一百",立足垣曲实际,以生态建设为引领,统筹推进工业挖潜升级、农业提质增效、旅游全域发展、城乡功能提档、民生福祉改善、脱贫攻坚摘帽六大发展举措,奋力建设黄河金三角区域重要的特色农业生产加工示范区、矿产资源综合开发集聚区和生态观光休闲旅游度假区,全面加强党的思想、组织、作风、制度和反腐倡廉建设,着力打造山灵水秀、宜居宜业的美丽舜乡、生态垣曲。

2018年是"十三五"规划中期,在县委、县政府的正确领导下,全县上下以习近平新时代中国特色社会主义思想为指导,深入贯彻落实习近平总书记视察山西重要讲话精神,以新发展理念为引领,以提高发展质量和效益为中心,以推进供给侧结构性改革为主线,坚持稳中求进工作总基调,以建设"生态美、百姓富、实力强"的垣曲小康社会为目标,着力抓重点、补短板、强弱项,统筹做好稳增长、促改革、调结构、惠民生、防风险各项工作,全县经济保持平稳较快增长,社会事业加快发展,主要任务完成情况总体良好。

从主要指标看,与2015年相比,地区生产总值从46.8亿元到56.6亿元,"十三五"前两年年均增长7.5%,2018年前半年增速为8.2%,高于年均增长8%的预期目标;固定资产投资前两年年均增长20.48%,规划按9%增速,为后三年发展打下了良好基础;规模以上工业增加值由20.37亿元到22.8亿元,前两年年均增长8.2%;社会消费品零售总额由 22.51 亿元到 25.6 亿元，前两年年均增长 7.1%。财政总收入由 3.42 亿元到 5.63 亿元，一般公共预算收入由 1.74 亿元到 2.39 亿元，前两年年均增长 28.28% 和 17.22%。

从产业结构比重看，一、二、三产业增加值占生产总值的比重，2015 年为 8.8 : 48.1 : 43.1，2016 年为 9.2 : 45.6 : 45.2，2017 年为 10.0 : 47.2 : 42.8。第一产业按预期目标发展，第二产业略有波动，第三产业基本平稳。

2019 年，全县经济保持平稳增长，主要指标稳中有进。全县地区生产总值完成 64.96 亿元，同比增长 7.3%，高于县人代会确定 7% 增速 0.3 个百分点。全社会固定资产投资完成 38.57 亿元，同比增长 10%，高于县人代会确定的 7% 增速 3 个百分点。规模以上工业增加值同比增长 7%，完成县人代会确定 7% 增长目标。财政总收入完成 7.38 亿元，同比增长 12.7%。一般公共预算收入完成 3.21 亿元，同比增长 16.4%，高于县人代会确定 5% 增长目标 11.4 个百分点。社会消费品零售总额完成 29.26 亿元，同比增长 9.1%，高于县人代会确定 7.5% 增长目标 1.6 个百分点。城乡居民人均可支配收入分别完成 28664 元和 8508 元，同比增长 7.2% 和 12.3%，分别高于县人代会确定 7% 增长目标 0.2 个百分点和 10% 增长目标 2.3 个百分点。其中，社会消费品零售总额、农村居民人均可支配收入 2 项指标增速全市排名第一，地区生产总值增速全市排名第二。

第二节 项目建设全力推进 转型发展步伐加快

近年来，垣曲县委、县政府全力推进项目建设，加快了转型发展的步伐。2016年全县共实施重点项目63项，总投资122.43亿元，通过落实领导包联、现场办公、月度协调、督查推动等措施，"三个一百"成效明显，成为引领全县经济社会发展的核心。招商引资加快落地，精编垣曲2016招商引资推介项目，设计包装了45个有针对性、真实性和可操作性的重点招商项目，总投资633.3亿元。全县11支小分队共外出招商66次，对接企业118家，洽谈项目92个，签约意向项目16个，到位资金31.08亿元。"六位一体"超额完成。项目储备完成814.6亿元，占市下达任务626亿元的130.1%；项目签约完成112.5亿元，占市下达任务100亿元的112.5%；项目落地完成133.51亿元，占市下达任务76亿元的175.67%；项目开工完成147.28亿元，占市下达任务86.5亿元的170.27%；项目建设完成74.9亿元，占市下达任务53.3亿元的140.34%；项目投产完成110.88亿元，占市下达任务54.5亿元的203.45%。

2017年全县重点项目共69项，总投资250.87亿元。传统产业优化升级。金世家高档陶瓷生产线项目两条生产线已投产达效，产销两旺。中条山集团尾矿综合利用制备建筑陶瓷项目已开工建设。浙美科技装饰材料项目签约落地。中条山集团年产5万吨延压铜箔、200万平方米覆铜板项目动工建设。万事得塑料科技公司生物质降解膜项目完成前期准备。五龙集团镁合金综合利用项目一期二号生产线正在建设。园区承载能力不断提升。低碳循环经济产业聚集区污水处理及工业用水综合工程开工建设，园区基础设施日益完善。新能源产业发展加快。总投资17亿元的中电投20万千瓦风电项目实现77台机组并网发电；总投资9000万元的屋顶分布式光伏发电项目一期已投入运营；总投资70亿元的垣曲抽水蓄能电站项目正在加快推进可研阶段工作。

2018年认真落实全省"转型项目建设年"各项工作部署，高起点谋划一批涵盖工业、农业、旅游、社会民生、城乡统筹等的重大项目，积极指导项目报批，全力以赴协调克服困难、解决问题、化解矛盾。2018年重点项目85项，总投资441.27亿元，成为引领全县经济社会发展的核心。其中，续建项目15项，总投资46.52亿元；新建项目47项，总投资306.81亿元；预备项目23项，总投资87.94亿元。2018年共完成投资20.96亿元，占市下达目标任务15.89亿元的131.91%。

2019年，为认真落实全省深化转型项目建设年各项工作部署，县委、县政府高起点谋划一批涵盖工业、农业、旅游、社会民生、城乡统筹等的重大项目，积极指导项目报批，全力以赴协调克服困难、解决问题、化解矛盾。全年重点项目81项，总投资302.4亿元，成为引领全县经济社会发展的核心。其中，续建项目23项，总投资129.3亿元；新建项目38项，总投资117.95亿元；储备项目20项，总投资55.15亿元。全年重点项目累计完成投资34.81亿元，占年度目标任务29.29亿元的118.85%。传统产业优化升级。中条山尾矿综合利用制备建筑陶瓷项目一期已投产达效。五龙镁业110万吨焦化环保工程提档升级改造项目、国泰微晶玉石板材生产线技术改造项目已基本完工。中条山集团铜矿峪矿410中段产前工程加快推进。新型产业培育壮大。山西浙美装饰材料有限公司年产300万平方米PVC装饰材料项目全面建成投产。装饰材料产业园项目一期标准化厂房已建成。山西翌佳环保科技有限公司铜冶炼弃渣及工业固废综合利用项目开工建设。新能源产业加快推进。中电投风电二期、华昌新能源光伏电站项目开工建设，抽水蓄能项目正式核准具备开工条件。全域旅游群星灿烂。围绕"全景垣曲、全域旅游"，成功举办皋落"岭回桃花节"、王茅"荷花节"、古城"消夏周"等系列活动，全域旅游氛围浓厚。新望旅游公路全线通车，历山旅游驿站投入使用，望仙景区完成提档升级，亳清河旅游长廊加快建设。左家湾康养小镇、历山国家级森林康养基地等绿色康养项目全力推进。开展"非遗"进景区等旅游宣传推介系列活动，全年共接待游客32.2万人次，旅游直接收入1400余万元，带动相关产业收入8000余万元，旅游经济持续保持平稳增长。

第三节 工业园区集群化发展 开发区建设顺利推进

2013年12月，按照市委、市政府"园区化集群化发展"的要求，垣曲县委、县政府立足县情，科学规划，成立了垣曲县低碳循环经济产业聚集区。聚集区规划面积8.03平方公里，分为镁深加工区、铜深加工区、生活社区、建材生产区、小微企业孵化区和陶粒生产区六大产业园区。聚集区以铜、镁深加工，陶瓷建材为主导产业，以现代物流、技术服务、信息服务、商贸服务为配套产业，主要吸纳铜、镁深加工，陶瓷建材，陶粒砂等项目，拥有"原煤—洗精煤—干馏焦炉煤气—金属镁冶炼—镁合金—镁合金深加工""铜冶炼—精铜—铜深加工""陶瓷土、铝矾土、铜铁尾矿—陶瓷制品、陶粒砂、微晶玉石板材"三条循环经济产业链，工业总产值占全县工业总产值的比重连续多年在90%以上。

2017年，山西省委、省政府把开发区发展作为应对经济下行、实现经济企稳向好的重要抓手，相继召开了开发区改革创新发展会议、开发区整合设立和扩区工作推进会，运城市委、市政府也出台了《开发区改革创新发展实施方案》，加快推进全市开发区改革创新发展步伐，努力形成"一市一国家级开发区、一县一省级经济开发区"的格局。垣曲县委、县政府抢抓改革机遇，立即成立垣曲经济技术开发区筹备组，在县低碳循环经济产业聚集区的基础上，整合中条山有色金属集团有限公司，申报设立省级经济开发区。在全县各级领导的共同努力下，在社会各界的关心支持下，垣曲经济技术开发区于2019年1月经省政府批准设立。开发区总规划面积10.97平方公里，分南、北两个园区。其中，北区3.38平方公里，南区7.59平方公里。规划范围为西至铁骨山脚和沙金河边，东至横济线，南至五龙镁业有限公司，北至中条山有色金属公司。

开发区资源丰富。迄今探明全县矿藏46种，列山西之冠。其中，铜矿储量3.7亿吨，居全国第三，铁1800万吨，石英砂岩2280万吨，白云岩1.8亿吨，石灰石1亿吨，金、石英岩、铝土矿、石榴子石、重晶石等矿产资源也十分丰富。中条山尾矿现有储量2.1亿立方米，每年以680万吨的排放量持续增加。这些矿产资源是生产金属镁、陶瓷建材等产品的主要原料，开发利用潜力巨大。开发区区位优越。开发区毗邻闻垣高速、垣渑高速，距离大西高铁客运站、运城关公机场仅40分钟路程，对外交通便利。随着晋（城）运（城）高速的开通和侯（马）济（源）铁路的修建，区位优势将更加显现。开发区政策汇聚。地处晋陕豫交界处，享受山西省国家资源经济转型综合配套改革试验区、中原经济区、黄河金三角承接产业转移示范区的政策支持。同时，为进一步优化营商环境，全县制定出台招商引资优惠政策37条，获得了投资方的青睐。开发区产业集聚。在现有产业发展的基础上，围绕延链、补链、强链，吸引了一批大项目、好项目落地，广东东鹏集团投资17亿元实施东鹏智能家居产业园项目，利用陶瓷土、铝矾土生产高档陶瓷墙地砖；广西碳歌投资20亿元实施绿色经济循环产业园项目，利用铜尾矿弃渣生产陶瓷原料和发泡陶瓷墙板；广东华诺投资8亿元实施年产4万吨高纯铁量产基地项目，利用铁精粉、铁鳞及含铁尾渣制备99.9%的粉末冶金用超细高纯铁。

截至目前，开发区"七通一平"基础设施建设已经完成，移民小区、学校、医院、银行等服务设施均已到位，加油站、110千伏变电站、供水及污水处理厂等配套设施正在同步推进。现入驻工业企业20家。其中，"四上"企业11家，"规上"企业8家，从业人数15000人。2019年，开发区实现工业总产值100.68亿元，税收4.13亿元。开发区以铜、镁深加工，陶瓷制造，新型建材为主导产业，现已形成年产110万吨焦化、2.5亿立方米焦炉煤气、6万吨镁合金、20万吨阴极铜、30万吨陶粒砂、1500万平方米陶瓷地砖、2500万平方米陶瓷内墙砖、40万平方米微晶玉石板材的生产能力，拥有"中条牌"阴极铜、"刚玉牌"陶粒砂两个省级著名商标。在现有产业发展的基础上，开发区以中条山有色金属公司、五龙镁业有限公司为依托，打造全国矿产资源综合开发聚集区；以山西东鹏新材料有限公司、山西中条山陶瓷科技有限公司为依托，努力将开发区建成国家级尾矿综合利用开发基地和黄河金三角区域重要的高档陶瓷加工基地。

2020年6月，垣曲经济技术开发区被山西省发改委确定为新型绿色建材特色产业集聚区。开发区将以此为契机，紧紧围绕省委"四为四高两同步"总体思路和要求，聚焦聚力市委"五优一抓一促"经济工作主抓手，进一步强化"项目为王"理念，在转型上谋发展、在率先上抢先机、在蹚出上下苦功、在新路上勇探索，做强产业，做亮品牌，努力实现直道冲刺、弯道超车、换道领跑，率先蹚出一条资源型地区转型发展的新路子。

第四节 现代农业提质增效 乡村振兴日新月异

自十八大以来，垣曲农业以习近平新时代中国特色社会主义"三农"思想为指导，以建立现代特色农业为目标，突出发挥资源环境优势，围绕资源环境经济协调发展，优化特色生态农业的结构布局，实现区域化、规模化发展，实现脱贫摘帽，实现乡村振兴，实现县委、县政府提出的全面建成生态美、百姓富、实力强的垣曲小康社会目标。

首先，于2014年在华峰乡华峰村、解峪乡解村、王茅镇东窑村三个村试点农村土地承包经营权确权登记颁证工作。2015年在全县全面开展，2016年11月底调查工作基本完成，2016年12月至2017年1月底签订合同，2017年8月底县级检查结束，2017年9月底全面完成数据库成果整合、质检、交汇和合库入库工作，并通过了市农村土地承包经营权登记颁证工作领导小组办公室的检查验收。截至2017年底，已经完成182个行政村901个发包方36137户的271370.34亩157305块地的确权登记数据库成果汇交；因存在客观问题，暂未能确权的有11281.5亩3192块地，涉及50个发包方（包括6个整村18个发包方，32个单独发包方，3051户）还未数据汇交入库。

其次，鼓励农民进一步扩大粮食种植面积，发展特色农业。到2017年粮食种植面积达到12720亩，年产222.5万公斤。种植谷子、豆类、薯类等杂粮2.3万亩，涉及11乡（镇）117村。同时，落实省委"一村一品一主体"号召，种植各类水果面积2.4万亩。

近两年，我县紧紧围绕乡村振兴战略，在稳定粮食生产的基础上，狠抓农业产业结构调整，加大农田水利设施投入，推进农业产业化，农业农村经济稳步发展。农业水平不断提升。粮食生产保持稳定，总产达8643万公斤；主导产业不断巩固，加强核桃树管理，实施干果经济林提质增效项目5万亩，核桃示范园建设全面启动，新建舜兴干果公司，全县核桃加工企业达到6家；特色产业持续壮大，年产400万袋菌棒自动化生产线投产，全县蔬菜果园面积达5.4万亩，蚕桑1000亩，药用牡丹、菊花等中药材4200亩，食用菌产业园基本建成。农业产业化不断推进，实施"帝舜故里、农耕之源"品牌战略，生猪生产稳步恢复，温氏生猪养殖一体化项目持续推进，长直种猪场已完工，华峰种猪场开工建设。全面推进农村集体产权制度改革，清产核资工作如期完成。扎实推进耕地开发、农业综合开发等土地治理项目，农业生产条件不断改善、生产能力不断增强。城乡功能不断完善。农村人居环境持续改善。农村户厕改造任务全面完成。以农村垃圾、污水治理等村容村貌提升工程为重点，农村人居环境集中整治三年行动计划扎实推进。农业基础设施建设不断推进。深入实施农村饮水安全巩固提升工程、乡村生活垃圾治理工程。长直乡涧溪等村耕地开发项目已完工。以创建"星级文明户"为抓手，乡风文明建设持续加强。行政村撤并有序推进，农村治理效能有效提升。

在新农村建设中，我县建设步伐加快，成绩显著。自2014年以来，根据中央、省、市有关会议精神，我县认真按照市委抢先机、站前列、创一流的总要求，紧密结合脱贫攻坚，持续推进农村人居环境整治和美丽乡村建设。2015年和2016年，垣曲被评为省级美丽乡村建设试点县，利用2000万元财政奖补资金实施了10个美丽乡村项目。2017年、2018年，又自筹资金1600万元，实施了9个美丽乡村项目，取得了一定成效。2019年利用上级财政奖补资金600万元实施了3个美丽乡村示范村提升项目，通过逐年接续实施将全县美丽乡村建设一体化，连片推进。在完善提质方面，完成农村公路改造提质及安全生命防护工程387.19公里；完成农村安全饮水修建44处；水土流失治理1.8万亩；农村老年日间照料中心建设任务完成26个；新改、扩建农村幼儿园5所；完成了11个乡镇综合文化站建设和188个村级文化娱乐活动场所建设；完成营造林任务5.79万亩，村庄绿化43个。在农民安居方面，共完成农村危房改造3454户；完成地质灾害搬迁129户；完成易地扶贫搬迁9190人。在环境整治方面，全县188个行政村共配备清扫保洁人员451人，涉及贫困村109个、贫困人口251人；共配备垃圾清运设施，三轮垃圾车125辆、保洁车445辆、垃圾桶610个、果皮箱550个；完成28个规模畜禽养殖场标准化改造。在宜居示范工程方面，投资418万元，先后实施省级美丽宜居示范创建村6个；投资100万元实施市级美丽宜居示范创建村3个；投资40万元，实施农村公共浴室试点建设2个，共涉及贫困村7个，贫困人口1104户3122人。

在农机发展方面，到2017年末，可概括为"四个前所未有"。一是农业机械装备总量、结构优化速度之快前所未有。2017年农机总动力达到32.6万千瓦，是2004年的1.6倍；农用大型拖拉机与各种自走式农业机械达到484台，是2004年的2.4倍。二是农业机械化综合程度提高之快前所未有。2017年全县粮油主要农作物生产综合机械化程度达72.3%，比2004年提高25个百分点。其中：小麦综合机械化水平达到95%以上；机耕（免耕）面积达到95%以上；机播面积达到85%以上；玉米、薯类机械化收获水平分别达到45%和55%；果蔬、杂粮、畜牧生产及农副产品加工机械化协调推进。三是薄弱环节、急需环节机械化突破或破题之快前所未有。玉米联合机收率达到70%；保护性耕作、土地深松、精量播种等技术迅速发展；农田机械化管护、果业机械化植保、根茎类作物果实机械化收获等快速破题。四是农机服务合作组织发展迅速。农机具不仅在数量增速上更加迅猛，而且在质量和功能上更有提高和完善，科技含量大大提高，涉及的领域更加广泛，既增加了农机合作组织的收益，又达到了农民增收节支、减轻劳动强度的目的，夯实了我县农业生产的物质基础，增强了农业抗拒各种风险的能力，着力推动了垣曲建设"产业兴旺、生态宜居、乡风文明、治理有效、生活富裕"的社会主义新农村进程。

自十八大以来，垣曲农商业也取得了长足发展。自2013年6月开展百亿项目大行动到2016年末，垣曲农商行各项存款余额316170万元，各项贷款余额144718万元，资产规模和市场份额稳居全县同行业之首。

第五节 水利事业成效显著 生态建设名列前茅

自党的十八大以来，本县水利事业跨越式发展，取得重大成绩。

全力实施坡改梯工程，完成了12500亩坡改梯示范项目，中央电视台《新闻联播》作了报道。

对全县五大河流及采砂企业进行了检查督促，治理整顿，治理长度40多公里，完成清障5万多立方米，极大地改善了河道行洪能力，确保了汛期行洪安全。

完成了《中央预算内投资国家水土流失重点治理工程山西省（垣曲县部分）实施规划报告 2015—2019 年五年规划》等 10 项规划和设计。争取资金 6074.37 万元。完成了农发授牌水保项目建设、综合治理项目、沟坝地改善、滩地改良项目、坡改梯项目等。

圆满完成了亳清河县城段生态环境综合治理工程。亳清河县城段被评为"省级水利风景区"和"国家水利风景区"。

认真落实"河长制"。2017 年 9 月，水利部督察组一行深入垣曲，对垣曲县全面推行"河长制"的工作进行督导。督察组充分肯定了垣曲县全面落实"河长制"的工作。省电视台对此作了报道。

饮水安全工程总投资 1523 万元，涉及 11 个乡（镇）86 个行政村 224 个自然村 103 处工程，解决了 4.4804 万人（其中建档立卡贫困人口 1.0954 万人）的饮水安全问题，顺利通过省厅验收。完成了涉及 109 个贫困村共 566 处农村饮水工程水样提取及检测工作，水质、水量、方便程度及保证率四项指标全部达标，完成了贫困县脱贫摘帽各项水利指标要求。

瓦舍水库建设工程全面完成。工程总投资 5480 万元，历时三年，于 2018 年 12 月 18 日顺利下闸蓄水，每年可为县城供水 100 万立方米，不仅能解决城郊森林公园生态用水，还能为县城居民供水提供应急保障。

亳清河河道治理二期工程全面开展。将对亳清河新城镇磨洼至原八一水库、长直乡鲁家坡至西交段共 8.25 公里进行治理。

李家河引水工程顺利进行。已完成了年度投资任务2500万元，占总投资的70%。

在黄河小浪底水库垣曲段建成山西古城国家湿地公园，加强了库区水质保护和生态环境修复。小流域治理成绩明显，境内各条河流都得到有效治理，水资源得到充分利用。

自党的十八大以来，垣曲林业建设按照县委"山上治本，身边增绿，林业增效，产业富民"的工作思路，牢固树立"既要金山银山，更要绿水青山"的理念，始终坚持生态优先，绿色发展，强力推进造林绿化"天然林保护、退耕还林、核桃经济林、荒山造林绿化、县乡通道绿化、园林村建设、重要水源地保护、农田林网建设、苗木基地培育、生态修复"十大生态绿化工程，建立了垣曲林业生态体系的主体框架。同时，着力抓好八项重点工作，即科学规划，构建绿化屏障；发展核桃产业，实现生态、经济双赢；打造荒山造林精品工程，建立完备水土保持体系；实施园林村建设，改善人居环境；通道绿化提档升级，打造绿色长廊；建育苗基地，为林业建设提供保障；推进集体林权制度改革，完善林业产业体系；实行天然林保护工程，确保森林资源安全。取得了丰厚成绩。

2012年，我县被山西省人民政府授予"林业生态县"的称号，被山西省林业厅确定为"山西省核桃重点县"；2013年，国家林业局确定垣曲华峰乡为"国家级核桃示范基地"，省林业厅授予"全省森林防火工作先进单位"；2014年，垣曲县被评为"山西省六大工程建设先进县"，

2015 年，被评为"全国绿化模范县"。

近些年，我县持续开展国土绿化行动，造林面积4.3万亩。舜乡城郊森林公园项目持续推进，园林绿化提档升级。2019年，国家级园林县城获批，国家级森林县城完成报备。大力实施乡村绿化美化工程，完成42个森林村庄建设。落实最严格的生态保护制度。亳清河县城段生态环境综合治理工程竣工验收，瓦舍水库、亳清河垣曲段河道治理二期工程已完工，西阳河河道治理工程前期工作已完成，全域水质总体为优。开展"清废"行动和"百日清零"专项行动，排查"散乱污"企业311家。节能减排力度加大，"煤改气""煤改电"工作持续推进，清洁能源由县城延伸到乡村，扬尘污染防控成效显著，全县大气环境质量Ⅱ级以上天数达239天，全市排名第二。

第六节 教育事业稳步提升 卫生资源持续优化

在党的十八大精神指引下，从2013年至今，垣曲县的教育工作承前启后，继往开来，发生了历史性的变革。学校基础设施建设、校长教师队伍建设、义务教育均衡发展、现代学校管理改革、各类教育协调发展等各项工作取得了令人瞩目的成效，吸引了省内外数以千计的教育同行来垣参观学习。全县教育不仅实现了2010年提出的"五年河东教育看垣曲"的既定目标，而且在诸多方面引领全市教育发展，跻身于全省先进行列，正朝着"打造三晋品牌教育"新的目标阔步前行。

学校基本办学条件得到新改善

通过校园安全工程的高标准实施和学校"六化"建设的持续推进，2013年5月，全县学校标准化建设顺利通过了省级复验。同年，为推动各类学校办学条件同步改善，县政府又投资1300万元，新建和改、扩建乡镇中心园10所，在全市率先实现了乡镇幼儿园全覆盖。投资2000万元的城南幼儿园建成并投入使用，至此集幼儿、小学、初中、高中、职中五位一体的城南学府苑基本建成。2014年，全县以实施"全面改善贫困地区义务教育薄弱学校基本办学条件"为契机，着力强化对20条底线要求的自评整改工作，中小学校的办学条件进一步改善。当年县政府总投资8000余万元的城西小学、城西幼儿园相继投入使用，五位一体的城西学府苑建设全部到位，城区集群式"两苑"办学格局基本形成。其间，垣曲中学的德孝文化广场、校史馆，中条中学的大门，职业中学的1、2号教学楼，新城初中的科技楼和2号宿舍楼，华峰初中、英言初中的师生餐厅等新建和改、扩建工程也相继完工，全县中小学危房问题全部解决。

校长教师队伍素质得到新提升

2012—2014年，县教科局充分运用国培计划、网络研修、与山西师大教师顶岗置换等方式，强化对校长教师的全员培训和在岗研修。为进一步加大研训力度，2015年，县政府投入1000万元，与北师大签订了垣曲县基础教育质量整体提升工程三年合作协议，通过实施中小学校长教育领导力提升工程、卓越教师发展工程和名师带读书工程，全面提高了校长、教师、教研三支队伍的整体素质。2018年，又与北师大培训机构合作实施垣曲县中小学乡村教师能力提升项目，现已开办小学语文、数学，中学政、史、地、理、化、生6个高级研修班，以期进一步提升中小学教师的学科教学能力。从2015年至今，全县组织校长和骨干教师先后到上海、西安、成都、厦门等地的名校进行参观学习或跟岗实践，累计达630余人次；先后邀请全国著名教育专家286人来垣举办专题业务讲座或入校进行实地指导。特别是县科教局将2017年作为"师德师风建设年"，将2018年作为"师德建设引深年"，扎实开展师德师风建设，广大教师的思想道德水平和职业道德修养不断提升，工作作风更加务实。

县域义务教育均衡发展取得新成就

在完成学校标准化建设后，2013—2014年，我县以"全国义务教育发展基本均衡县"评估认定为契机，按照《山西省义务教育阶段中小学办学条件督导标准》和《县级人民政府推进义务教育均衡发展工作情况评估指标》，认真开展县域义务教育均衡发展现状自评、整改提高和申报工作，在市级复核组和省级督导组的指导下，县域内城乡、校际的办学基本条件和管理质量全面达到了有关标准要求。2014年11月，我县以全省第三名的优异成绩高标准通过了国家级督导评估认定，被国务院授予"全国义务教育发展基本均衡县"称号。

现代学校管理改革呈现新局面

2013年初，县政府督导室出台《垣曲县各级各类学校年度发展考核方案》，着重从办学条件、队伍建设、学校管理、课程开设和教育质量五个方面考核学校。同年冬末，根据省教育厅规范中小学办学行为"十二条规定"，对考核指标进行修订，新增规范办学相关要求。县政府每年都要与各乡镇签订乡镇教育工作目标责任书，教育局每学年都要与各级各类学校签订年度教育教学质量目标责任书，对各乡镇的尊师重教工作、各学校的办学水平实行目标管理和量化考核，并通过定期督导评估强化落实。

各类教育协调发展取得新突破

通过实施《垣曲县学前教育三年行动计划》，到2015年底，全县基本形成了以县直园为龙头、乡镇中心园为骨干、村办园和民办园为补充的学前教育发展格局。通过实施学校标准化建设、全面"改薄"计划和现代学校管理改革，县城义务教育学校的办学条件全面达到了基本均衡要求，治理能力和治理水平得到了全面提高。高中学校经过资源整合和创新发展，办学品位不断提高，高考达二本B类线人数连续六年稳居千人以上；2015年全市高中教育内涵发展质量提升现场会在我县成功召开。职业教育立足实际，调整结构，实行"校企合作、订单培养"办学模式，富有成效。2015年，职业中学荣获"山西省教育系统先进集体"，2018年顺利通过山西省五星级学校验收。成人教育与县林业局、农委等单位积极合作，大力开展农民实用技术培训，成果丰硕。

2008年11月，我县农村职业教育和成人教育示范县创建工作顺利通过了国家级验收。特教学校聚焦身心残疾的儿童少年，扎实开展身体康复训练和自理能力培养，初步形成了"生命教育"办学特色。2018年4月，运城市特殊教育现场会在我县特教学校成功召开。民办教育经过优胜劣汰，虽数量减少，但对垣曲教育事业的多元发展功不可没。尤其是从2013年垣曲县家庭教育服务中心正式成立以来，通过定期举办家庭教育知识讲座，开展家庭教育进乡镇、进农户、进校园等活动，家校联系更加密切，家长素质不断提高，家庭教育已成为我县教育一体化改革发展的一个新亮点。

十八大以后，垣曲的卫生事业获得较快发展。到2018年，全县医疗卫生计生机构有333个；有医疗卫生计生人员1449人，其中专业院校毕业1420人，本科及以上学历448人，副主任医师以上专家84人；拥有1.5T核磁共振、64排128层螺旋CT、四维彩超、数字DR等医疗设备，可开展各种肿瘤治疗、腹腔镜手术、血管造影、心脏支架植入等高难度手术。全县形成包括疾病预防、地方病预防、妇幼保健、基本公共卫生服务、健康教育、康复理疗、全民医保等在内的完善的医疗保障体系，努力全方位、全生命周期保障人民健康，人均寿命达76.7岁。

近两年，深入进行县乡医疗卫生一体化改革，健康扶贫深入实施。家庭医生签约服务质量不断提升，全县重点人群签约服务率为82%，续约率为45%。而更高的医疗资金投入使医疗基础设施不断完善，县医院功能更加完备，中医院新大楼、妇幼保健院业务用房投入使用，中条山集团医院改、扩建项目稳步推进。公共体育场及全民健身中心主体已完工。健康垣曲的梦想正一步步变为现实。

第七节 城市建设快速发展 人民群众安居乐业

近年来，在县委、县政府的坚强领导下，在省、市住建部门的关心支持下，垣曲县住建部门坚持以习近平新时代中国特色社会主义思想为指导，始终秉承精细化城市管理理念，把握机遇，乘势而上，以大县城建设为龙头，不断加快"美丽舜乡，生态垣曲"建设步伐，城市面貌发生了巨大变化。

城市设施日臻完善。近年来，我县大力实施"东扩西进、南延北伸"战略，先后投入10余亿元实施了中条南大街、舜王南大街、建设路、历山东路、人民西路、东环南路、八一路、滨河东西路等50余条街路改造，以及城市公园、城市供热、城市供水、中心广场、园林绿化、亳清河改造、污水处理、垃圾综合处理等一批市政重点工程。还架起了友谊路桥、建设路桥、安子岭桥等12座桥梁，基本满足了县城居民的出行需求。如今县城面积已由原来的6平方公里增加到13.8平方公里，城市总人口已达11万人。城市绿化总面积399.5万平方米，绿化率为39.9%，人均公园面积11平方米，城市道路总长66.3公里，总面积173.8万平方米，人均道路面积16平方米，形成了"二环九纵十横"的城市格局，我县城市基础设施日趋完善。

城市功能显著增强。1.投资8099万元，建设日处理2

万吨的污水处理厂,污水处理率94%;2.投资2000余万元,建设日生产15000立方米的县城供水净水厂,水质合格率为100%;3.投资3.4亿余元,建设占地面积1.3万余平方米,供热面积337万平方米的寰慧热力厂,县城集中供热普及率为92%;4.投资5400万元,建设日处理270吨的生活垃圾处理场,垃圾处理率为97%;5.投资2亿余元,完成2.1公里长的县城亳清河蓄水美化工程;6.投资5000万元,建设占地面积28.5万余平方米的舜乡公园项目;7.投资1150万元,建设城市公厕39座;8.拆迁征收项目累计完成近千户,征收面积7万余平方米,发放补偿资金2.5亿元;9."三供一业"改造项目投资4.7亿余元,涉及有色金属公司近1.5万户居民,改造面积77.6万平方米;10.保障性住房累计投资11亿余元,建设廉租房1066套、公租房604套、经济适用房594套,各类棚户区改造6634套,我县城市功能进一步增强。

  城市管理规范有序。一抓规范。将城区临街特殊行业门店,统一规划至现代商贸城实行划行归市管理;与市场监管局和行政审批局联合召开全县户外广告治理会议,规范广告管理;引进共享单车1000余辆,缓解城区交通压力;启用垣曲县数字城管平台,利用无人机和GPS,对重点车辆、重点路段和建筑工地实施全程视频定位监控和空间监巡。二抓管理。召开早点、夜市经营行业和建筑行业扬尘污染治理会议,强化源头治理;启动垣曲县建筑垃圾清运处置及资源化利用项目,治理扬尘污染;建立"机械为主、人工为辅"环卫保洁模式,狠抓厨余垃圾收运处置,实现城区生活垃圾分类全覆盖，确保城区172万平方米保洁面积定点清扫和各类垃圾及时收运，做到垃圾日产日清。三抓整治。组织开展"两下两进两拆"专项整治和"爱国卫生季"活动。在城市外围治"脏"，对城乡接合部、城市外围边缘卫生死角及抛洒滴漏车辆重点整治；在中心城区治"乱"，依法取缔店外经营、整治广告牌匾、拆除违章建筑，不断加大对城区"十乱"行为的整治力度，有效遏制了城市脏、乱、差现象，县城市容环境得到明显改观。

由于工作成绩突出，垣曲县住建局连续多年被市住建局和县委、县政府授予"住房城乡建设工作优秀单位""园林绿化工作先进单位""目标责任考核先进单位""年度先进集体"荣誉称号，2020年1月垣曲县城荣膺"国家级园林县城"殊荣。

第八节 全力开展脱贫攻坚 决战完胜如期摘帽

自党的十八大以来，垣曲县委、县政府始终将脱贫攻坚作为重大政治任务和第一民生工程，坚持脱贫攻坚统揽经济社会发展全局，精准施策，狠抓落实，全力推进脱贫摘帽工作。

2013年开始实施百企千村产业扶贫开发工程，以促进农民收入翻番为核心，发挥组织、政策和资源优势，支持引导大中型企业，带动贫困村实现区域化、规模化产业扶贫开发，促进农民增收和企业转型，加快改变贫困地区面貌，推动经济实现可持续发展。

2014年实施干部驻村帮扶，安排29个市级单位和103个县级帮扶单位帮扶109个贫困村，并派驻第一书记和驻村工作队到村帮扶，同时实行党员干部结对帮扶。

2014年至2016年实施千村万人就业培训，用于转变广大农村劳动者的就业观念，提高其就业技能，帮助广大农民群众尽快掌握脱贫致富的技术，早日走上致富之路。

2015年至2016年实施贫困地区新型职业农民培育，用于提高贫困农民综合素质，提升贫困农民生产技能，助推农业农村发展，助力贫困农民收入增加。

2015年开始实施雨露计划教育扶贫资助。

2016年开始实施八大工程二十个专项行动，涉及我县24家县直单位，以建档立卡贫困村、贫困户为主攻对象，层层签订责任书，立下军令状，重点工程布局，专项行动推进，具体项目支撑，政策机制保障，各方合力攻坚，稳定实现农村贫困人口不愁吃、不愁穿，义务教育、基本医疗和住房安全有保障。

2017年开始实施"一村一品一主体"产业扶贫。到2017年底，我县贫困村基本确立"一村一品一主体"，达到"五有"标准，即村有产业、有带动企业、有合作社，贫困户有劳动能力的有技能、有项目，户均新增产业收入3000元以上；实施"五位一体"的精准扶贫小额信贷，进一步推进我县扶贫小额信贷工作，切实解决建档立卡贫困户贷款难、贷款贵的问题，破解扶贫融资瓶颈，促进建档立卡贫困人口脱贫致富。

连续7年的脱贫攻坚，取得了显著成绩。全县原有贫困村 109 个，有贫困人口的非贫困村 73 个，建档立卡贫困人口 12067 户 33959 人。2014 年脱贫 1562 户 4601 人；2015 年脱贫 2129 户 5913 人，整村脱贫 4 个村；2016 年脱贫 1697 户 4784 人，整村脱贫 37 个村；2017 年脱贫 2603 户 7718 人，摘帽 29 个村；2018 年脱贫 3433 户 9643 人，整村脱贫 39 个村。

十九大之后，我县始终坚持把脱贫攻坚作为"天字号工程"和"党政一把手工程"，加强组织领导，全面夯实责任，严格落实"六个精准"，深入实施"五个一批"和"八大工程二十个专项行动"，群众生产生活条件明显改善，获得感、幸福感明显提升。

一、提高政治站位，强化责任落实

县委、县政府牢牢把脱贫攻坚的政治责任扛在肩上、抓在手上，形成党委统揽、部门联动、乡村落实的高效机制。一是高位推动抓落实。履行脱贫攻坚工作领导小组"双组长"负责制，县委书记、县长任组长，将人大、政协正职充实到领导小组加强力量，县委副书记和分管农业的副县长任领导小组办公室主任。成立 9 个脱贫攻坚重点任务工作组，县级层面形成脱贫攻坚"1+9"的领导工作机制。二是建立机制抓落实。县级层面建立"无缝隙循环督办制、无盲区随机督查制、无情面追责建议制、无条件末位剖析制"的"四无"落实机制，狠抓脱贫攻坚各项工作落实。乡村层面推行"1234"工作机制，即：组建一套机构，组建以包村干部、第一书记、帮扶工作队、党员干部为主的工作机构；贯彻

"两个走进",即走进百姓的心里、走进百姓的家里;做到"三个一线",即在一线了解民情、在一线制定措施、在一线解决问题;实现四个目标,即找准一条路子、定好一个规划、富裕一方百姓、活跃一方经济。三是尽锐出战抓落实。确定市县包乡镇包村领导165人,市县帮扶单位132个,派驻第一书记108名,帮扶工作队109支366人。全县4051名帮扶责任人和贫困户结对帮扶。88名市县乡镇挂职干部全部参与脱贫攻坚工作。10家民营企业结对帮扶10个贫困村。建立了县领导包乡包村包户、帮扶工作队结对帮扶、第一书记全身心投入、企业真帮真扶的"四位一体"全覆盖帮扶机制。四是动真碰硬抓落实。严格督导检查,县脱贫攻坚督查问责工作组、驻村帮扶工作组及"两办"督查室开展综合、专项督导检查80余次。通过严格的追责问责,树立了"抓好脱贫是本职,抓不好脱贫是失职"的鲜明导向。同时,选树了一批脱贫攻坚典型人物进行表彰,全县掀起了"学先进典型、促脱贫攻坚、创一流业绩"的干事创业热潮。

二、加大资金投入,高效综合利用

自2014年以来,垣曲县脱贫攻坚综合投入达16.54亿元,其中,扶贫专项资金3.46亿元,统筹整合资金2.12亿元,异地搬迁资金3.99亿元,县级配套资金0.57亿元,"八大工程二十项行动"资金投入5.82亿元,引进社会资金0.58亿元。一是在资金统筹整合上,做到"应整尽整"。分年度制订《垣曲县统筹使用财政资金实施精准扶贫工作方案》,在"因需而整"的前提下,做到了"应整尽整"。2016年整合财政涉农资金865万元，2017年整合财政涉农资金24873万元，2018年整合财政涉农资金13378万元，全部投入使用。二是在项目资金管理上，做到"精准规范"。按照"项目跟着规划走、资金跟着项目走、责任跟着资金走"的原则，做到资金到项目、管理到项目、核算到项目、责任到项目，全面加强项目资金管理。完善项目库建设，项目入库实行"一报、三审、一公示"，即"村级申报，乡镇审核，部门可行性审定，县领导小组最终审定，公示入库"。项目资金管理上，出台《垣曲县财政专项扶贫资金管理办法》《垣曲县扶贫项目资金公示公告制度》，修订完善《垣曲县财政项目资金建设使用流程图》，做到了投向使用精准。三是在县级财政投入上，实现"两个增长"。2016年县级财政专项扶贫资金投入50万元，2017年投入2660万元，2018年投入3000万元，实现了县级财政专项扶贫投入总量、增幅的双增长。四是在资金使用成效上，实现"叠加效应"。通过项目的精准实施，资金的实实在在投入，农村基础设施的进一步完善，公共服务水平的进一步提升，特色产业的进一步发展和巩固，群众获得感、幸福感持续增强。

三、综合精准施策，政策到户到人

扎实推进"八大工程二十项专项行动"，全面夯实脱贫攻坚基础。

一是发展特色产业稳固脱贫一批。发展产业是打好脱贫攻坚战的重要支撑。近年来，垣曲县以"一县一业"为统领，以"一村一品一主体"为主抓手，依托自然禀赋和优势，以农旅融合为切入点,通过产业项目带动,形成了"一业为主,多业跟进,长短结合,竞相发展"的良好局面,为促进贫困村发展、贫困户增收和高质量脱贫奠定了坚实的产业基础。全县109个贫困村,村村有自己的产业,其中105个村形成了脱贫产业。109个贫困村均有企业、合作社或股份合作经济组织带动,覆盖有劳动能力的贫困人口8597户,占总贫困户数71.3%。75个贫困村建立了股份合作经济组织,占贫困村的68.8%。有条件且需要通过农业产业脱贫的贫困户都有增收项目。有劳动能力贫困人口14285人,有12838人掌握了各种农业产业技能。全县有涉及种植、养殖、农产品加工、农机、扶贫造林等多个行业的农民专业合作社665家社员1.3万余人,带动农户2万余户。围绕产业扶贫,全县建成特色农副产品加工企业和农民专业合作社30余家,其中市级以上龙头企业11家,其中5家企业列入省农业产业化"513"工程。全县农产品加工企业通过就业和"企业+合作社+农户"方式带动贫困村58个,带动贫困人口4621户7652人。

二是实施易地扶贫搬迁安居脱贫一批。坚持"六环联动、闭环推进",按照"将最好的地段让出来,以最严的标准建起来,把最全的设施配起来,用最准的路子富起来"的"四最模式","十三五"期间投入3.99亿元,完成9190人的易地扶贫搬迁。通过合作社托管、土地流转等方式,确保原有产业不丢;推行"菜单式选择、保姆式服务",保证每个搬迁户至少有一个增收门路、有一人转移就业,让广大贫困群众真正实现"搬得出、稳得住、能脱贫"。危房危窑改造方面，自脱贫攻坚以来共投入6043.32万元，使4930户群众住上了安全舒心的好房子。在农村人居环境方面，配套资金2966.2万元，完成13座农村垃圾转运站建设，实现了乡村清洁全覆盖。

三是开展培训教育就业脱贫一批。人社、教育、农委、扶贫、开发、林业、畜牧等部门，充分发挥行业部门优势，积极开展家政服务、保健按摩、厨师、农业种植、计算机、电工、焊工等各类涉农培训16571人次，使5100余名贫困人口实现了稳定就业和自主创业。

四是结合生态建设补偿脱贫一批。努力在一个战场打赢脱贫攻坚、生态保护"两个攻坚战"。完成营造林59549亩，其中，天保人工造林1500亩，封山育林3000亩，退耕还林55000亩，森林植被恢复49亩。营造林任务全部通过公开议标的方式，由组建的21个扶贫攻坚造林专业合作社实施。扶贫攻坚造林专业合作社入社社员722人，其中，建档立卡贫困户630人，占比87%，带动贫困人口1996人，户年平均增收约4000元。

五是改善基础设施稳步提升一批。结合脱贫攻坚产业发展和乡村旅游示范带动，投入3.1亿元，修建了一批产业路、资源路、旅游路，完成52个村（贫困村39个）75.8公里通村硬化路面改造；投入4695万元，实施农村安全饮水工程151处，解决8.7万人饮水安全问题；投入1.28亿元，对农村电网进行升级改造，村通动力电全覆盖；投入2076万元，实施以工代赈项目30个，带动群众务工持续增收。通过一系列工程的实施，农村基础设施明显改善，短板得以补齐。

六是提升公共服务全力支撑一批。在教育扶贫方面，建立完善各学段贫困学生信息库建设，做到应助尽助。2014年以来，累计发放包含"雨露计划"在内的各类、各学段贫困学生资助金1959.88万元，资助学生60730人次；累计办理大学生生源地信用助学贷款17265笔，贷款金额11040万元；累计资助1834名家庭贫困大学生上大学，资助发放金额760.05万元，全县无一名学生因贫困而失学。在健康扶贫方面，全面落实"136"政策，开辟"一站式"绿色通道，建立了基本医疗保险、大病保险、商业补充医疗保险、社会兜底四重保障机制，综合保障实际报销比例平均达到92.2%。

七是凝聚社会力量帮扶带动一批。工会、青年团、妇联、工商联等群团组织发挥自身优势，积极开展"巾帼建功攻坚战""青春奉献在基层""志愿服务到一线""企业结对帮扶贫困村"等活动，在全社会形成了关注脱贫、踊跃扶贫、志在摘帽的浓厚氛围。扎实推进金融扶贫，投入金融扶贫风险补偿金1884.5万元，累计撬动信贷资金5亿元。全县消费扶贫累计完成4300万元，全市排名第一。

四、严格程序标准，精准识别退出

脱贫攻坚，贵在精准，重在精准，成功在于精准。我县在贫困人口识别和贫困退出工作中始终坚持把"精准"二字放在首位。在精准识别方面，根据省市建档立卡"回头看"、贫困人口核查整改、扶贫对象动态调整相关要求，按照"两评议、两公示、一比对、一公告"程序，开展大数据、多部门信息比对,实现了初步精准、比较精准向更加精准的转变,2018年动态调整确定全县贫困人口规模为12067户33959人。在精准退出上,坚持脱贫标准,严格按照《山西省贫困退出实施办法》,严把"一评议、一公示、一公告"的贫困户脱贫和"乡镇调查核实、县审核公告、市监督检查"的贫困村退出程序,把脱贫质量放在首位,确保得到群众认可、经得起历史检验。2014—2018年通过产业发展、易地扶贫搬迁、政策保障扶持、社会各界帮扶,全县共计11424户32659人贫困人口实现了"两不愁三保障",人均收入稳定超过国家扶贫标准线,达到退出标准;109个贫困村的贫困发生率均降至2%以下,集体经济收入破零,基础设施及各项公共服务均达到退出标准。

五、突出党建引领,聚力脱贫攻坚

把党的力量挺在脱贫最前沿,将党建与精准扶贫深度融合,充分发挥党建在脱贫攻坚工作中的引擎作用。抓基层组织,结合村"两委"换届,对全县所有贫困村"两委"班子和干部进行了"四查四看"分析研判、动态调整;扎实开展软弱涣散农村基层党组织整顿工作,2018年18个农村党组织得以整体提升。抓基本能力,切实加强教育培训,以习近平扶贫开发重要论述、精准扶贫政策、产业培育、项目管理、基层组织建设等主要内容,2018年举办培训班10期,共培训5429人次,贫困村"两委"主干培训实现全覆盖。制定《垣曲县加强干部驻村帮扶工作六项措施》,建立"红黑名单"制度和对驻村帮扶干部及派出单位负责人"双问责"制度。抓基础工作，11个乡镇"五小"设施完工并投入使用；对93个村级活动场所进行了提档升级；持续推动村级集体经济"破零数"与"增实力"两个提升，实现村级集体经济发展与精准脱贫同频共振、同步推进，截至目前，全县188个行政村集体经济实现全"破零"，全县99个村集体经济收入达到5万元以上。

到2018年底，全县已完成贫困人口减贫11424户32659人，剩余建档立卡贫困人口643户1300人，贫困发生率降至0.83%；109个贫困村贫困退出13项指标全部达标，已全部按流程公告退出；贫困县退出14项指标，全部达到脱贫退出标准。

附录一
1937年以前入党和在垣曲有重要影响的人物

台联捷 1907年生，字子健，又名台月三、石泽民，垣曲县谭家乡硖口村人。

1925年，台联捷考入山西省立第一中学读书，1926年秋加入中国共产党。1926年10月，台联捷在太原创办垣曲旅外同乡会。当年寒假回垣，在本村组织读书会，教群众识字学文化、学珠算，传播进步思想。

1927年8月，台联捷奉命到武汉农民运动讲习所学习。抵武汉后，由于形势恶化，遂又于同年9月返回垣曲。

台联捷返垣后，便酝酿建立中共垣曲县委。1927年11月初，台联捷奉命到夏县留村出席中共山西临时省委在此召开的河东党的活动分子会议，并于当年11月底同王心清等人在城关药王庙小学建立了中国共产党垣曲县委员会，台联捷任书记，王心清、杨国瑞、文同庆为县委委员，申景达任交通员。他们还提出"建立垣曲苏维埃"等口号。

1928年3月，中共山西临时省委派来晋南巡视的郭巨才在闻喜县被捕叛变，各县党的联络员名单被敌搜获。中共垣曲县委暴露。阎锡山垣曲县政府出动大批军警，到处搜捕共产党人。台联捷先逃到河南济源保安队隐蔽，后又化名石泽民报考国民党石友三部国民革命军第十三路军军政干部学校，结业后继续进行党的地下活动。后因叛徒告密，被日军杀害于河北邯郸一带。

王唐文 1918年生，垣曲县同善镇北垛村人。他少年有志，聪慧好学，1936年在太原成成中学读书时加入中国共产党。1937年11月奉中共山西省委指示，重建中共垣曲县委，任书记。在他的领导下，发展了一大批共产党员，建立了3个区级党组织和70多个党支部（小组），并于1939年9月，在同善镇镇西垛玉皇庙主持召开中共垣曲县第一次代表大会。王唐文在垣曲任县委书记的几年，适逢牺盟会时期，"戴阎锡山帽子说山西话"，使中共垣曲地方组织得以发展。王唐文任职期间，把相当数量的共产党员通过阎锡山委派的县长李端甫（中共地下党员），打入县政府和其他"合法"组织，阎锡山的县、区政权都被共产党所掌握。这种大好局面一直延续到晋西事变。

王唐文在垣曲任县委书记期间，党的活动经费十分有限。县委机关驻在他家，工作人员吃在他家，办公经费也由他家筹措，连办公用的油印机也由他家花钱购买。甚至三区区委和牺盟会人员也在他家"吃大户"。1940年春，王唐文调离垣曲，任中共绛县县委书记。之后，又任晋豫联办秘书主任、翼城县县长、中共太岳二地委社会部部长、中共太岳一地委宣传部部长。

中华人民共和国成立后，王唐文先后任，华北人民革命大学二部主任，华北局行政委员会财委副秘书长，国家建筑工程部设计总局副局长、办公厅副主任和调研室主任等职。

1979年病逝于北京。

杨蔚屏 1915年生，临猗县积善村人。1936年在西安中学读书时，加入中华民族解放先锋队。1937年2月，他联络爱国青年奔赴延安，进入中国人民抗日军事政治大学，同年6月加入中国共产党，8月进入中央党校学习。

1938年，杨蔚屏调回山西工作，先后任中共绛县县委委员、组织部部长、县委书记。晋西事变后，调任中共垣曲县委书记。1940年五六月间，国民党发动反共高潮，中共中条地委撤往太岳区，新的中共中条地委在平陆成立，杨蔚屏任组织部部长，在曲沃坚持地下斗争。1941年5月，杨蔚屏任中共条西地委（亦称六地委）书记。

1942年10月，晋豫区与太岳区合并，杨蔚屏先后任中共太岳第四地委宣传部部长、地委副书记、军分区副政委等职，后又任中共太岳二地委副书记、军分区政委，中共洛阳地委书记等职。

1952年，杨蔚屏任中共河南省委工业部部长、省委秘书长；1953年，任中共河南省委副书记兼秘书长、省委书记处书记。

1977年12月，调安徽工作，先后任安徽省革命委员会副主任兼秘书长、安徽省副省长、中共安徽省委书记；1983年4月，当选为安徽省人大常委会主任、第六届全国人大代表。1985年3月因病退出领导岗位，1989年12月6日病逝于合肥。

高一清 1916年生，垣曲上圪坂村人。1936年参加革命，

同年加入中国共产党。1937年12月,奉命到永济县开展秘密建党工作;1939年4月任中共闻喜县委书记;1940年1月任中共垣曲县委宣传部部长,次年12月任中共垣曲(地下)县委书记;1943年4月成为中共晋豫地委巡视团成员,同年12月任中共沁南县委书记;1945年12月任中共太岳区第四地委宣传部部长、巡视团团长;1946年2月,任中共太岳区第二地委宣传部部长;1948年调任中共沁水县委书记。1949年2月参加中国人民解放军长江支队,南下福建,同年8月入闽后任中共闽侯地委委员兼福清县委书记,1950年11月任闽侯地委委员、地委组织部副部长;1951年10月,任中共永安地委委员、宣传部部长,永安地委副书记、书记;1954年调任鞍钢炼铁厂党委书记,同年11月任鞍钢党委常委、组织部部长,1955年10月任鞍山市委工业部副部长,1957年10月任鞍钢党委常委、组织部部长、监委书记;1965年8月,任中共旅大市委组织部副部长;1969年5月任大连造船厂革委会副主任、党委副书记,1983年1月任大连造船厂顾问。1984年离休。

王铭三 1920年生,原名王继汤,垣曲皋落人。1938年秋,到县牺盟会宣传部工作,同年10月,由王唐文和张梦龙介绍,加入中国共产党。1939年春任垣曲县青委书记,晋西事变后,赴中共北方局学习。1940年3月15日同马子谦、张若愚、李正心等人和八路军兵站共计13人在晋城东沟被国民党当局拘捕,后被朱德总司令营救

出狱。1940年被分配到太行区党委任秘书科科长,1941年8月任太岳区二地委秘书长兼青委书记,1942年春任中共垣曲(根据地)县委书记(中共垣曲地下县委撤销后仍任县委书记),1947年11月任中共太岳区党委宣传科科长。

中华人民共和国成立后,历任中共山西省委教育处长、中共忻县地委书记,中共晋北地委第一书记,中共雁北地委书记,中共山西省委宣传部副部长,中共山西省委党校第一副书记、第一副校长。1979年3月2日在太原病逝。

侯景域 1916年生,山西省陵川县人。1937年在陵川县牺盟会工作,同年加入中国共产党。1938年任中共陵川县委组织部部长,3个月之后又任中共长治县委宣传部部长;1939年调中共潞城县委任组织部部长;1940年做隐蔽工作,同年9月任长治县委组织部部长,后又到高平隐蔽,任中共高平县委书记,1941年党组织和党员公开后,任组织部部长,1943年任中共高平县委书记;1947年11月任中共垣曲县委书记;1949年3月率垣曲党政班子全套人马85人南下,任中国人民解放军长江支队第六大队第四中队指导员,到达福建后,任中共福安地委委员兼民运部部长。1956年调往东北,离休前任吉林省政协副主席。

申杰 1912年生,洪洞县曲亭人。1937年6月参加革命工作,1938年6月加入中国共产党。1941年12月任洪洞三区农救会、牺盟会秘书,洪洞抗日县政府五区、三区区长,县政府民政科科长、教育科科长;1943年1月调到太岳区党委工作,后任屯留县农会常委;1945年任中共垣

曲县委委员、农会常委，垣曲县工商税务联合局局长，1948年3月任中共垣曲县委副书记，1949年2月任中共垣曲县委书记，同年11月兼任垣曲县各界人民代表会议第一届委员会主席；1952年7月调离垣曲，同年12月任中共猗氏县委书记；1953年4月后，历任中共运城地委副书记、晋南地区监委书记、中共晋南地委副书记；1973年5月起任中共临汾地委常委、行署副专员，山西省政协常委、临汾行政公署顾问组组长、临汾地委副书记等职。1983年离休，1987年逝世。

关中廷 1899年生，原名关巍焕，垣曲县槐南白村人。青年时期曾就读于闻喜师范。1926年，任垣曲二区农民协会主席；1928年考入运城中山中学，1930年加入中国共产党。入党后，受嘉康杰指示，在垣曲、闻喜、夏县、新绛、曲沃等地从事党的秘密活动，在垣曲槐南白、朱家庄等地发展党员；1935年8月，因叛徒告密被当局逮捕入狱，一年零三个月之后获释。

1937年9月，关中廷任中共河东特委委员；1938年12月，任中共垣曲县委副书记兼组织部部长；1939年12月赴中共中央北方局党校学习，1940年秋结业后任太岳行署机关党总支书记兼行政秘书；1941年5月，受中共晋豫区党委委派，到条东地区从事统一战线工作；1942年后，关中廷任东山游击队政委，闻（喜）夏（县）垣（曲）行政办事处主任；1943年2月，任垣南抗日县政府县长；1945年，调任太岳

行署参议员。

中华人民共和国成立后,历任山西省五台山林牧局局长,山西省林业六分局局长、中条山林区主任,山西省人民政府参事室副主任,山西省政协委员。1990年2月去世,享年90岁。

李正心 生年不详,垣曲古城人。早年加入中国共产党,1938年任牺盟会青年抗日救国会秘书。1940年2月,同王铭三、马子谦等人向太行根据地转移时,在晋城东沟被国民党部队逮捕,送洛阳第一战区长官司令部监狱关押,同年5月由朱德总司令营救出狱,回垣曲关家第十八集团军第二办事处工作。1941年任中共垣曲县委副书记;1942年4月,调到中共晋豫区党委工作,同年在一次反"扫荡"战斗中牺牲。

高向荣 1920年11月生,垣曲西型马村人。1937年4月参加革命工作,1938年加入中国共产党。在抗日战争时期,历任中共西型马村党支部书记、三区分委书记、县委组织部部长;在解放战争时期,任中共垣曲县委副书记、中共太岳区第四地委青委书记。

中华人民共和国成立后,先后任共青团山西省委组织部副部长、中共北京市电车公司党委书记、北京市运输公司党委书记兼革委会主任、北京市交通运输局党组副书记兼政治部主任。2009年2月在北京逝世。

郭林 1918年生,河南沁阳人。1937年加入中国共产党,1938年任中国共产党沁阳县区分委宣传委员、书记;1939年任中心县委宣传干事;1941年任中共岳南地委秘书;

1942年任中共沁水县委宣传部部长；1943年任中共晋城县委宣传部部长；1944年任中共晋城县委书记；1945年4月起，任中共垣曲县委副书记兼宣传部部长，直至1947年7月调离垣曲。（以后情况不详）

张培民　1913年生，夏县禹王乡史庄村人。1936年参加革命工作，1938年1月加入中国共产党。1936年，在省牺盟总会受训结束后，任永济县牺盟会村政协理员。1937年3月，在省牺盟会军政训练班学习，同年7月结业后，先后任交城县、永济县、芮城县、垣曲县牺盟会特派员。1942年任垣曲抗日民主政府县长。1945年8月至1946年1月任夏县民主政府县长。在日军投降时，他与当时的中共夏县县委书记李乃容率县委、县政府人员接管了夏县城。阎锡山部攻占夏县城后，他又领导全县人民开展游击战争。曾任太岳三专署民政科科长、安邑县县长、运城师范学校校长。中华人民共和国成立后，任四川成都中等学校军事代表，成都师范学校校长，温江专署秘书主任、副专员，温江地委常委、统战部部长、监委书记、地委副书记，四川省政协常委。1983年离休。1997年10月7日在成都逝世。

董启民　1924年生，闻喜县上周村人，在垣曲工作期间化名尹克昌。1938年8月加入中国共产党。1942年8月任垣曲县三区抗日政府副区长；1944年7月任垣曲一区抗日政府区长；1946年2月，任垣曲县民主政府秘书；1947年9月起，任垣曲县民主政府副县长；1949年3月，任垣曲县民主政府县长；1949年11月，调离垣曲，随中国人民解放

军南下,在支前后勤指挥部任总指挥。

1951年冬,调回山西,先后任运城专署监察处副处长,运城地委纪律检查委员会办公室主任、地委秘书长,中共闻喜县委书记,翼城县县长、翼城县委第一书记,侯马市委第一书记,曲沃县委书记。1956年任晋南地委副书记,后又任内蒙古呼伦贝尔盟盟委副书记。1973年以后又调回临汾,先后任临汾地区革委会副主任、主任,临汾行署专员,中共临汾地委书记、顾问。

任开宪 1916年生,湖北省襄樊县人,早年参加革命。1937年4月参加牺盟会,同年8月转入山西省青年抗敌决死队,1939年加入中国共产党。1940年赴抗大六分校学习,曾任山西沁源县抗日人民武装自卫大队大队长。

1941年秋,任开宪随太岳南进支队南下中条,重新开辟晋豫区抗日根据地;1942年5月"晋豫联办"成立后,任开宪任"晋豫联办"办公室副主任;同年7月,阳城分设阳南、阳北两县,任开宪任阳北县抗日行政办事处主任;1943年7月,任开宪调到王屋县工作,先后任王屋县抗日民主政府代理县长、孟县抗日民主政府县长。

1945年9月,任垣曲县抗日民主政府县长;1949年2月调离垣曲,先后任太岳行署荣军管理局局长、中共太岳第二地委秘书长;不久,又奉命参加中国人民解放军长江支队第二大队南下福建,接管新解放区,同年8月任福建省建阳专署副专员。

中华人民共和国成立后,历任福建省合作总社副主任,鞍钢机械安装四公司党委书记、经理，包钢机电公司党委书记，上海建筑机械制造厂党委书记等职。1978年4月25日，在上海逝世。

李挺锋 1923年生，又名李钧田，平陆县蒿店村人。1939年加入中国共产党。曾任平陆县地下党支部组织委员，1942年12月调到垣曲工作，任县农会主席，1945年10月改任县农会副主席。

李挺锋调离垣曲后，历任晋城团地委组织部部长，运城团地委组织部部长、副书记、书记，太原重型机器厂书记，太原市委副书记，山西省总工会党组书记、主席，全国总工会执行委员会委员，中共山西省顾问委员会委员。

郝贵堂 1908年生，山西沁县人。1939年2月加入中国共产党。曾在沁县任县农会常委、主席。1945年调到垣曲县工作，任县农会主席；1947年任中共垣曲县委委员兼农会主席。1949年3月任中国人民解放军长江支队第六大队第四中队中队长，到达福建接管寿宁县后，任中共寿宁县委副书记；后又调到中共福建省宁德地区纪律检查委员会任副书记。1969年在工作岗位病故。

吴全安 1916年生，四川营山人。1933年加入中国共产党，参军后历任班长、排长、连长、机枪教员、游击大队长，太岳四分区参谋，河南孟县军事部部长；1947年2月调到垣曲，先后任垣曲县武装委员会副主任、主任。1949年3月，随中国人民解放军长江支队第六大队第四中队南下，到达福建接管寿宁县后，任寿宁县武装委员会主任；后任福建省地质局劳工处处长。1985年离休。

吕汉文　生年不详，字震华，垣曲县长直乡人，垣曲县师范学校毕业，中共党员。曾任县公安局文书。1935年5月，因在《垣民之友》发表文章，被捕入狱，不久获释。1938年初加入中国共产党，秘密打入阎锡山县政府，并以县政府名义组建垣曲县自卫大队，亲任教导员。1938年8月调任第三区区长，同年冬调任第二区区长。在任期间将辖区22个行政村村长多改由共产党员担任。1939年11月急病猝亡。

张会敏　1911年生，原名常芝英，垣曲县小赵村人。在太原成成中学读书期间加入中国共产党，从事党的地下工作。1935年参与《垣民之友》发行活动，被阎锡山政府追捕，遂到北平，为该刊写稿。抗日战争爆发后到延安马列主义学院学习，毕业后任中国问题研究室主任，1939年成为抗大二分校教授、任秘书处主任。1942年担负抗大二分校领导工作，当年因病去世。

李仰邺　1910年生，字翰唐，垣曲县古城村人，中共党员。从小在私塾读书，后连续就读于城关高小、绛垣中学、省立高中，后毕业于北平大学。1934年赴日本东京铁道大学读书，同年加入中国共产党和第三国际情报组织。抗日战争爆发后，他怀着报效祖国的赤子之心，毅然回国参加抗日救亡运动。他从日本回国后，回家探亲只住了三天，他的父母提出要为他再次成亲（因前妻已病故），他拒绝说："现在国难当头，要以国事为重，不打走日本鬼子，决不成亲。"临走时他还劝父母，"把土地让给穷人种，对于那些交不起租子的,就不要向他们收了"。1938年,他任山西青年抗敌决死队第二纵队第三支队政治部主任,后又任晋冀鲁豫边区政府行政干部学校训育主任。1942年5月,在太行山反"扫荡"战斗中被俘,被押送到太原日军监狱,受尽各种酷刑,卒于狱中。

张亚苏 女,1917年生,又名张晋媛,垣曲县古城人,中共党员。早年毕业于国立北平女子大学,在校期间积极参加妇女解放运动和抗日救亡活动,并为《垣民之友》刊物积极撰写稿件。《垣民之友》案发后,隐蔽于绥远(今内蒙古中南部)。1936年参加山西牺盟会工作,同年加入中国共产党。次年5月,张亚苏爱人武新宇从北平到太原,担任中共北方局交通员。其间,刘少奇住在张亚苏家中,由她和武新宇负责掩护。抗日战争全面爆发后,张亚苏曾任《晋绥日报》编辑、晋绥边区临时参议会宣传科科长、晋绥边区新民主主义试验学校指导员等职。1949年任晋绥边区行政公署办公室秘书、晋南工委机要秘书。1950年后,历任全国妇联宣传部秘书,《中国妇女》主编。1959年在北京病逝,年仅42岁。

裴 斐 1915年生,原名裴高度,又名裴绍亚,垣曲县古城镇西石村人。1937年由王唐文、文宗柳介绍加入中国共产党。1945年10月至次年2月任垣曲县第四区副区长,1946年3月调任二区副区长。不久,太岳行署调他任高平琉璃矿矿长,1949年底又调回垣曲,次年1

月任县人民政府司法科副科长。1954年再次调出，任山西省公安厅劳改大队队长等职。1960年因病去世，年仅45岁。

陈 瑞 1916年生，垣曲县清源村人，中共党员。1937年10月参加八路军，同年加入中国共产党。在八路军第一一五师和新四军三师任班长、锄奸干事、特派员、连长等职。1945年后任东满军区警卫团第三营营长、吉林省安高县大队大队长、四野第十二纵队某营营长。1949年10月后历任吉林省桦甸县水利处副处长、吉林省民政厅优抚处处长、吉林省民政厅副厅长。

1970年，因战争年代旧伤复发，医治无效，于9月5日逝世，终年54岁。逝世后被追认为烈士。

安 仁 1911年生，原名弟安仁，垣曲县碛口人，中共党员。北平大学工学院毕业。在校期间，曾积极参加裴丽生主编的进步刊物《垣民之友》的编辑工作。《垣民之友》案发后，安仁和普攀龙等在北平被捕，被押解至太原监狱。经本县人安恭已鼎力营救，于8月获释。1937年参加革命，次年任山西省第六专署科长，后任永和县县长、太宁纺织厂厂长、晋绥边区行政公署工业科长等职。1949年4月西安解放，出任陕西大华纺织厂军代表。中华人民共和国成立后，历任陕西棉织一厂厂长、国棉一厂厂长、西北纺织管理局副局长、陕西纺织工业局副局长、局长、党组书记。后任国家纺织工业部生产司副司长兼陕西纺织公司经理。1971年去世，享年60岁。

　　常乾坤 1904年生，垣曲县下亳村人。幼年家境贫寒，居住在西型马外祖父家中，由祖父和外祖父两家供养上了高小，毕业后在乡村教书。但他求学心切，毅然离家，步行到太原，考入山西讲武堂（后改为斌业中学，又叫学兵团）。毕业后，即赴广州，参加了国民革命运动。1925年春考入黄埔军校第三期，同年7月加入中国共产党。黄埔军校毕业后，经周恩来推荐，又以第一名的优异成绩考入广州航空学校学习。其间，曾任区队长、中共小组长。1926年5月，进入苏联红军第三航空学校学习飞行和领航。1929年毕业后到苏联红军部队任领航员、射击教官、飞行大队长、领航主任等职务。1932年进入苏联最高航空学府茹科夫斯基空军学院航空工程系学习。他努力钻研技术，在机械空气动力学方面造诣很深，成为我国航空界少有的全才。

　　抗日战争全面爆发后，常乾坤、王弼等十余人向中共驻共产国际代表任弼时提出回国参加抗战和从事航空建设的要求。1938年9月，未及参加毕业典礼，常乾坤就同王弼等匆匆登上火车回国。同年9月去迪化（今乌鲁木齐市）新兵营航空队任航空理论教员，编写了多种航空理论教材，有《飞行原理》《空中射击》《空中领航学》等。这些教材在后来东北航空学校的教学中起了很大的作用，也是中华人民共和国空军各航校的主要教材。1940年底，中央军委在延安安塞建立了机械工程学校，常乾坤任教育长。1941年，苏德战争爆发后，军委将机械工程学校与抗大三分校合并为

军事学院，院长由朱德兼任，常乾坤任第一大队长。在延安期间，常乾坤还担任八路军总部高级参谋，直接协助叶剑英主持总参事务，并负责军委航空研究小组的工作。抗日战争胜利后，他受党中央和军委派遣，赶赴东北负责组建我军第一所航空学校——东北民主联军航空学校，并任校长。他获悉铁岭有一个日军留下的秘密航空仓库，立即派出大批人马，赶在国民党军队之前，抢运出一大批航空仪表、部件、发动机和部分汽油。他想尽一切办法，克服各种困难，解决了器材缺乏问题。到他离校时，飞机由原来的40余架发展到101架。还组建了修理厂和机械厂，为中华人民共和国的航空工业奠定了基础。从1946年到1947年共培养出110多名飞行员、20多名领航员、300多名地勤人员。这些人都成为人民空军后来的骨干力量。

1949年，常乾坤担任军委航空局局长。1949年1月，中国人民解放军空军正式成立，他任空军副司令员兼训练部长。1951年入朝作战，他任志愿军空军副司令员、军委空军副司令员兼中朝空军联合司令部第二副司令员。到1973年5月逝世前，他一直是中国人民解放军空军副司令员，主管空军的军事训练、空军科研和航空工程等工作。从开国大典至1961年历次的国庆检阅，他一直担任空军飞行总指挥。1954年他负责创建中央航空学院，兼任院长职务。1957年，中央建立空军科研部，他兼任部长和政委。1958年，创建西安空军航空工程学院，他兼任院长、政委。从1960年开始，担任国家航空军工产品定型委员会副主任，亲自主持大量航空军工产品，如歼6、歼7、歼8飞机的论证、试验、试飞、定型等工作,还担任过国务院科学规划委员会国防组织员和航空组副组长。

他是第三届全国人大代表,1955年授中将军衔。获二级独立自由勋章,一级解放勋章。1973年5月在北京逝世,享年69岁。

文儒祥 1917年生,垣曲县解元庙人。1937年4月考入山西国民兵军官教导第五团受训,同年9月加入中国共产党。1938年4月,任山西游击第二团连指导员;1939年在山西青年抗敌决死队第一旅八团任政治指导员;1941年1月,在太行抗日军政大学第六分校学习,兼任党支部书记;1942年回决死队第一旅三十八团工作;1944年10月作战负伤住院疗养;1945年任太岳第一军分区教导大队政委,继任太岳区第二十三旅政治部组织科科长;1949年6月任野战军第十八兵团一八四师后勤部政委;1950年任第一八四师五五一团副政委兼政治部主任;1951年任中共西昌地委组织部副部长;1953年任西康省工会主席兼省劳动局局长;1956年任四川省劳动局副局长;后到四川省革命委员会任职。1976年病逝,享年59岁。

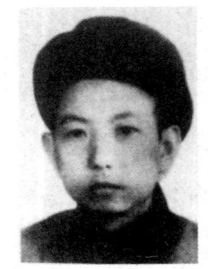

王心清 1908年生,又名王旭明,垣曲县寨里村人。1926年在太原成成中学读书时加入中国共产党。1927年8月,与台联捷赴武汉农民讲习所学习未成,于同年9月返垣,11月底与台联捷、杨国瑞在县城(今古城)成立中共垣曲县委,任县委委员。后考入北平中国大学弘达学院。是《垣民之友》主要负责人之一,其寓所为刊物发行处，后被当局派暗探监视，被迫远渡日本，就读于东京大学。在抗日战争全面爆发前夕回国，加入吉鸿昌部队，旋即入延安陕北公学。卢沟桥事变后，任河北省阜平县城南庄区区长。1938年，到晋察冀边区农民抗日救国会宣传部工作。1939年后任雁北专区农民抗日救国会宣传部部长、张家口市政府教育局秘书等职。1946年到丰宁县政府工作；1948年调到张家口市政府工作；次年考入中共中央马列学院学习；1954年后，历任河北省政治干部学校教务处主任，河北省社会主义学院教研室主任，中共河北省雄县县委委员、党校校长，保定市第十中学党委书记，保定市北关街道党支部书记。1979年5月13日病逝于北京，享年71岁。

马品三 1917年生，原名马聚才，垣曲县近圣村人。1936年冬参加牺盟会，1938年2月由文宗柳介绍加入中国共产党。

1942年垣曲县抗日民主政府成立后任财粮科科长；1948年南渡黄河到豫西临汝县任财粮科科长；次年10月任湖南省邵阳专署财粮科科长、税务局局长。后历任邵阳专区财委副主任、地方国营工矿公司党委书记。1952年5月后，任邵阳专署副专员、专区财委副主任，湖南省财政厅第一副厅长、党组副书记等职。1955年后历任国家五机部八〇五厂副厂长、国家五机部山西国营一〇四厂厂长、陕西国营八四五厂副厂长、山西国营七六三厂厂长、五机部中南筹建处副主任、山西国营红旗光学仪器厂厂长、国家五机部五四三工程总指挥、山西五四一工程副总指挥、兵器部华北物资管理处（驻太原）主任等职。1980

年8月31日病逝于太原，享年63岁。

张予如 1898年生，原名张英才，字育吾。垣曲县西型马村人，中共党员。幼年丧父，家境贫寒，由外祖父邓安抚养。1919年考入山西省模范教师养成所受训，毕业后分配到新绛县任小学教师；1921年任荣河县（今万荣县）高小教师。1937年抗日战争全面爆发后，返回故里，次年参加革命工作。1938年秋，被选为垣曲县牺盟会农救会秘书。他草拟的《垣曲县减租减息暂行章程》，由垣曲县政府公布施行。1939年，加入中国共产党。1941年任潞城县交通局局长，1944年任中共潞城县委秘书，后任潞城县县长。1946年任太行区邮电管理局局长，创办《太行邮报》；1949年任邮电部供应处处长；1956年任山西省邮电管理局副局长、党组副书记。1983年2月12日病逝于太原，享年85岁。

马子谦 1916年生，原名马兆贤，垣曲县柳庄村人。1937年4月，在山西国民兵军官教导团第五团学习，次年回垣曲工作，并加入中国共产党。1938年8月，中共垣曲县委决定建立三个区委机构，马子谦任第一区区委书记。不久，任垣曲县牺盟会工人救国会秘书。

1940年2月，马子谦与王铭三、文宗柳、普世法、李正心、张若愚、文兰芳、申子良等8人北上回太行根据地工作，在晋城东沟被国民党第十四集团军八十三师逮捕，送到洛阳国民党第一战区司令长官部关押；1940年5月，经朱德总司令交涉释放，回武乡砖壁北方局。次年12月调任中共沁南县委书记。

中华人民共和国成立后，历任共青团山西省团校教育长、中共太原热电厂党委书记、太原市工会主席、中共太原市委工业部部长，太原市委副书记、山西省总工会副主席。1985年在太原病逝，享年69岁。

张秀英 1906年生，女，垣曲县同善镇南堡人，中共党员。与南堡王周玉结婚，生长子小绍、次子有绍、女儿小坎。王周玉为南堡老户，一贫如洗，终年靠打短工糊口，不得温饱。1935年迁居望仙栗沟种地。栗沟只有一亩多水地，俩亩多山坡地，一孔小窑洞，王周玉在窑洞前面又盖了两间草房。此地不长麦子，每年只能收获三四石秋粮，搭配些橡仁、棠梨，但生活较在南堡好多了。门前栽了十几棵桃树，桃子熟了，担到同善镇去卖，冬天烧几窑木炭，也担到同善镇出售，再购回油盐。

1937年王周玉不幸病故。共产党员马品三、郭守洲与王周玉是亲戚，并经常来往。县委书记王铭三、县长张培民和王英臣也都经常去张秀英家。1942年9月，准备建立垣曲县抗日民主政府，经研究，地址选在栗沟，因为栗沟山重林密，地势险要。张秀英出身贫穷，可靠。9月24日在栗沟张秀英家里，举行了垣曲县抗日民主政府成立大会。张秀英没文化，也没有见过日本人，但她听说日本人到中国来杀人放火，奸淫妇女；她也不懂得什么是共产党，但亲眼看到这些好青年不怕苦、不怕死，成立政府打日本，便由衷带头高呼："抗日政府领导人民打日本，是我们的救命恩人！""坚决跟着抗日政府打日本！"

抗日民主政府成立后，日军对望仙加紧了经济封锁和军事"扫荡"，加上蝗虫成灾，当地条件极端困难，抗日民主政府人员只能以糠菜树皮度日。在一次吃饭时，张秀英看到王铭三下咽困难，近前一看，见碗里净是糠菜，便伸手夺过饭碗，换上自己的玉米糁子饭。那几年抗日政府人员究竟在张秀英家吃了多少饭，谁也计算不清楚。王铭三说："张秀英真比我们的母亲还亲！"

1940年春，县农救会秘书张予如调赴根据地潞城县工作，组织上出于照顾将其长子小泉安排到抗日民主政府工作，将其妻子和次子小法安排到张秀英家中。名义是由政府供给粮食，其实在长达一年半的时间里，吃粮全由张秀英供给。在日军"扫荡"时，情况一紧急，抗日民主政府和县委民运组人员就躲到张秀英家里。按照时任县委组织部部长高向荣的说法："第一，张秀英对抗日同志亲切可靠；第二，那里炭窑多，有住处，张秀英同志送饭方便。至于张秀英给我们送过多少次饭，谁也记不清。"1943年后半年，由于日军"扫荡"王英臣把政府活动经费五万元冀钞交张秀英保存。开始她不敢接受，经过解释，她保存了一个多月，最后原封不动地交还给了王英臣。

在抗日战争时期，抗日民主政府和县委民运组打扰了张秀英那么多日日夜夜，可是谁也没有听到张秀英说过一句不亲切、不温暖的话。她当时虽然还不是共产党员，但却是当时县委、县政府工作人员最放心、最亲近的"大娘"。

1986年8月张秀英病逝，享年80岁。

吕　斌　1916年生，垣曲县西沟村人。1936年加入中国共产党。曾在晋绥陆军军官教导团学习，参加抗日救亡运动。七七事变后，吕斌参加决死队并担任政工员。1938年后历任孝义县人民武装自卫队总队长，垣曲县牺盟会工作员，八路军晋豫边游击支队四中队政治指导员，八路军第一二九师一旅二团一营、二营文化教员兼政治指导员。1942年在和日伪军作战时负伤，调太岳军区陆军学校任政治文化教员。从1943年2月起，吕斌先后担任太岳四分区翼城及绛县敌工站副站长，太岳四专署民政科科员，翼城县政府秘书，绛县抗日民主政府二区区长，绛县民政科科长，万泉县土改工作队队员，运城县人民政府文教科科长，太岳三分区晋南中学政治主任，晋绥行政干校三队队长，运城中学政治主任，万泉县政府秘书，运城专署秘书，晋南专署秘书，闻喜中学校长，涑水河治理委员会办公室主任，安邑水利学校党委书记，晋南专署农委秘书，中共襄汾县委农工部副部长，襄汾赵曲中学党支部书记，中共襄汾县农机公司副主任、农机局副局长。1983年离休。1988年12月30日病逝，享年72岁。

杨国瑞　1908年生，垣曲县古城人。1927年在汾阳铭义中学读书时，加入中国共产党。同年11月底，同台联捷、王心清等人在垣曲县城组建中共垣曲县委，担任县委委员，负责学生运动工作。

1928年县委机关遭敌破坏后，杨国瑞加入冯玉祥西北军官学校，继续从事党的地下活动，为扩大党在旧军队中的影响做了大量工作。1931年，任中共太原市委委员，负责工人运动工作；同年 10 月，由于叛徒告密，被捕入狱，1937 年春获释。在长达六年的监狱生活中，杨国瑞和其他革命者与敌人进行了不屈不挠的斗争，三次参加绝食斗争，保持了共产党人的革命气节和坚贞不屈的斗志。

1938 年后，杨国瑞曾任垣曲县第一区牺盟会特派员、朔县县委城工部部长等职，在发展和扩大党组织、贯彻党的统战政策、壮大抗日力量、组织群众开展对敌斗争、落实土改政策、建设农村基层政权等方面都做出了突出成绩。

中华人民共和国成立初，杨国瑞任临汾某公司党支部书记，临汾农林局副局长、民政局副局长等职。其间，他身患疾病，仍顽强工作，直至 1963 年离开工作岗位。1990 年 6 月 27 日病逝，享年 82 岁。

文 进 1906 年生，垣曲县王茅镇人。1930 年 10 月加入中国共产党。1937 年 12 月参加八路军，历任八路军第一一五师直属政治处民运干事、八路军苏鲁豫支队一大队民运股长、新四军苏北军区盐城独立团团长、新四军第三师七旅政治部民运科长、东北民主联军第二纵队政治部民运部副部长兼兵站副部长。中华人民共和国成立后，历任鞍山钢铁公司制铁部副部长兼炼钢厂厂长，鞍山钢铁公司福利处处长，鞍山市劳动局局长和民政局副局长、局长、党组书记及鞍山市人民委员会视察室负责人。1983 年离休，1994 年 12 月 17 日病逝，享年 88 岁。

姚理平 1905 年生，又名姚生华、姚协民，古城村人。1925 年肄业于中法大学，同年由李大钊介绍加入中国共产

党。1927年赴西北军官学校学习,1933年参加抗日同盟军;1935年回运城,在运城、豫西等地组织学生游行示威,宣传革命道理,壮大革命力量;是年,又奉命到上海,加入党的地下联络网,从事革命活动。

1936年,姚理平返晋,加入薄一波领导的山西牺盟会,任特派员。1938年,姚理平转入八路军,任八路军总部民运股股长,后调任太岳专署科长、翼城煤矿经理。1939年,国民党发动反共高潮,他与太岳南进支队司令员唐天际一起到国民党卫立煌第一战区司令部工作,通过各种渠道搜集国民党情报,使八路军十八兵站、河东地委安全转移。中华人民共和国成立后,任全国总工会疗养院院长;1956年,任大同市第四二八厂副厂长;1958年,任中国社会科学院山西分院情报研究所所长;1963年,任中国机电设备公司山西省分公司经理;1965年,任山西省物资局化轻公司经理;1979年,任山西省科学技术协会副主席、省政协委员。1995年4月因病逝世,享年90岁。

文敏生 1915年生,垣曲县古城村人,中共党员。1934年毕业于垣曲县师范学校,后任小学教师,是进步刊物《垣民之友》主要撰稿人之一。1935年,《垣民之友》被国民党查禁,为摆脱追捕,他出走河南省确山县,在地下党领导下从事革命活动。次年2月前往上海,在垣曲同乡车敏瞧主办的进步新文字报纸《我们的世界》报社当编辑,并积极参加上海抗日救亡运动。1937年2月,文

敏生参加了鄂豫边红军游击队，任宣传队长，同年5月加入中国共产党。历任豫南人民抗日军独立团政治处主任、中共确山县委书记、新四军豫鄂挺进纵队信阳第三团政治处主任、新四军五师第二军分区政治委员。1938年9月，他团结争取信阳国民党与共产党合作抗日，双方联合成立"信阳挺进队"，创建了四望山根据地，为李先念率豫鄂独立游击大队南下四望山创造了条件。1945年12月，文敏生调任江汉区党委副书记兼江汉军区副政治委员，次年2月任政治委员。1946年6月，遵照中共中央中原区和中原军区关于突围的指示，与江汉军区其他领导率江汉军区直属机关和主力部队6000余人，突破国民党军队围追堵截，连克南漳、保康、竹山等县城；同年8月与南路突围的中原军区第一纵队胜利会师，共同创建以武当山为中心的鄂西北根据地，文敏生任鄂西北区党委第二副书记、鄂西北军区第二副政治委员兼组织部部长。1947年2月，文敏生奉命到山西晋城，参加中原高干会议，任中原高干队支部书记；8月，他随李先念率领的冀鲁豫野战军第十二纵队挺进大别山；12月，任江汉地委书记兼二军分区政治委员。1949年9月，任湖北荆州地委书记兼荆州军分区政治委员。

1950年4月，任中南军政委员会副秘书长；1951年，任中南军分区政治委员、公安部副部长；1953年，任中共中央华南分局常委、社会部部长、华南边防军政治委员；1955年，任广东省人民委员会副省长；1956年7月，任中共广东省委书记；1961年2月后历任河南省常务书记、省长、省委第二书记、省委代理第一书记；1977年10月，任中共哈尔滨市委第二副书记、哈尔滨市革命委员会副主任；1979年4月，任黑龙江省委副书记兼哈尔滨市委第一书记；1981年3月，任邮电部部长；是第二、第三届全国人大代表。1997年6月在北京病逝，享年82岁。

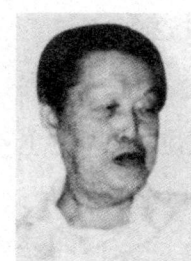

裴丽生 1906年生，曾用名陶君冶，垣曲县峪子村人。1924年考入太原进山中学。1927年7月由垣曲人席竹虚介绍加入中国共产党。后因当局通缉，与组织失去联系，1933年由宋劭文介绍再次入党。1933年5月自清华大学毕业，任北平和平门里中华中学公民课教员。其间，他组织垣民之友社，创办进步刊物《垣民之友》和《在马列主义旗帜下》。1935年5月，因《垣民之友》一案被阎锡山派人追捕，被迫离开北平，返回运城，任暑期培训班教员，这时他又创办了《学生周刊》，进行革命启蒙教育。1936年9月，任太原成成中学历史课教员；11月，参与牺盟会总部工作，任宣传部副部长、部长。

1937年11月，被派往牺盟会洪赵中心区，开辟抗日根据地，任中心区党组宣传部部长。1938年2月，任六专署河东办事处主任兼牺盟会河东办事处主任。1940年1月，河东办事处军队缩编为一个团并调到沁源，成立路西办事处，裴丽生任办事处主任。1941年原有的第三专署取代路西办事处，薄一波任专员，裴丽生任副专员；同年7月，裴丽生任太岳行署副主任。1948年5月，任太行行署主任，尚未赴任，又被调往晋中前线任晋中战役后勤司令员。1949年3月，任太原市人民政府市长；7月，任太原市军管会特别法庭庭长兼审判长；8月，中共山西省委、山西省人民政府、山西省军区同时成立，裴丽生被任命为省委常委、省人民政府副主席。

　　1950年3月，山西省各界人民代表会议选举裴丽生为山西省人民政府第一副主席，9月代理主席。1952年4月，当选为山西省人民政府主席兼省财政经济委员会主任。1953年3月，任华北行政委员会主任，同时当选为山西省政协主席。1955年2月，当选为山西省人民政府省长。1956年4月，裴丽生奉调中国科学院工作。先任秘书长，后任副院长、院党组副书记。他直接领导地球物理所二部五八一组，负责国防尖端科学研究工作。1977年11月，任中国科协副主席，

主持科协工作。后又被任命为中国科协党组书记、国家科委纪律检查委员会书记。1980年3月15日，当选为中国科协第一副主席。1983年离休。1990年7月，担任中国老区建设促进会会长。2000年3月在北京病逝，享年94岁。

　　席　彬　1912年生，垣曲县古城人。1931年6月参加革命，1933年10月加入中国共产党。战争年代曾任交通员、牺盟会特派员、中共晋城县委组织部部长、太行铁工厂厂长、太行实业公司协理、晋豫实业公司经理、太岳经济总局工业部长、太岳实业公司经理、太岳工商行政管理处副处长。中华人民共和国成立后，历任太原市工业局局长、太原市政府秘书长、中共太原市委统战部副部长。2000年去世，享年88岁。

　　贾克泌　1919年生，垣曲县槐南白村人。1937年4月参

加革命工作，同年7月加入中国共产党，任中共垣曲地下县委交通员、牺盟会村政协助员。1939年春，任垣曲县一区区委委员，从事党的地下情报组织联络工作；同年12月任二区分委书记；1941年7月受党组织的委派，打入阎锡山的"精建会"，于1942年1月策动七人起义，组建了二区区干队，并亲任区干队队长兼指导员；1943年5月任垣南县独立营二连政治指导员；1943年11月任垣南县二区区委书记兼区中队指导员；在解放战争期间，任二区区委书记兼区武委会主任。

中华人民共和国成立之后，历任垣曲县一区、四区区长；1952年5月任垣曲县人民监察委员会副主任；1954年5月，任永济县人民监察委员会副主任；1955年4月，任晋南专署监察组组长；1956年1月，任山西省监察厅驻闻喜县监察室主任；1958年3月，任垣曲县人事监察室主任；1958年11月，任南山公社副书记、主任；1959年3月，任垣曲县人事监察室主任；1961年5月，任解峪公社党委书记；1962年3月，任垣曲县人民委员会办公室主任；1963年7月，任垣曲县人民检察院副检察长；1975年10月后，历任垣曲县工商局革命委员会副主任、工商局副局长；1978年6月，任垣曲县卫生局局长兼计划生育办公室主任；1981年12月，当选为政协垣曲县第一届委员会副主席。1986年离休，2001年11月病逝，享年82岁。

车国士 1907年生，垣曲县沇岭村人。1936年参加牺盟会。1937年卢沟桥事变后，参加了国民兵军官教导团，为决死第三纵队九团二营士兵。历任班长、排长、连长。1937年加入中国共产党,后任连指导员。

1937年,任沁源县县长兼第四十四团团长、太行四分区第一游击兵团指挥。1938年自抗日军政大学一分校毕业后,任平顺县独立营第三连指导员、决死纵队第九团连长。后任襄垣县第一区区长兼游击队队长。他作战勇敢,神出鬼没地袭击敌人。有一次,他与副区长王正山在襄垣郝要召开群众会,日军突然包围了会场。敌人冲进来用刺刀逼他们跪下投降,他急中生智,伸手拽出身后两个手榴弹甩于地上,弹响烟起,日军趴了一地,他趁烟雾逃出了虎口。车国士率领游击队多次偷袭日军,三次负重伤,被评为"模范抗日区长"。

1943年,调河南任修(武)获(嘉)武(陟)联合县县长,后任豫西四专署代理专员、二野第九纵队补充团政委兼政治部主任、河南登封县县长兼淮海战役支前司令。1948年调任成皋县县长。

中华人民共和国成立后,历任广东省增城县县委书记兼人武部政委,兴中行署(江门)监察处长,广东省高级人民法院刑事审判庭庭长、审判委员会委员,惠阳地区人民法院院长,广东省政协委员等职。他为官清廉,威慑邪恶,有"南国锄邪一老翁"之美称。2004年在广州病逝,享年97岁。

车敏瞧 1912年生,垣曲县沇岭村人,中共党员。1929年在山西太原国民师范求学,其间,在中共地下党员、教师周化甫、张林的指导下,在文艺研究社出版的进步刊物上,

以笔名戈比发表《上前线去》的文章，表达了一个进步青年要投笔从戎、抗日救国的志向。同一时期，他还在上海出版的进步刊物《时代文化》上发表题为《出路在哪里》的短文。1934年，还在《垣民之友》上以学名车国宝连续发过三篇揭露反动统治阶级剥削压榨人民的文章。随着日军对华北的不断进犯，1934年太原学生掀起了轰轰烈烈的反对会考、争取抗日自由的运动。车敏瞧和同学们一起上街示威游行，赶走了反动的省教育厅长。

车敏瞧在太原求学期间，利用假期曾回家四次。每次回家都要做社会调查，利用年关写革命对联，还在青年亲朋好友中组织读书会、形势报告会等。回到太原上学后，又给这些年轻人不断邮寄进步书刊，车国士、车平达、王荷荣、文敏生、车小广、姚生麟、姚舜基等都曾受车敏瞧影响，走上了革命道路，加入了共产党。

1934年秋，车敏瞧参加中国民族抗日武装自卫委员会山西分会。1936年在上海从事地下工作，同年6月加入中国共产主义青年团，1937年3月转为中共党员。1938年1月至1945年9月，先后任山西省民族革命大学六分校教务主任、长治专区抗日保安队政治部主任、山西决死三纵队政治部主任、太行第三军分区政治部主任、延安中共中央党校三部组教科副科长等。参加了著名的百团大战，长期坚持太行地区的游击战争。解放战争时期，历任晋冀鲁豫野战军第二十三旅政委，太岳第三军分区副政委，第六十二军一八六师政委，第六十二军政治部副主任、主任，第十五军政治部主任，其间参加了曲沃战役、绛垣战役和太原战役。1951年3月入朝作战，任第十五军政治部主任，参加了抗美援朝第五次战役和上甘岭战役。著名的战斗英雄黄继光就出自第十五军，车敏瞧亲自安排，整理出黄继光的英雄事迹，发表在军政治部创办的《战场报》上。英雄的名字很快传遍了朝鲜战场，传遍了祖国。1955年9月车敏瞧被授予少将军衔，并荣获一级解放勋章、二级独立自由勋章。抗美援朝回国后，任中国人民解放军第一军医大学政委。从1958年起，先后任北京中医研究院党委书记、吉林医科大学党委书记、东北师范大学党委书记。1981年后历任吉林省第四届、第五届政协副主席。2005年4月11日病逝，享年93岁。

席炳午 1913年生，垣曲县古城人。1935年9月参加革命，1937年10月加入中国共产党。1931年在绛垣中学、太原云山中学读书期间参加共产党的外围进步组织中国民族武装自卫委员会；1936年被国民党反动派关押；1937年至1938年在曲沃县牺盟会任抗日游击队宣传干事、党支部书记、特派员，中共曲沃县委书记；1939年，任山西新军政卫第四支队政治部主任、牺盟会夏县中心区条东办事处组织委员、曲沃县委书记；1942年任中共晋豫区条东地委组织部部长、军分区基干二团政委、剿匪工作委员会书记；1943年任太岳四分区人民武装委员会主任、太岳军区第四军分区指挥部司令员。

1947年，任太岳四地委组织部部长；1949年秋，任青年团山西省委第二书记、第一书记；1952年，任中共太原市委副书记兼太原市工会主席；1953年，任山西省总工会主席兼太原市工会主席、太原市工商联合会主席；1958年9月，调任上海市万人检查团黄浦分区团长，后任上海市工交政治部主任；1959年3月，任上海市普陀区区长、第一书记；1965年，任上海市第一机电局党委书记。1967年被"四人帮"诬为"王若飞叛徒集团骨干"，受迫害达十余年之久。1978年2月后历任上海市仪表电讯工业局党委书记兼局长，上海市国防工办党组副书记、副主任。1984年8月后任上海市老龄委常务副主任、上海工业系统职工住房委员会常务副主任。2005年2月逝世，享年92岁。

梁国干 1915年生，垣曲县皋落村人。1936年参加革命工作，1937年4月在山西国民兵军官教导团受训，同年10月参加中国共产党。1939年9月在垣曲县第一次党代会上被选为县委委员，并任二区区委书记，晋西事变后转入地下，隐蔽工作。1940年12月在闻喜三区任区长时被国民党第三军政治部抓捕随即被转押到国民党第五集团军，1941年1月被转交国民党洛阳第一战区军法处，5月被送往西安劳动营囚禁。1950年西安解放后，回到太原，同年被分配到运城专员公署复转军人转业建设委员会任秘书。1960年到垣曲县文史馆工作。1981年后连续当选为县第七届、第八届人大常委会副主任，在此期间，兼任党史和县志办公室主任。2005年1月21日逝世，享年90岁。

文宗柳 1916年生，又名文中流，垣曲县王茅村人。1937年4月加入中国共产党，1937年12月任中共垣曲县委

委员；1938 年至 1939 年 9 月任中共三区分委书记；牺盟会时期，任牺盟会三区特派员。1940 年 3 月 16 日在阳城被国民党当局逮捕，1940 年 4 月经朱德营救出狱，之后调晋豫边区工作。1942 年初，随太岳南进支队挺进垣曲开展工作。1942 年垣曲县抗日政府成立后，任经济局局长；日军投降后调河南工作。离休前任河南省商业厅副厅长。

郭人健 1917 年生，垣曲县柳庄村人。1938 年 7 月参加革命工作，同年 12 月加入中国共产党。曾任晋豫地委政治交通员，中共垣曲县二区区委书记、县委组织部部长。1949 年南下后，历任中共福建省寿宁县委书记、福安地委民运部部长、福建省委农工部副部长。后任化工部吉林化学公司党委组织部长、中共河南省化工研究所党委书记。

张星照 1912 年生，垣曲县毛家镇店头村人。1934 年参加革命，1937 年 7 月加入中国共产党。抗日战争时期，先后任垣曲抗日自卫队队长、晋豫边八路军游击队队长、中条地委总务处处长、十八兵站第二办事处副处长。中华人民共和国成立后，历任志愿军后勤部训练处处长，原北京军区后勤部训练处处长、军械处处长、第八分部副部长。1981 年离休。

刘 哲 1921 年生，原名刘臣龙，山西长子县西峪村人，1938 年加入中国共产党。1938 年 2 月参加八路军，先后在八路军野战政治部和中共北方局党校任文书、会计、党支部

书记等职;1942年8月济西改建为王屋县,刘哲任中共王屋县委委员、王屋县二区区委书记;1947年7月调中共太岳四地委,任地委副秘书长;1949年南下福建,任中共福安地委委员、秘书长;1953年转入工业战线,先后任上海沪东造船厂党委书记、中国船舶电站设备公司党委书记等职。"文化大革命"后,历任中共青浦县社教工作队队长,中共徐汇区调查组组长,中共上海市委整党办公室副主任、市委核查三种人领导组成员。1988年5月在司局级岗位上离休。

王靖华 1924年生,垣曲县望仙村人。1939年参加工作,1939年4月加入中国共产党。1939年4月任望仙村公所书记(即会计),1942年3月任望仙村党支部委员、抗日村公所书记,1943年春任村党支部书记、村武委会指导员;1944年6月,任垣曲三区区委委员、代理区干队指导员;1945年8月,任垣曲二区区委副书记、书记;1948年3月调任一区区委书记;1949年1月,任中共垣曲县委宣传部部长;1952年4月,任中共山西省委党校县级班班主任、支部书记、校党委委员;1957年2月,改任中共山西省委党史研究室理论教员;1963年1月,任山西大学政治系副主任、党总支书记;1970年7月,在中阳县插队务农;1971年10月,任吕梁地区五七干校党的核心小组副组长、革委副主任、主任,地委党校党委书记、校长,地委宣传部副部长;1977年8月,任山西省直机关五七干校（厅局级单位）党委副书记、副校长，省委组织部党委委员；1980年3月，任山西省民政厅副厅长、党组成员兼厅直机关党委书记。

附录二 革命英烈

在垣曲革命历程中，无数英烈献出了生命。大革命时期，不少热血青年为寻求革命真理，抛头颅，洒热血；抗日战争时期，350名英烈血洒疆场；解放战争中，432位烈士英勇牺牲。在他们中既有外省外县的同志，也有牺牲在外地的垣曲籍同胞。有不少牺牲的人民武装成员未统计在内，还有在垣曲历次战役中牺牲的外籍烈士无法统计。为了缅怀烈士，使烈士英名流芳百世，现根据1993年版《垣曲县志》和1992年版《河东英烈》、2001年版《垣曲革命老区》、2015年版《东原烽火》及有关资料，将部分英烈予以辑录。

台联捷（1907—？）

台联捷 1907年生，字子健，又名台月三、石泽民，垣曲县谭家乡碛口村人。

1925年，台联捷考入山西省立第一中学读书，1926年秋加入中国共产党。1926年10月，台联捷在太原创办垣曲旅外同乡会。当年寒假回垣，在本村组织读书会，教群众识字学文化、学珠算，讲叶挺北伐打胜仗的故事，传播进步思想。还到同善镇、汤圣庙第四高小、县城、西原一带传播马列主义。

1927年8月,台联捷在太原奉命到武汉农民运动讲习所学习。抵武汉后,由于形势恶化,遂又于同年9月返回垣曲。

台联捷返垣后,便酝酿建立中共垣曲县委。1927年11月初,台联捷奉命到夏县留村出席中共山西临时省委在此召开的河东党的活动分子会议,并于当年11月底同王心清等人在城关药王庙小学建立了中国共产党垣曲县委员会,台联捷任书记,王心清、杨国瑞、文同庆为县委委员,申景达任交通员。他们还提出"建立垣曲苏维埃"等口号。县委建立后,很快与中共山西省委取得了联系。

1928年3月,中共山西省委派来晋南巡视的郭巨才在闻喜被捕叛变,各县党的联络员名单被敌搜获。中共垣曲县委暴露。阎锡山垣曲县政府出动大批军警,到处搜捕共产党人。台联捷先逃到河南济源保安队隐蔽,后又化名石泽民报考国民党石友三部国民革命军第十三路军军政干部学校受训,结业后继续进行党的地下活动。后因叛徒告密,被日军杀害于河北邯郸一带。

李从文 (1916—1940)

李从文,原名李安心,垣曲县古城人。天性活泼,聪慧好学,在私塾读书时,名列榜首,深得先生赏识。高小毕业后,留在父亲开办的杂货铺帮工,刻苦自学,1933年秋考入太原国民师范。1935年,日本帝国主义策划"华北自治",大片国土沦丧,李从文积极参加学生运动,上街游行示威,张贴抗日标语,发表抗日演说,参加学校罢课斗争,同年加入中国共产党。次年2月红军东征，阎锡山为配合阻止红军东渡，在山西境内大肆逮捕共产党人，从文被捕入狱，与王若飞、乔明甫等关押于太原北门外陆军监狱。同年8月10日晨，在狱中共产党组织领导下，开始绝食斗争，看守对李说："你这么年轻，只判一年刑，即将出狱，别跟那些政治犯瞎闹。听我的话，马上给你换个房间，叫伙房给你准备饭去。"从文嗤之以鼻，不为所动。1937年初，李从文在薄一波的营救下出狱，投身民族解放斗争。同年秋，根据中共山西省委安排，牺盟总会派李从文任临汾县牺盟会特派员，临汾牺盟会组织很快得以发展，抗日救亡运动蓬勃兴起。太原失守前夕，上级决定在临汾创办八路军学兵大队，招收青年学生，培养军政干部，扩大八路军。从文积极响应，密切配合，亲自动员大批青年报名参加，学兵大队迅即发展到近千人。

太原失守，临汾吃紧，临汾县长牛甫毅携带公款、印章西逃，从文闻讯策马追赶，拦路怒斥，迫使牛甫毅交出印章、公款和部分武器。同年冬，临汾县人民抗日政府成立，李从文被任命为县长。11月，在全县各区建立人民武装抗日自卫队，后改编为山西青年抗敌决死第二纵队临汾支队，李从文兼任支队长。此时，支队人数已达8000余人，并掌握了许多武器。这支武装分驻县周围，守卫着全县大片土地，并奔袭襄陵城，夜袭尧庙飞机场，围攻大阳、芦曲、涧头等日军据点。

1938年二三月，李从文在龙祠成立临汾县抗日行政干部训练班，李从文兼校长，为抗日部队培养输送了一批青年骨干。下半年，临汾抗日县政府转移到西山垣上村。日军侵占金殿、刘村后，形势日趋紧张，第二战区第六十一军和抗日县政府都从垣上村向枕头村西迁，第六十一军军长陈长捷下令挖断上古垛村大路，名为阻止日军，实为借日军之手消灭抗日县政府。李从文率领县政府全体人员绕道王斗村到达枕头村。一批有志青年纷纷到枕头村找抗日县政府要求参加抗日军队。李从文在王斗村西开办临汾县抗日行政干部学校，每期3个月，共办3期，为抗日部队又输送了200多名骨干。

此间，抗日县政府主要活动于枕头、桑迪、剪子坡、西床等村。抗日县政府坚持每日早晨"朝会"，向军政干部和警卫人员以及驻地群众讲抗日军事形势、政治斗争、抗日民族统一战线等，吸引当地以及附近村庄群众聆听，枕头村抗日支前轰轰烈烈，妇女做军鞋，儿童站岗放哨，争先恐后。李从文深受拥护和爱戴，百姓称他是"人民的好县长"。

1939年，阎锡山发动十二月事变，驻守临汾西山的第六十一军陈长捷部，向抗日县政府发起突然袭击。12月下旬某日，第六十一军派四一八团团长娄福生（垣曲人）带便衣队员30多名，包围了抗日县政府。李从文和娄福生寒暄之后，佯称解手，暗嘱部下："情况有变，你马上带一个班去通知洪洞县抗日政府迅速转移。"李利用与娄的同乡关系，当天安排20多人转移到河东办事处。是晚，向仙洞沟转移中，李被第六十一军补充营营长任斌逮捕。消息传出，人民非常愤怒，谴责阎锡山反共降日的罪行。12月底，阎锡山任命任斌为临汾县长。任斌向李从文讨要印章，李从文说：

"抗日县政府的印章是用于抗日的，不能交给反动派和顽固派。"任斌对李从文多次施用酷刑，都以失败告终。

次年1月2日，日军进攻西山，第六十一军闻风逃命，李趁混乱之际逃出，在群众掩护下隐蔽王斗村，次日离村找中共党组织联系，于小岭村前山沟中与敌相遇，再次被捕。23日晚，敌连长葛文祥奉密令，以转移为名，把李从文带到洪道村的松山沟时，突然向李连开两枪，李应声倒地。敌人又在李尸体上压了巨石，覆盖荆棘，用土掩埋。次日，同院群众发现唯有李未归，遂生疑心，合村四处寻觅，找到了李的遗体。是年，李从文23岁。

从文除父母去世外，全家皆投身革命。弟李正心曾任中共垣曲县委副书记，1943年日军"扫荡"时，在阳城失踪；妹李娥芳参加抗日工作；妻刘学敏于晋西事变后到太行行署工作，1942年5月在日军"扫荡"中牺牲。1948年秋，汉奸马云南带日军将李从文房屋焚烧殆尽。

崔峒（1917—1940）

崔峒，垣曲县皋落镇西街人。1917年农历腊月二十二日生，因时近大年，取名"年喜"。年喜自幼聪明，勤奋好学。1932年高小毕业考入绛垣中学读书。其间阅读了杜重远主编的《新生周刊》、邹韬奋主编的《大众生活》、鲁迅的文章以及裴丽生主编的《垣民之友》等进步书刊，并传给同学阎乐仁、郑豪阅读，同时常到新绛天主教堂小学和关中廷交谈。

1936年春，红军东征，崔峒到侯马附近进行宣传活动。寒假返乡后对同学王林等人宣传红军东渡抗日形势。当年崔峒考入运城师范读书，得以接触进步读物。与阎乐仁等同学组织读书会，互相介绍传阅，接触了更多革命读物。鲁迅先生逝世后，崔峒和同学们举行追悼会，并发表演讲。

西安事变后，崔峒从西安出版的《突击》刊物上看到事变真相，遂让学友广泛传阅该刊，并发动同学声援张学良、杨虎城爱国行动，宣传"停止内战，一致对外"的主张，寒假回乡后与在外上学回家度假的王林、王香兰、马万程、王铭、姚湘峨等人自编抗日话剧，在皋落街头演出宣传。崔峒编写的《东北人民亡国之苦》演出后深受群众欢迎。

1937年初，崔峒加入中华民族解放先锋队，3月，又加入中国共产党。

4月，运师学生到太原军训，崔峒和高宗智等同学参加了山西革命组织牺盟会。军训结束，崔峒参加了国民师范太原青年学生暑假生活协作团，到榆次乡下进行抗日救亡活动。卢沟桥事变后，返回运城，与运城牺盟中心区负责人张雨麟、赵辉取得联系，组织同学上街宣传抗日，演话剧《放下你的鞭子》等，启发群众抗日觉悟。又组织男女同学到火车站慰问从抗日前线下来的伤员。

运师校长杨汝良封锁进步刊物，并将崔峒等进步学生列入黑名单。8月，崔峒和高宗智等砸了校长办公室，打开被封闭的图书馆，驱逐杨汝良，欢迎李哲人（共产党员）当运师校长，从此，运师成了运城各学校抗日救国的活动中心。9月，崔峒被选为牺盟会代表，出席在太原召开的山西牺盟会第一次代表大会，聆听了周恩来在太原国民师范礼堂长达3小时的形势报告。回到运城后积极宣传参加八路军，运师附小即有20多名学生到临汾参加八路军第三五九旅话剧团。12月,崔峒到临汾参加中共山西省委开办的党员训练班,回垣后,崔峒找到关中廷(中共河东特委委员)、王唐文(垣曲县党小组长,后为县委书记)、王珍(共产党员,后脱党)、王琏(后为垣曲县委宣传部部长)、文守义(文进,共产党员)和文宗柳(共产党员)作了研究和分工,历时半个多月,共动员30余名青年参军。接着,崔峒被派往解县建立抗日武装,成立了解县人民抗日武装自卫总队,有60多人、30支步枪,后发展为120多人,崔峒任中队长。自卫总队不断打击日军,锄除汉奸,并在西湖村召开公审大会,处决了民愤极大的汉奸赵朗甫。1938年3月,崔峒任中共解县县委书记,兼任抗日武装自卫总队指导员。其时县委机关和牺盟会驻中条山山区柴家窑,极端困难,吃野菜和玉米面粥,住土窑洞,穿核桃皮染成的黄色粗布,但没有一个叫苦。其间,崔峒利用余暇,忍着饥寒,反复研读了《共产党宣言》《论持久战》等著作。8月,崔峒被调到晋豫地委夏县中心县委工作,后又被调到阳城晋豫地委机关工作。十二月事变后,随机关转移,因病被护送到高平县宰李村十八兵站卫生所治疗。1940年2月,形势日趋紧张,地委机关和部队转移,崔峒和几位病员离开卫生所追赶机关和部队,到陵川县平城一带,被阎锡山部抓获,当即被杀害,年仅23岁。

寸性奇(1893—1941)

寸性奇,字念洁,云南省腾冲县人。清宣统元年(1909)入云南讲武堂,次年加入同盟会,后投军参加辛亥革命,因昆明起义有功,任川边镇守使署少校参谋。1916年参加反袁世凯斗争，任四川南溪县县长。1923年攻打陈炯明后，迎孙中山回广州，任广州宪兵司令兼大本营中将参谋。1925年，任国民革命军第三十一军军部参谋处处长，参加北伐战争。1937年抗日战争全面爆发后，寸性奇以第三军参谋长职北上抗日，在井陉、阳泉等地抗战数月。后任第三军十二师师长，转战中条山。1941年5月7日，日军大举进攻中条山。8日，第三军军长唐淮源奉第一战区司令长官令，率部自垣曲县樊家沟退向五福涧。10日，在张家坪与敌遭遇，死伤惨重。唐命令部队退至大寺坪（夏县境内），由夏县架桑夺路出击。11日夜，唐淮源知敌人重重包围，难以突围，对寸性奇说："唯与中条山共存亡。"12日，寸性奇在战斗中胸部负伤，副师长杨玉昆率部冲向垣曲胡家峪，寸性奇又伤腰部，不能行走。营长李振邦请求守护，寸性奇挥手道："勿以我累！"13日，性奇身中炮弹，炸断右腿，血流如注，阵亡于垣曲县毛家湾。年48岁。

寸性奇阵亡后，遗体由当地农民卢世友等4人掩埋于毛家湾樱桃沟。次年6月16日，在第三军驻地陕西省城固县召开追悼寸性奇大会。1989年云南省民政厅决定将寸性奇骨灰迁移云南烈士陵园。同年10月7日寸性奇孙女尊燕、曾孙建国将其遗骨运回云南腾冲县，安葬在国殇墓园，树"抗日陆军中将寸性奇烈士纪念碑"。

李端甫（1903—1941）

李端甫，又名李士方，平陆县老城关杜家崖人。1924年，任县立第一高小教师。次年考入北平世界语学院。1928年由北平返运城和嘉康杰等人创办中山中学，担任外语教师，以学校为阵地，进行反帝爱国运动。3个月后，学校被查封，李端甫到河南省焦作煤矿工人夜校任教。

七七事变后，李端甫返回家乡参加抗日斗争。同年冬，由中共平陆县委书记李晓锋介绍加入中国共产党。不久，参加了县委改组县"主张公道团"的斗争。大敌当前，原公道团团长王建中反共恶习不改，阻挠群众抗日。李端甫当众历数其罪恶，揭露其丑恶面目，使其众叛亲离，被群众轰走。经大家推选、县牺盟会举荐、七专署批准，李端甫接任公道团团长。这样不仅为平陆抗日大业清除一害，而且使平陆县"总动员实施委员会"（简称"总动会"）的领导权也基本掌握在县委手中。1938年3月，共产党员王宿人任平陆抗日县政府县长，兼县抗日游击支队长。李端甫调任副支队长，主持参谋处工作。

1938年9月，李端甫调任垣曲县长，将县政府改造成共产党领导下的抗日政府。任命延安抗大学员共产党员宋石庵为军事科长，共产党员胡凯、张若愚为县公安局局长和政治指导员，普攀龙任一区区长，吕汉文任三区区长，梁文倬、安培斋、张俊烈等在政府要害部门工作。县委通过农民救国会起草《垣曲县减租减息暂行章程》，提出在全县推行"二五减租""分年减息"，遭到劣绅们和国民党县党部书记关汉池的反对刁难。在县"总动会"讨论该章程时，双方斗争激烈，难以形成决议。关键时刻，李端甫以县"总动会"委员长和县长的重要身份，拍板定论。他说："县农救会起草的章程很好。它符合阎司令长官关于合理负担、守土抗战的精神，也符合开明士绅的愿望，有关分歧意见而后再议。

现在我们要以抗战大局为重,采取坚决而有效的办法实施这一章程。"这样,减租减息得以在全县迅速展开,调动了民众的抗战积极性。他还利用职权,大力支持抗日武装力量,给县政卫队发放枪支300条,增强了政卫队的战斗力。

李端甫的行动,触及了地主劣绅及其代理人的利益,也引起七专署怀疑和不满。1940年2月,七专署用明升暗降伎俩,调李端甫回专署任秘书。次年5月,日军侵犯中条山地区,七专署经平陆南沟渡流亡河南渑池县,李端甫断后掩护,被日军围困,在突围战中,身中数弹壮烈牺牲。

姚藩南 (1908—1941)

姚藩南,出生于垣曲县城(今古城)一个富庶家庭,早年加入中国共产党。1933年在北平中国大学读书时,积极从事《垣民之友》的编辑和发行工作。《垣民之友》案发后,赴日本留学。抗日战争全面爆发后回国参加山西青年决死队,旋被调赴新四军某部任职。1941年在皖南事变中牺牲,年33岁。

刘迎禧 (1916—1942)

刘迎禧,字粲然,垣曲县皋落前窑人,1916年生。1931年,刘迎禧高小毕业,任小学教师。1937年参加牺盟会,4月报考山西国民兵军官教导第五团。1938年,在阎锡山县政府工作的中共地下党员吕汉文,以县政府名义组建垣曲县自卫大队。经第二战区司令长官批准,以教导第五团垣曲籍学生20人为骨干,回垣曲组织自卫队,刘迎禧是其中之一。

次年秋,刘迎禧加入中国共产党,后担任自卫团军政教官。1939年7月,牺盟会与华北督导团在皋落斗争时,刘迎禧最勇敢、最坚定。当年秋后,皋落成立民族革命第二高小时,组织决定派他和马万程、杨政去做教员,并成立党小组,马万程任组长。

1941年春,刘迎禧被国民党第十七军逮捕,审讯中,刘迎禧坚贞不屈,丝毫未吐露党的机密。后被保释,但被解除教员职务。9月,垣曲县县长侯中和成立"保安纵队",刘被共产党组织派到纵队第二支队做地下工作,后被该支队政治部主任彭振邦发觉,次年春被暗杀于回村满沟,年26岁。

李仰邺(1910—1942)

李仰邺,垣曲县古城人,家资颇富。仰邺聪颖好学,北平中国大学毕业后,1934年留学日本,同年加入中国共产党,并参加了第三国际情报组织。1937年抗日战争全面爆发后回国参加抗日救亡工作。次年任山西青年抗敌决死第二纵队随营学校政治主任及第三支队政治部主任,在汾河以东洪洞赵城游击区打击日军,保卫抗日政府和人民群众,屡屡建功。后任晋冀鲁豫边区人民政府行政干部学校训育主任。1942年5月日军"扫荡",李仰邺在太行某地被俘,被关押在太原监狱,越狱失败后被日军杀害,年仅32岁。

普攀龙(1910—1942)

普攀龙,垣曲县峪子村人,清宣统二年(1910)生,肄业于北平朝阳大学法律系,在校期间积极投身革命活动,是进步刊物《垣民之友》的编辑部成员,为该刊撰写法律方面的稿件。《垣民之友》案发后,普攀龙与弟安仁、姚书奎被阎锡山派军警逮捕,从北平押回太原监狱囚禁,后被安恭己保释。普攀龙出狱后于1936年加入中国共产党,次年参加山西抗日救国牺牲同盟会。抗日战争全面爆发后，回垣进行抗日救亡活动，1938年任垣曲县第一区区长。普攀龙性情刚毅，不畏权势，1939年10月，率军警逮捕了贪赃枉法吸食鸦片的垣曲县政府承审员陈得禄，并召开公审大会，对其进行了公审。此举给国民党县政府以沉重打击。山西十二月事变后，按照党组织指示，秘密调离垣曲，任晋冀鲁豫边区太南专区潞西县政府承审员（司法科长），并按组织指示，改名普勇。1941年秋，因生活艰苦，积劳成疾，住医院疗养数月，病情稍有好转，即被派往平北县政府任承审员，数月后肺病加重，又被组织调往边区医院疗养。1942年在日军"扫荡"中，医院转移到涉县东山一带，普攀龙于此间牺牲。

李正心（生卒不详）

李正心，垣曲古城人。1938年任垣曲县青年抗日救国会秘书，1940年2月，同王铭三、马子谦等人转移到太行抗日根据地，在晋城东沟被国民党军逮捕，送国民党洛阳第一战区司令长官部监狱。5月经朱德总司令交涉释放，回垣曲关家十八兵站第二办事处，次年任中共垣曲县委副书记。1942年4月，调中共晋豫区党委工作。在一次反日军"扫荡"中牺牲。

任达（1916—1942）

任达，陕西人，18岁参加中国工农红军，不久加入中国共产党。抗日战争全面爆发后，曾任山西乡宁县人民抗日自卫队队长、政治保卫队第二支队五大队大队长、政卫队第二一三旅五十八团二营营长、五十七团参谋。1942年春，太岳南进支队第五十七团开赴垣曲,在垣曲北山成立东山抗日游击大队,任达任第一中队中队长。

是年秋,东山抗日游击大队大队长徐治岐率第一中队驻同善镇望仙村。某夜,日军集中同善、皋落及绛县兵力,分路突袭。徐治岐、任达、陈福全指挥并掩护大队向村西北山岭转移,被日军截断与大队的联系。情急之中3人一边高喊一边向天盘山高峰冲去,以吸引日军,掩护大队转移。冲上山顶后,发现被日军包围,经过激战,突围转移到外线。3人乘日军烧火做饭之机,向南面山岭转移,被日军发现追击,3人失散,任达连毙两名日军,身负重伤,壮烈牺牲,年仅26岁。

马曰骥 (1909—1943)

马曰骥,垣曲县新城镇下官店人,1909年11月6日生。其父马春法,自幼给地主种地,家贫如洗。曰骥少时亦凭给地主干零星活自给上学,自皋落高小毕业后辍学。1934年3月,马曰骥加入中国共产党。全面抗战开始后,先后被党组织分派到周家山、岳家洼等地,以教学为名,从事党的地下联络工作。马曰骥到哪里教学,那里就是联络站,经常整夜接待联络员。垣南县成立后,马曰骥任垣曲二区区委委员兼村党支部书记,并任垣南、垣曲县情报联络员。其间,因叛徒告密,曾多次被日军抓捕毒打刑讯,但他始终没有泄露机密。

1941年,在日军侵入垣曲时,马曰骥带领全村群众转移。在马头岭被日军从脖子后砍了一刀,一昼夜后竟奇迹般地挣扎着起来,用两只手扶着头颅,找到乡亲们,养伤数日后回到家里。不久,被日军抓到皋落,晚上趁敌不防逃出来。后又被日军抓到王茅,日军要他供出共产党员名单,他一言不发。深夜,他从墙上取下一把日本军刀,杀出三道岗哨跑了出来,在邻居共产党员冯文锦的草窑里避身数日。

官店村伪村长李耀堂,仗借日军势力,私摊粮款。许多群众因交不起而被扒了房子,有的倾家荡产,妻离子散。1943年2月初,马曰骥找到李耀堂,责令李于2月10日退出私摊粮款。李于7日向土匪贾真一部告密,当日晚贾匪数十人将马家包围,在李耀堂的指点下,从窑后棺板下找到马曰骥,拉到村口,脸部被砍3刀,胸部被刺40余刀,马曰骥连喊"共产党万岁",直至气绝。

刘宝善(1911—1944)

1911年生,垣曲县毛家镇王家岭村人。1934年加入中国共产党。后任太岳三分区情报处站长。1939年,担任晋豫边区抗日游击支队大队长,由于地主告密,被国民党十七军骑兵连包围抓捕,押送到第十五集团军夏县监狱。在狱中受尽了各种刑罚之苦,但始终没有吐露其共产党员身份。他为交纳党费,设法织了件毛衣,托人代交党组织。刘宝善在狱中坚持与敌斗争,并说服几个看守使其转化,倾向革命。

1939年12月30日夜,看守班长等3人掩护刘宝善越狱而走。刘宝善日夜兼程,顺利地回到了八路军驻垣曲关家十八兵站。1942年3月,经县委批准,打入贾真一所辖的二团三营,先后任营部主任副官和九连副连长。他积极做部属的策反工作,并很快有了成效。是年冬,贾真一所辖的二团在闻喜县镇风塔被包围,经过战斗,驻防在重要位置的三营200余人全部缴械投诚，刘宝善成功地完成了策反任务，为迅速消灭贾真一部打开了缺口。

1944年春，刘宝善在日军"扫荡"中不幸被俘，被关押在皋落日军监狱。日军为了从他身上获得情报，施用了各种酷刑，上压杆、坐"飞机"、灌辣子水，敲掉牙齿、打断肋骨，最后他被折磨死，年仅33岁。

弟敏学（1918—1943）

弟敏学，谭家乡硖口村人。1938年加入八路军晋豫边区抗日游击支队，1940年被编入八路军第一二九师新编第一旅。

同年9月20日，弟敏学带领3名侦察战士，详细侦察了长治东北微子镇日军飞机场，并请战火烧日军飞机。接受任务后，同排长王元明连夜急行军40公里，摸入机场，用麻秆加硫黄点燃，瞬间火光冲天，3架敌机被烧毁。1942年6月，新一旅2000多人被日军包围在平顺县寺头村，弹尽粮绝，3天3夜战士水米未进，弟敏学挺身而出，带领3名战士，冲出包围圈，向第一二九师首长汇报了情况。援兵迅速赶到解围，弟敏学被授予战斗英雄光荣称号。同年在潞城战斗中，弟敏学到杆村侦察，因汉奸告密，被日军包围在一片芦苇中，身负重伤牺牲，年仅25岁。生前曾任特务侦察班长、排长、旅部侦察排长。

刘凤仪（1917—1943）

刘凤仪，垣曲县古城镇店头人，垣曲县师范毕业。1937年参加山西国民兵军官教导五团（决死队二纵队前身）。次年，进入八路军抗日军政大学学习，毕业后分配到八路军某部工作，旋调任第十八集团军总部参谋。1943年在河南开封某次战斗中牺牲。

杨 歧 （1914—1943）

杨歧，垣曲县新城镇上王村人，1914年生于一个贫苦家庭，幼年丧父，母亲抚养长大。勤奋好学，垣曲师范毕业后，任小学教师。1938年加入中国共产党，次年调任垣曲第二高小教员。十二月事变后，党组织决定其回村隐蔽活动，曾任上王村党支部书记。1943年9月30日被日军逮捕杀害于王茅镇，年29岁。

张梦龙 （1915—1944）

张梦龙，字渭瑞，垣曲县皋落乡下南蔡人。梦龙天资聪明，性情刚毅，抑强扶弱，爱打抱不平。在垣曲师范读书时参加过反对盐商剥削百姓的斗争，垣曲师范毕业后曾任小学教师。

1938年2月，张梦龙加入中国共产党，10月任中共垣曲县委秘书。当时，县委机关设在同善镇北垛村县委书记王唐文家中一间低矮狭小的楼上。冬天，北风凛冽，寒气逼人；夏天，闷热难熬，令人窒息。梦龙连续2年，夜以继日地工作，从不吐一个苦字，机关同事无不敬佩其惊人毅力。梦龙多才多艺，能书善刻，并能雕制印章。当时，他一人坚持机关工作，从起草文件，到刻版、油印、装订全由他负责，县委对上级请示报告，对下级指示批复都出自他手。县、区机关的印章，以及为了便于对敌斗争仿制敌伪的钤记图戳，也由他刻制。由他刻印的《新民主主义论》，字如米粒，红色油墨印刷鲜艳清晰，过目者印象深刻。

1939年秋，中共中条地委成立，张梦龙调地委任秘书。次年任垣曲县委委员。1941年11月任《晋豫日报》编辑。中条山会战后，垣曲境内日、伪、顽、匪、特到处树帜立标，各据一方，犬牙交错，斗争极为复杂。1942年初，中共太岳区党委为了扩大抗日根据地，命令太岳南进支队第五十七团进驻垣曲，任张梦龙为太岳军区第四军分区谍报参谋。负责对盘踞在垣曲、夏县、闻喜的国民党中条山野战军贾真一部和刘仰宸独立支队的策反工作。回垣后，依靠县委和地下党组织的支持，先后把许多坚强的共产党员打入敌伪内部，建立起区党委通条西地委地下交通线（由阳城经垣曲到夏县）和敌据点内情报站，分化瓦解敌人，为后来独立支队起义和击溃贾真一部打下了坚实基础。

张梦龙平易近人，善于利用各种关系进行工作。其父张恩庆年过半百，头戴风帽，鼻架老花镜，身穿黑棉袍，肩背破褡子，内装罗盘，扮作看风水的阴阳先生，穿行在敌占区，为梦龙搜集情报。梦龙自豪风趣地说："共产党的策略里，还有利用父亲这一条哩。"

一次，张梦龙带领4名战士到朱家庄楼上村与上级某部接头，被贾部200余人包围。他临危不惧，选好突破口，一跃而出，在硝烟弥漫中，弹不虚发，冲出重围。又一次，赴条西联络各县游击队，完成任务返回途中，在垣曲朱家庄柴家坪，被贾真一部1000余兵包围。梦龙只带十人，而且弹药很少，他从容镇定，指挥战士用树枝把帽子举出草丛，招致敌人猛烈射击，耗敌弹药。双方相持1天，在敌人攻势减弱后，我军乘机集中火力突围，返回根据地。

张梦龙领导地下情报网和小股武装,搜取敌人重要情报,挖取敌人暗藏的枪支物资,敲掉敌人地下情报人员,惩处极恶分子,分化瓦解敌伪顽武装,不断给敌人以打击,成了抗日军队的耳目和插在敌人心脏的尖刀,也成了贾真一的心腹大患。1944年2月24日,张梦龙率垣曲县二区区干队30余人,从石窑村搜取了贾部暗藏的物资,归途中夜宿槐南南道洼。贾部第三团团长张国栋获悉情报,率领全团兵力分3路包围了张梦龙住处。次日拂晓,敌人控制了制高点,用机枪向张梦龙住处扫射,区干队队长王好治率队突围,中弹牺牲。班长王鸿庆等多人突围后,张梦龙便破窗而出,不幸左腿中弹,忍痛走出四五里路,烧掉随身携带的机密文件,天亮后被山头敌人发现遭俘,身陷魔掌。敌人先是劝降,他横眉冷对,痛斥这帮汉奸、土匪,并慷慨声言:"胜利属于共产党!"敌人恼羞成怒,把他拖到槐南白村北野地,割掉他的舌头。他双目怒视,威慑敌胆,敌人卑怯残忍,又剜去梦龙双眼,酷虐备施,梦龙英勇就义,年29岁。

赵宗普 (1922—1944)

赵宗普,原姓马,乳名运运,垣曲县新城镇左家湾人。7岁父母双亡,过继给清源村舅父,改名赵宗普。1937年,考入本县第二高小,抗日战争全面爆发后辍学。次年到太行抗日军政大学学习,毕业后分配到太岳四分区工作,任谍报参谋,活动于晋城、沁水、阳城、垣曲、王屋一带。中条山会战后,1943年夏,赵宗普回垣曲从事侦察活动。带领10多名战士,活动于皋落镇附近,袭扰日军。

1944年10月,赵宗普身患疥疮,步履艰难,隐身铁矿山成明全家中养病。中旬某日，太岳四军分区参谋张梦龙带几个战士探望，临走嘱留几个战士护理，赵宗普再三谢绝。次日下午，因贾真一匪部特务郭某密告，5个匪徒将赵宗普拖到闻喜县上王坡牛圈门前，诱骗说："你只要不干八路军，到我们这里来，你原是什么官，我们仍让你当什么官。"赵宗普大骂："你们这些祸国殃民的败类，想叫我投降，除非日头从西边出来！"匪徒无计可施，最后用刺刀将赵宗普戳死，年仅22岁。

庞晋荣（1917—1944）

庞晋荣，垣曲县新城镇下古堆村人。本县第二高小毕业后，在家务农。抗日战争全面爆发后参加革命工作。1938年加入中国共产党。在刘张上、下古堆一带从事党的秘密工作。1942年春参加东山抗日游击队，任第二中队长。同年底第二中队编入太岳军区第五十七团。次年6月，晋荣返垣负责联络站（情报站）工作。秋末，率臧宪文等4人到路南活动，在沙坪抓获贾真一部特务高官印，将其处死于南蔡庙洼。当日住槐南白吉家山前沟，被日军发现俘获，带往皋落日军据点。审讯后，郭平平、任小旺等被释放，庞晋荣、臧宪文被押到王茅日军"大皇部"，严刑审讯。庞晋荣坚贞不屈，与敌侃侃折辩，日军称他为"铁嘴"。1944年正月初二被日军杀害。

王好治（1913—1944）

王好治，垣曲县老屋沟人。1938年春，中共晋豫边区游击支队大队长冯锦华率30余人到槐南白罗圈洼为部队筹措粮秣，向王好治父亲王玉祥借麦10石，王玉祥拒绝不交。

王好治劝告无效，便把自己分家所得5石麦子悉数交送部队。从此，他经常与八路军来往，不久经贾润玉介绍加入中国共产党。1942年正月，王玉祥被贾真一部第五大队长芦长泰抓捕。芦长泰要王玉祥交出儿子王好治，王玉祥拒不交出，被杀害。王好治义愤填膺，经中共垣曲县委同意，在本村附近成立"报仇大队"，王自任队长，不断袭击贾部。贾部抄了王好治的家，其母被逼悬梁自尽，弟好信被杀，妹凤英被迫当了童养媳。

同年10月，王好治率4名战士在朱家庄前沟活捉了贾部副官赵言通，缴获了一批军服、石油、白面等物。次年4月，报仇大队编为二区区中队。端阳节那天，贾部党政军教联合办事处垣曲县办事处主任赵文清结婚，向附近派摊大肉300斤，大摆宴席。王好治和二区指导员贾克泌率部夜袭赵宅，打死赵父。11月，贾部常太和率匪徒10余人到朱家庄的刘家庄向刘学书（共产党员）索要麦子30石，王好治率区中队从石家庄出发奔袭刘家庄，常太和由长涧苇园沟逃跑，被王好治俘获，敌全部就擒。

1944年2月1日，太岳军区第四军分区参谋张梦龙率区干队20余人，从石窑搜取贾部埋藏的物资，返回时夜宿南道洼，被贾部第三团团长张国栋率兵包围。次日拂晓，敌用机枪扫射张梦龙和王好治住处，王好治破门突围，腹中数弹牺牲，年31岁。

陈志光 （1901—1945）

陈志光，河南省荥阳县王村店人。1932年家乡遭灾，逃荒到垣曲下古堆给地主当长工。因手脚勤快，办事利索，深得邻人好评。1943年陈志光参加革命,历任垣南县大队班长、排长和大队长等职。在残酷的战争年代,尤其在蝗虫肆虐的年代,陈志光与大家一起啃树皮,嚼草根,开荒种地,并为共产党组织传达秘密文件和口头指示,护送党的干部,打击贾匪和日伪,表现得非常出色。陈志光打起仗来,沉着冷静,机智勇敢,敢打敢拼,多次给日军和贾真一匪部沉重打击,因此,他成了日军和贾匪的眼中钉。贾匪多次派兵抓他都未得逞。1944年秋某日,日军偷袭下古堆,企图捉到他,未能得手,便把他的妻子及李瑛(共产党员)的母亲、妻子和弟媳4人抓起来拷打,逼问陈志光的下落,4人宁死不说,最后全部被杀害。陈志光得知噩耗后,强咽泪水,带领县大队全体战士不断出击日军和贾匪,为死难者报仇。1945年5月28日,到朱家庄店头村执行任务,因汉奸告密,贾真一派部包围了陈志光的住处,用机枪封锁门窗。陈志光毫不畏惧,挺身与敌搏斗,终因寡不敌众被俘,在店头村戴家沟遭刀刺、石击牺牲,年仅44岁。

郭文谦(1901—1945)

郭文谦,出生于垣曲历山花石村槐树庄的一个贫农家庭。未读完小学就随父务农,冬闲时上山打猎。中条山会战后,国民党游勇散兵到处打家劫舍。郭文谦参加了村红枪会。在地下共产党组织引导下,该村红枪会于1941年秋改编为中条山抗日游击队,郭任队长。次年4月某日,郭文谦独自到刘村侦察敌情,至关圪垯庙,迎面走来一名日兵,郭眼疾手快,猛扑过去,夺过枪支,打死日兵。夏天某日,郭独自去同善镇侦察敌情,正在一家饭店吃饭,日军包围了门口,长短枪一齐对准郭文谦。郭不慌不忙端着饭碗向敌走去，说："请吃！"话音未落即将碗中面条向敌人脸上泼去，顺手夺过枪支，一连打死3个敌人，夺门而去。当年秋，垣曲县抗日政府成立，郭文谦任第三区区干队队长，同时加入共产党。

当时，同善镇除日军之外，还有一个特务队，队长名白浪，群众称呼其"白狼"，是一个灭绝人性的汉奸。镇上谁家的儿子参加八路军，谁家和共产党有来往，甚至哪个村有几个大姑娘，他都要向日军汇报清楚。此害不除，后患无穷。一日，白浪率领特务到东岭抓鸡，郭文谦将其诱至东岭沟活捉，就地处决。后来又处死伪区公所到西沟抓差的几个汉奸。驻王茅镇的日军227联队长为此大伤脑筋，称郭文谦为"铁人"，并纠合全部兵力"围剿"北山抗日武装，但始终未能得手。

1943年夏，郭文谦在刘村发动群众时，阎顽县政府保安队出面干涉，郭一举生俘其30余人，缴获步枪30多支。同年秋，日军大部队进山"扫荡"，郭文谦独自摸到同善镇日军碉堡下，投进手榴弹，歼灭了碉堡内敌人。日军"扫荡"回来时，必经十里坡口。此处山高林密，仅中间有一条长1公里的骡马大道，郭文谦将部队埋伏两侧，突袭日军，日军大乱，拼命逃向同善镇。

郭把敌人抢来的粮食、牲口全部交回历山和阳城群众，受到太岳军区的表扬。1944年某日上午，30多个日伪军押着200多名民夫、100多头牲口，人担畜驮，运送粮食和其他物资向王茅镇前进。当过宋家湾时，两边山上步枪、手榴弹齐发，郭文谦带头冲入敌群，民夫们高喊"郭文谦来了"，日伪军闻声扭头向同善镇逃窜。郭文谦按原定计划,把民夫组织起来,把粮食和其他战利品运送到佛云山抗日根据地。1945年8月18日,日军宣布投降的第三天,郭文谦奉命到王茅镇收拾日伪遗留物资,遭阎顽县政府部队暗杀牺牲,年仅44岁。

郭华峰(1916—1945)

郭华峰,原名郭汉鼎,芮城县兴耀村人。1938年毕业于河南省开封高中,回县任小学教师,参加抗日救国活动。次年经芮城县牺盟特派员赵乃康介绍加入中国共产党,旋任芮城县青年抗日救国会秘书,当年赴延安抗日军政大学学习。1940年由延安回晋南任牺盟会民运视察员,分管绛县、平陆、垣曲3县的民众抗日运动,不久又回到芮城抗战建国中学任训育主任。因被敌人怀疑,遂与同校教师董巩出走洛阳。在洛阳通过同学介绍参加中国工业合作社(以下简称工合社)。该社由华侨投资兴办,共产党人和民主进步青年参加者甚多。同年底,郭华峰随同工合社人员一行8人由洛阳到垣曲开展工作,不久便与中共垣曲县委接上关系。为了便于活动,县委书记高一清也参加了工合社工作。1941年春,在王茅镇建立工合社垣曲站,并在长直建起一座小煤窑,以此作掩护。5月,中条山会战开始,工合社人员在南山被冲散,郭华峰便在上圪坂村高一清和陈堡村赵恒玉家中,以长工身份隐蔽。1942年春,阎顽县政府成立保安大队,郭华峰打入第二大队张鸿庆部工作,不久被日军抓获,但并未发现什么疑点,就让他到王茅镇伪合作社工作。他利用工作之便,通过共产党的地下交通线为党组织提供了许多重要情报。同年 4 月,日军在圪坂村汤圣庙建立武装队。根据工作需要,郭华峰打入这支队伍,不久任队长,并在队内秘密建立了共产党支部,发展党员。有了这支武装作掩护,郭华峰借维持地方治安之名,多次打击欺压人民、破坏抗日的反动势力。同年秋,抓获刺探共产党活动情报、敲诈勒索群众的特务文竹林等 3 人。腊月,又处决了强奸民女、作恶多端的阎顽县保安大队分队长张小抓。1943 年春,日军准备从东滩南渡进犯河南,命令武装队抓"苦力"。郭华峰向执行任务的班长说:"要大张声势,但不抓好人。"当王茅镇日军联队长向他要"苦力"时,他只送去了几个地痞应付了事。5 月,上圪坂小学教师廉子英(共产党员)被人告密,同善镇伪区公所通知武装队予以逮捕。郭华峰则虚张声势,暗地放走了廉子英。

1944 年 11 月 27 日,中共垣曲县委指示郭华峰率部起义。当日,贾真一部进驻圪坂,阎顽县长侯中和设下鸿门宴请郭华峰吃饭,情况十分紧急。郭华峰镇定自若,沉着应付。临行前对安云(共产党员)说:"今夜 12 点钟,县委派部队假装日军模样来接咱们,我们要把部队按时拉出去。12 点钟以前我若回不来,你就把部队带走,不能犹豫!"说完带着两支手枪去赴宴。宴席上,郭华峰举杯相敬,谈笑风生,未等侯中和开口,他突然站起来说:"对不起,今晚日军要过此地,我有急事要走。"侯中和还未想出应变之策,郭华峰已扬长而去。夜 12 时,独立营伪装日军叫开门,郭华峰立即集合部队宣布起义,连夜将部队拉到北山梁王脚。这次起义除山上碉堡内 1 个班和几名按计划留下的人以外,共带出 45 人及步枪 84 支、机枪 1 挺、掷弹筒 1 个。《新华日报》（太行版）就此发表了《汤圣庙武装队起义》的文章。后来这支武装改编为中共垣曲县委武工队，郭华峰任支部书记兼队长。

1945 年 8 月，日军投降。驻王茅镇日军第三十七师团二二七联队于 16 日星夜西逃。阎顽县长侯中和和日伪垣曲县知事张静心勾结，负隅顽抗。8 月 17 日郭华峰率部与独立营配合在王村（今华峰）南岭同侯部作战。18 日深夜，武工队在王村泰山庙东麦场宿营，郭华峰被暗杀，年仅 29 岁。

垣曲县政府为纪念郭华峰烈士，将其牺牲之地王村更名为"华峰村"。

李翰宸（1918—1946）

李翰宸，字墨林，出生于垣曲县朱家庄（今毛家湾）一个破落地主家庭。在高小读书时，受到裴丽生主编的进步刊物《垣民之友》的影响，思想倾向革命，经常对同学说："我就讨厌我这个家庭！"1936 年参加牺盟会，不久又加入了中国共产党。与共产党员李进宸、刘学庆、张星照、刘宝善等在南山一带积极开展抗日救国活动。1938 年担任中共朱家庄中心党支部书记。日军第一次犯垣后，和张星照等在朱家庄建立抗日武装自卫队，张星照任队长，刘学庆和李翰宸分任正、副指导员。有了武装作后盾，便在该村开展合理负担和减租减息运动。不久，自卫队被国民党第十四军十师击散。1939 年夏，李翰宸又和张星照、刘宝善在南山建立了八路军晋豫边区游击队，刘宝善任队长，李翰宸负责筹粮款、枪支弹药。同年 9 月，被国民党第十七军骑兵连击散。

1939年十二月事变后，垣曲政治形势大有山雨欲来风满楼之势，李翰宸则坚定自信地说："天上有点乌云算得什么？很快就会见到太阳的！"

他和一些共产党员转入隐蔽斗争。中条山会战后，李翰宸与上级党组织失去联系，仍和张梦龙、赵子玉、刘学庆、刘宝玉、刘学书等开辟垣曲南山工作。1942年垣曲第二区政府在北山成立，李翰宸冒着极大危险到路北与二区区长李青取得联系，建立了交通站并任站长。

在太岳区开辟三分区工作时，李翰宸多次冲过敌封锁线与闻喜的康俊仁支队第三大队张克惠、牛之霄接头。一次被贾真一部逮捕，遭残酷拷讯，但只字未吐。后经李如才、赵子玉等多方营救获释。1943年成立垣南县，李翰宸任民政科长，继任第二区区长。1944年改任交通局局长。次年抗日战争胜利，李翰宸调任新绛县交通局局长。1946年2月，同县长郭光华下乡工作，被阎锡山部队突然包围于文后村，当即牺牲，年仅28岁。

段英言（1922—1946）

段英言，沁源县郭道镇棉上村人。1938年高小毕业参加革命工作，先任小学教师，继任中共沁源县委《生力报》报社编印。不久，加入中国共产党。1940年农历十月二十六日，日军"扫荡"棉上村，一日之间全村房屋全被烧光，被残杀187人，段英言的母亲被刺死，不足10岁的三弟和堂弟被活埋。天地虽大，怎容此深仇大恨！段英言面对亲人遗体，握拳坚誓："不打鬼子，报此仇，誓不为人！"他夜以继日工作，编印抗日文章，宣传群众，成绩显著，后调太岳行署工作。1944年调王屋县二区任组织委员，被派到圣佛头（今英言村）工作。英言平易近人，有学问，口才好，会宣传，群众说："英言说起话来，一说一大套，套套都在理，听了入耳鼓劲。"当时段英言主要在西河活动，活动区域延伸到白家河、关庙、圣佛头、柏底、贺家庄。以前，圣佛头村没有一个共产党员，他来后，仅1年时间就发展了30余名。1946年3月正式建立了党支部。在减租减息、锄奸反霸运动中，段英言深入田间场院、农家炕头，和穷苦农民一起劳动，促膝谈心。他说："穷人一年到头累死累活，为啥还是吃不饱，穿不暖？不是生来命穷，而是封建剥削造成的。穷人要过好日子，就要组织起来砸烂旧社会，推翻剥削穷苦农民的地主恶霸。"在他的宣传组织下，当地农民运动开展得轰轰烈烈。当月，一小股国民党杂牌军北渡黄河骚扰圣佛头一带，段英言率民兵昼夜巡逻防御。29日夜，在圣佛头村北追查可疑行人时，被暗藏的敌人偷袭，中弹牺牲，年仅24岁。

当年，王屋县为纪念段英言烈士，将圣佛头村更名为英言村。

杨鸿水（1921—1946）

杨鸿水，又名杨洪瑞，祖籍平陆县七泉村（现属夏县）。鸿水自幼勤劳好学，胆大敢为。12岁要求上学，其父因家贫而应以忙时耕种，闲时读书，乃入本村小学苦读4年。外出谋生，在平陆县当兵，参加了牺盟会。日军侵占平陆后，回家难以存身，全家逃往河南渑池。

中条山会战中，国民党第十七军全军覆没，军长高桂滋只身逃往河南。高桂滋给第十七军特务连谍报员史治国一个"第十七军搜索大队"的番号，史治国拉起队伍，杨鸿水参加该队任文书。1942年，搜索大队北渡黄河到垣曲，仅30余人。当年夏，该大队发生内讧，中队长马效英和小队长焦傲早杀死大队长史治国后，却又被副大队长陈连清杀死，陈连清任大队长，杨鸿水任副大队长。陈连清感到自己力量单薄，决定与国民党第十七军刘仰宸独立支队联合。搜索大队改编为独立支队第一大队，陈连清任大队长，杨鸿水为副大队长。两支队伍合并后，迅速发展到1000多人。刘仰宸任支队长，弟子佩、李忠堂（中共党员）为副支队长，下辖4个大队。次年7、8月间陈连清为刘仰宸所杀，杨鸿水任第一大队长，文英才、刘汉三、姚文斌分别任第二、三、四大队长。

独立支队一面抗击日军，一面依靠国民党。1942年太岳军区第四军分区参谋张梦龙和以后的第三军分区参谋赵子玉都先后对该部做过策反工作。1944年春，郭克忍、梁文汉、刘廷瑞、常照日、车逢允等共产党员相继打入独立支队。不久，第三军分区发现杨鸿水在平陆加入过共产党，与其联系，也得到证实，即为杨鸿水恢复组织关系。当时，中共地下党员郭振德被抓到独立支队当兵，被安排到杨鸿水大队部当文书。为了加强杨鸿水部的战斗实力，共产党组织又设法为其购机枪2挺、步枪10支、马2匹，一大队的实力超过了其余三个大队的总和。次年春，特务队和第二大队收缴了第三大队的枪支，软禁刘仰宸于乐尧南圪垯，刘仰宸自知大势已去，遂辞职回家，杨鸿水接任支队长。

根据当时形势，共产党组织指示杨鸿水相机起义。5月7日，独立支队第一、二大队在朱家庄郑家岭宣布起义，后编入太岳第三军分区五十六团三营，杨鸿水任营长。

杨鸿水多谋善断，长于奇袭制胜。1943年秋，他与10名战士设伏潢潞源，打得60名日伪军溃不成军。次年冬带独立支队35名战士，设伏皋落安子岭，截击由闻喜押送物资的10名日军，20分钟内不鸣枪，不喊杀，只是白刃格斗，全歼日军。1946年，国民党整编第三十八师某团1个营盘踞皋落镇。为消灭这支部队，杨鸿水带兵数名到皋落侦察，在皋落东头水渠边被敌发现，左胸中弹牺牲。

杨　峰（1921—1947）

杨峰，原名杨慕源，垣曲县谭家乡上敌原村人。父亲早亡，靠母亲抚养成人。1938年参加牺盟会，同年加入中国共产党。次年山西十二月事变后，被党组织派遣打入垣曲县精建会工作，后因环境恶化，回家隐蔽。1943年7月，第一区抗日政府在上敌原成立，杨峰任区公所助理员。后调抗日县政府人事科任科员。1946年，调任第二区副区长。

次年7月下旬某日，区政府获悉刘汉三匪部从南山出发，准备袭击皋落镇（二区区公所驻地）。区公所通知干部群众严加提防。天刚黑群众便纷纷向西北方向转移，杨峰坚持最后撤离，刘汉三匪部此时已占据皋落镇北山岭，居高临下对区公所包围。紧要关头，杨峰催促别人先走，他留在最后，刚走出区公所数十步，即被俘。刘匪严刑毒打，杨峰宁死不屈，骂不绝口，死于匪乱刀之下，时年26岁。

张学孔（1923—1951）

张学孔，垣曲县谭家乡西沟村人，1944年参加革命工作，抗日军政大学毕业后，被分配到野战军，历任班长、排长、连长。曾参加过攻打运城、解放临汾等战役，后随军南下四川，在四川剿匪战斗中立功。

1950年，张学孔第一批赴朝鲜参加抗美援朝战争，任第一七九师五三七团侦察股长。1951年在朝鲜第五次战役中牺牲。时年28岁。

王鹤卿（1926—1952）

王鹤卿，垣曲县古城人，中共党员。1946年在陕西城固中学入伍。曾任中国人民解放军第四十军一一八师交通工作队员、测绘员、书记、见习参谋等职。在抗美援朝战争中曾立战斗大功1次，小功11次。1952年10月9日在朝鲜长丰郡战斗中牺牲，安葬于朝鲜黄海道长丰郡大南面区域古关村古美城。时年26岁。

王振山（1917—1946）

王振山，垣曲县英言镇赵家坟人。1945年参加革命工作，任王屋县二区民政助理员，后担任副区长。1946年春被派到窑头村发动群众，开展反奸斗霸工作。1946年5月26日夜，被偷渡黄河的国民党济源县第七区"还乡团"靳永清部围堵在窑头村一窑洞中，枪打火烧，和其他7名同志一起壮烈牺牲，年仅29岁。

张道元（1919—1947）

张道元，垣曲县蒲掌乡西阳村人。1919年生，农民出身，1947年参加革命，为王屋县公安局公安队队员。入伍不久，王屋县公安局领导即派其潜入垣曲县城（今古城）敌军中做地下工作。是年5月，敌中队长王生瑞率数十人阴谋偷袭我驻蒲掌乡洼里村的王屋县二区区政府。张道元也在敌偷袭队伍之中。情急如火，张道元急写了封密信，让郭成章速送至二区区政府。当时，区政府二十余人正在开会，接信后立即转移，结果敌军扑了空。由于区政府人员慌忙转移时将张道元写的信丢失在办公室内，被敌人搜获。于是，张道元被敌人五花大绑押回县城，打得他皮开肉绽。但张道元坚贞不屈，半句口供皆无。敌人将他拉至南河滩，用刺刀活活刺死，时年27岁。

附录三 革命遗址遗迹（部分）

垣曲这片热土，是一块光荣的土地。从土地革命时期到新中国成立，从黄河之滨到大山深处，从战壕碉堡到纪念碑亭，革命遗址、遗迹分布广泛，这些既是垣曲革命历史的见证，又是宝贵的历史遗产，更是进行革命传统教育的重要场所。

●台联捷故居

1925年，考入山西省立第一中学的垣曲磏口村青年台联捷，接受进步思想，于1926年秘密加入中国共产党。1926年台联捷寒假返乡期间，在磏口村举办读书会，教青年人识字学习，利用各种形式，宣传革命真理，传播马列主义。并在全县联络一批进步青年，发展共产党员。1927年11月，台联捷、王心清等人遵照党的八七会议精神和中共山西临时省委指示，在城关秘密集会，成立了中共垣曲县委员会。

垣曲县硖口村台联捷故居

● 《垣民之友》

1933年8—9月，在北平的垣曲籍共产党员裴丽生，联络发动在北平各大学读书的垣曲同乡，成立了垣民之友社。1934年1月《垣民之友》创刊号出版，揭露黑暗政治，宣传革命思想。刊物寄回垣曲，广泛发行，并迅速传播，在进

步青年中产生了巨大影响,为恢复和发展中共垣曲组织奠定了思想基础和社会基础。刊物共出17期,1935年5月被当局查封。

《垣曲之友》创刊一周年纪念特大号封面。现存于垣曲县档案馆。

● 《我们的世界》

1936年初,中共上海市党组织创办《我们的世界》报,垣曲进步青年车敏瞧担任主编。

● 牺盟会印章

东型马村牺盟会印章,上刻"垣曲县农民救国会第三区东型马村支部"(右)和"垣曲县第三区东型马村青年救国会"。现存于垣曲县档案馆。

●延安与武乡八路军联络线路途经垣曲

抗日战争时期，垣曲的战略地位十分重要。是延安连接第一二九师及八路军总部最重要的一条兵站线。

●莘 庄

1938年国民党第二战区副司令官兼前敌总指挥卫立煌进驻垣曲莘庄村，坐镇指挥中条山抗战。1938年8月13日，八路军朱德总司令从八路军总部回延安途经垣曲，在莘庄与卫立煌会晤。

莘庄村原貌（已淹没）

朱德总司令在莘庄居住过的窑洞

● 同善南堡

在抗日战争初期，我八路军兵站、地委机关等也先后进驻垣曲。1937年11月，太岳版《新华日报》在南堡村（王瑾家）设立垣曲办事处。

南堡村

办事处旧址

● 关 家

第十八集团军于1938年7月下旬在黄河北岸的关家村建立第二办事处,通称十八兵站,有400余名工作人员。

关家村原貌

关家黄河渡口

● 北 垛

1937年12月,中共垣曲县委重建后,县委机关和牺盟会驻于县委书记王唐文位于北垛的院子里。县委在这里组织领导了全县发展牺盟会、建立基层党组织等工作。直到1940年3月撤离。

关家十八兵站成立后不久，又在北垛设立分站，其办公地点同中共垣曲县委机关一起驻扎在县委书记王唐文的院子里。朱德、刘少奇、彭德怀、杨尚昆、邓小平等途经垣曲曾在这里留宿。特别是朱德总司令在这里听取过县委书记王唐文的工作汇报，并对垣曲革命斗争作出重要指示。

北垛村全貌

兵站旧貌

中共垣曲县委和牺盟会在北垛村办公旧址

●赵家岭

1939年晋西事变发生后,为防不测,中条地委机关由平陆转移到设在垣曲关家村的兵站,后又移驻赵家岭村。

中条地委机关在赵家岭村的办公旧址

●普家庄

1942年4月15日,晋豫边区人民抗日行政联合办事处(简称"晋联办")成立,下辖三个专区,垣曲归属二专区二地委二军分区。二地委在文堂村普家庄开设党校,培训所属各县领导干部。

普家庄党校遗址

●报道中条山抗战的报纸

抗日战争期间,延安《解放日报》和《新华日报》及时报道垣曲战况。

1939年6月27日的《新华日报》(华北版)

● 同善西坡

牺盟会和共产党组织在山西发展壮大，为了应对阎锡山掀起反共浪潮后随时可能出现的异常情况，中共垣曲县委于1939年9月在同善西坡玉皇庙召开党的代表大会。

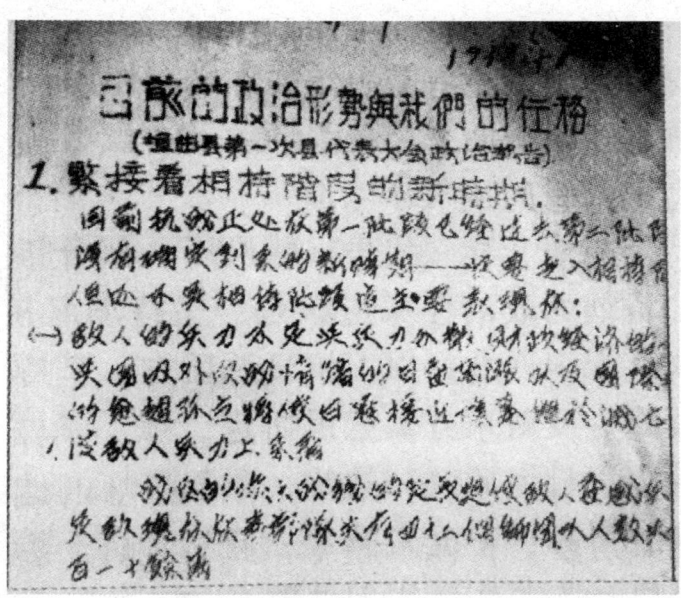

中国共产党垣曲县第一次代表大会政治报告影印件

同善西坡玉皇庙遗址

● 望仙村

中条山会战后,中共垣曲(根据地)县委从北垛迁至望仙村。

望仙村

根据地县委旧址

● 望仙栗沟

1942年9月24日,垣曲抗日县政府在望仙栗沟成立。

垣曲抗日县政府在望仙栗沟旧址

● 南山村

1943年3月,晋冀鲁豫边区政府决定组建垣南县,在毛家镇南山村成立垣南抗日县政府。

垣南县委、垣南抗日县政府在南山村办公旧址

● 文堂村

1942年，垣曲县农会在历山文堂村马马渠成立。

马马渠农会办公旧址

● 小磨村

1940年秋，工合社垣曲站在王茅小磨村成立，垣曲县委派共产党员郭华峰等参加。

当年工合社人员所住的院子

●圢坂

1941年底，条东地委决定，组建垣曲地下县委，即敌占区县委。

中共垣曲敌占区县委在圢坂村办公旧址

●生银府

根据毛泽东电报指示，1942年3月17日，太岳南进支队第五十七团团长黎锡福、政委曹普率团挺进垣曲，驻扎在民兴村的生银府。

太岳南进支队第五十七团当年驻地民兴村生银府

●刘村崖

1942年2月27日,太岳军区南进支队第五十七团在刘村北边崖上庄驻扎,遭到日军偷袭,五连伤亡50多人。

刘村崖上

皋落村

●皋落村

1945年5月23日,太岳南进支队第二十五团在地方武装配合下攻打皋落,贾真一被击毙,其残部500余人被全歼。贾真一是臭名昭著的汉奸土匪,在垣曲作恶多端。贾真一被击毙后,其残部逃窜到闻喜山区。不久被太岳军区第三军分区司令员孙定国部全歼。

● 揭露日伪暴行和报道抗战胜利的报纸

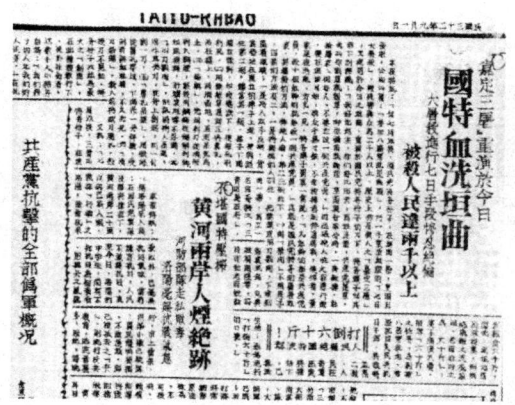

　　1943年9月1日，《太岳日报》在第4版以《嘉定三屠，重演于今日，国特血洗垣曲》为题，揭露贾真一在垣曲犯下的滔天罪行。

　　《新华日报》（太行版）于1945年5月23日，在第1版以《五分区我军为民除一大害，消灭贾真一伪军，我军打入皋落贾逆当场毙命》为题报道了这一特大新闻。

　　1945年5月29日延安《解放日报》第4版，以《太岳我军，歼灭伪军贾真一部，毙伤俘五百余，贾逆毙命》为题，报道这一新闻。

1944年11月23日《新华日报》（太行版）报道我军收复西石的消息；1945年6月17日《新华日报》（太行版）报道我军收复同善镇的消息

1945年9月2日延安《解放日报》在头版位置报道垣曲解放的重要新闻

● 县委、县抗日政府召开庆祝抗日胜利大会

1945年9月1日,中共垣曲县委和垣曲县抗日政府在城关(已被小浪底水库淹没)召开万人庆祝抗日胜利大会。

● 五福涧

1946年5月下旬,国民党特务文和斋、陈绍亭等人杀害守卫河防的民兵36人,制造了震惊太岳的"五福涧惨案"。

1946年5月28日,国民党土匪把抓捕的民兵用铁丝穿掌或绳索捆绑,从阳上南边悬崖推入黄河

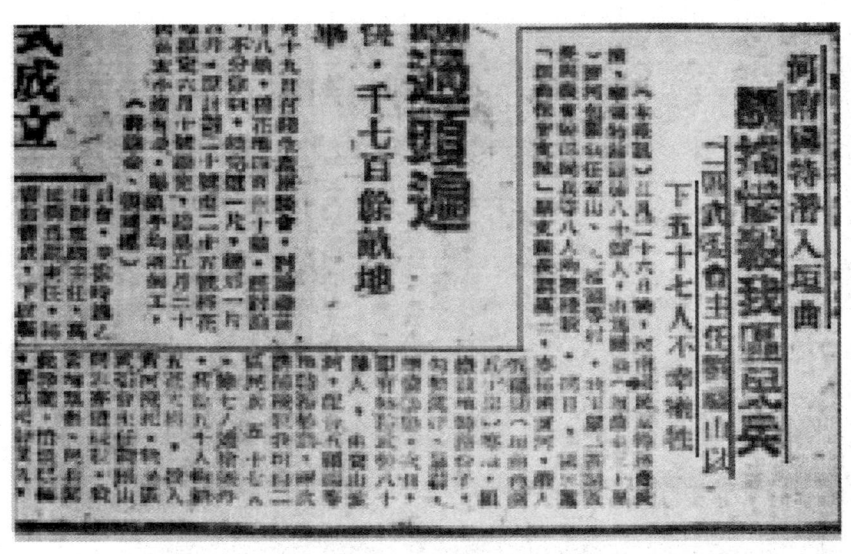

有关五福涧惨案的报道

●窑头

1946年5月26日夜,国民党土匪靳永清等制造窑头惨案,王屋二区(后划归垣曲)副区长王振山等8人遇难。

窑头惨案遗址

1946年6月12日《新华日报》(太行版)在第2版里显著位置报道窑头惨案

●《新华日报》(太行版)关于绛垣战役的报道

1946年11月,太岳军区决定集中10个团的兵力首先对盘踞在垣曲县城及绛(县)垣(曲)公路之敌,发起进攻。

12月2日,太岳军区第十二旅在旅长黄定基、政委车敏瞧率领下从阳城固隆出发,于5日22时突然包围了垣曲城。与此同时,太岳军区二分区警卫四团、三分区五十五团、五十六团,垣曲县独立团、阳城独立团、王屋独立营也分别向赵家岭、寨里、解峪、王茅、尧汉、皋落等处之敌发起进攻。

1946年12月11日《新华日报》(太行版)在头版头条报道绛垣战役胜利和垣曲四万农民全力供应前线的消息

1946年12月13日《新华日报》(太行版)第3版以《垣曲城的收复》为题,报道绛垣战役。

●新华日报关于垣曲解放的报道

1947年8月29日《新华日报》（太行版）在头版头条位置报道垣曲彻底解放的消息

●垣曲民工支前照片

　　1947年8月下旬,垣曲民兵和民工千余人远征豫西,11月完成了支前任务,县委、县政府及有关方面负责人到黄河边欢迎载誉归来的支前民工。

●西型马

1947年9月，河南渑池公安局成立，但政治环境险恶，敌情十分复杂，公安力量非常薄弱。在这种情况下，中共渑池县委和公安局首先想到了隔河相望的革命老区垣曲县。同年10月，副局长张良向北渡黄河，与中共垣曲县委商量后，决定抽调60名垣曲同志前往支援，在垣曲西型马村筹建渑池公安局后方留守处和临时看守所。

河南省渑池县公安局在西型马村办公旧址

●垣曲干部南下照片

1949年2月27日，中共垣曲县委召开干部大会，欢送垣曲85名同志参加中国人民解放军长江支队，到福建接管新解放区。

●垣曲县革命烈士纪念碑（华峰）

●垣曲县革命烈士纪念碑（县城）

●垣曲县抗日政府纪念碑（望仙）

●南圪坂烈士陵园

烈士陵园内的烈士墓

烈士陵园内的纪念碑

位于黄河岸边的五福涧惨案烈士纪念碑

移民搬迁后重新竖立在解峪村的五福涧惨案烈士纪念碑

●张梦龙烈士纪念碑

●英言革命烈士陵园

●清源村烈士纪念碑

●槐南白烈士纪念碑

●蒲掌烈士纪念碑

●垣曲县革命老区纪念馆

●中条山抗战纪念馆

附录四 老区乡镇及"五类"老区村名录资料

垣曲县老区乡镇名录

（全县乡镇总数11个，行政村总数188个）

老区乡镇名称	所辖行政村数	乡镇总人口
毛家镇	10	7548
新城镇	15	16367
皋落乡	15	15121
长直乡	17	13231
王茅镇	13	9815
华峰乡	24	21179
古城镇	26	23003
历山镇	22	12281
英言乡	21	16895
蒲掌乡	15	14270
解峪乡	10	5831
合 计	188	155541

垣曲县"五类"老区村名单

(全县"五类"老区村118个)

所属乡镇	村名	人口	所属类别	2010年农民人均收入（元）	突出困难
毛家镇	毛家村	2641	1	2652	上学
	朱家村	842	1	1698	道路交通
	清泉村	516	4	1605	道路交通
	南庄村	665	4	1173	道路交通
新城镇	清源村	1421	1	2405	饮水
	上官村	1129	1	2353	道路交通、上学
	左家湾村	1230	1	2391	道路交通、上学、用电
	关家村	498	3	3078	饮水
	刘张村	1823	4	2318	饮水
	瓦舍村	575	4	1987	道路交通、上学、用电
	赵家岭村	604	4	3064	饮水
	安窝村	502	5	3114	饮水
皋落乡	民兴村	842	1	1132	人畜饮水、广播电视、道路交通
	南蔡村	705	1	1100	道路交通
	南联村	1087	1	1042	饮水、道路交通
	皋落村	2012	1	1119	饮水
	槐南白村	970	2	1021	饮水、道路交通
	西窑村	1195	4	1172	饮水
	岭回村	1380	5	1020	饮水、道路交通
	老屋沟村	924	5	1066	饮水、道路交通
长直乡	长直村	1878	1	1760	道路交道
	平原村	712	1	1140	饮水
	西交村	1747	4	1760	通路交道
	前青村	1172	4	1720	用电
	鲁家坡村	1016	4	1700	饮水
	涧溪村	875	5	1140	道路交通
	古垛村	565	5	1118	饮水
	后青村	576	5	1152	广播电视

续表

所属乡镇	村名	人口	所属类别	2010年农民人均收入（元）	突出困难
王茅镇	柳庄村	1101	1	2010	人畜饮水、广播电视、上学
	下亳城村	927	1	1978	人畜饮水、广播电视、上学
	王茅村	1714	4	1147	人畜饮水、广播电视、上学
	北河村	749	4	1162	人畜饮水、广播电视、道路交通、用电、上学
	复兴村	446	5	1830	人畜饮水、广播电视、道路交通、用电、上学
华峰乡	华峰村	1108	1	1138	人畜饮水、道路交通
	陈堡村	2044	1	1903	人畜饮水
	东型马村	370	1	1080	道路交通
	西型马村	1187	1	1630	道路交通
	宋村	947	1	960	人畜饮水
	杜村	672	1	970	人畜饮水、广播电视、道路交通
	芮村	1529	1	1027	道路交通
	马村	1327	2	1723	人畜饮水
	五福涧村	545	4	2622	人畜饮水
	北营村	1623	5	1050	上学
古城镇	上庄村	1572	1	865	人畜饮水
	北堡头村	421	1	1343	人畜饮水
	南堡头村	668	1	1367	人畜饮水
	谭家村	1106	1	1080	人畜饮水
	店头村	1090	1	1122	人畜饮水、用电
	南圢坂村	744	1	1319	人畜饮水、用电
	硖口村	1113	2	1130	上学、道路交通
	上圢坂村	938	2	1075	人畜饮水
	沇岭村	1385	2	1035	人畜饮水
	辛庄村	682	3	1164	人畜饮水、道路交通、上学
	古城村	3601	4	1131	人畜饮水、广播电视
	峪子村	1918	5	1130	人畜饮水、广播电视
	西沟村	522	5	1130	道路交通、上学

续表

所属乡镇	村名	人口	所属类别	2010年农民人均收入（元）	突出困难
历山镇	同善村	1021	1	1183	人畜饮水
	南堡村	1234	1	1510	人畜饮水
	刘 村	954	1	1253	人畜饮水
	历山村	331	1	737	上学、道路交通
	文堂村	327	1	807	上学
	后河村	189	1	1526	上学、道路交通、广播电视
	花石村	100	1	980	上学、道路交通
	西哄村	219	1	927	上学
	落洼村	109	1	876	广播电视
	竹林村	667	1	1207	人畜饮水
	薛家堡村	429	1	1129	人畜饮水
	常家坪村	434	1	795	上学
	望仙村	1382	2	763	用电
	朱家沟村（北垛）	1022	2	1548	用电
	宋家湾村	405	5	1271	人畜饮水
	神后村	1245	5	1357	人畜饮水
	不落地村	481	5	1008	上学
英言乡	英言村	1101	1	1409	上学、人畜饮水
	赵寨村	684	1	1477	广播电视、人畜饮水
	河底河村	416	1	1544	广播电视、人畜饮水、上学
	席家坪村	588	1	2185	广播电视、人畜饮水、上学
	田村	441	1	2108	广播电视、人畜饮水、上学
	官沟村	589	1	1867	广播电视、人畜饮水、上学
	邵家沟村	1101	1	786	广播电视、人畜饮水、上学
	窑头村	465	1	1510	广播电视、人畜饮水、上学
	龙尾头村	871	1	1379	广播电视、人畜饮水
	关庙村	1478	1	1338	广播电视、人畜饮水
	无恨村	2042	1	1132	广播电视、人畜饮水

续表

所属乡镇	村名	人口	所属类别	2010年农民人均收入（元）	突出困难
英言乡	西河村	746	5	1390	上学、道路交通、广播电视
	马湾村	1130	5	743	人畜饮水
	白家河村	404	5	1788	广播电视、人畜饮水、上学
	郭家山村	270	5	2076	广播电视、人畜饮水、
	柏底村	1444	5	1284	广播电视、人畜饮水
	北白村	1235	5	1258	广播电视、人畜饮水
	闫家河村	324	5	1778	广播电视、人畜饮水
	南白村	585	5	1602	广播电视、人畜饮水
	安河村	473	5	1402	广播电视、人畜饮水
	东河村	508	5	1542	广播电视、人畜饮水
蒲掌村	北阳村	1208	1	1592	人畜饮水
	河东村	1439	1	1398	用电
	蒲掌村	1357	1	1504	上学、用电
	下马村	638	1	1758	上学
	西阳村	1569	1	1526	用电
	洼里村	1268	1	1147	用电
	双庙村	646	4	1373	人畜饮水、广播电视
	堤沟村	984	4	1594	人畜饮水
	南蒲村	911	5	1449	广播电视
	水出腰村	609	5	1468	广播电视、人畜饮水、上学
	高崖村	981	5	1472	广播电视、上学
	尖圪垯村	53	5	770	广播电视、人畜饮水、
	郭家河村	848	5	1556	广播电视
	丘家沟村	813	5	1160	人畜饮水、上学
	陈河村	946	5	1570	广播电视、人畜饮水、上学
解峪乡	乐尧村	1343	1	1168	广播电视、人畜饮水、上学、道路交通
	原中村	1221	5	1086	人畜饮水、道路交通、上学
	陡坡村	516	5	813	人畜饮水、道路交通、上学
	郭家村	767	5	1170	上学

续表

所属乡镇	村名	人口	所属类别	2010年农民人均收入（元）	突出困难
解峪乡	和平村	135	5	1183	人畜饮水、道路交通、上学
	差沟村	191	5	1018	人畜饮水、道路交通、上学
	槐坪村	185	5	1052	人畜饮水、道路交通、上学
	南丁村	299	5	1166	人畜饮水、上学

垣曲县在革命战争年代有影响、有贡献的60个老区村名单

（经省老促会认定）

乡镇	老区村	乡镇	老区村
毛家镇	毛家村	王茅镇	王茅村
	朱家村		小赵村
	清泉村		柳庄村
新城镇	关家村		复兴村
	清源村	华峰乡	华峰村
	安窝村		陈堡村
	上官村		马村
皋落乡	西窑村		东滩村
	民兴村		胡村
	南蔡村	古城镇	古城村
	南联村		莘庄村
	槐南白村		峪子村
	岭回村		碾口村
	皋东村		上圪坂村
长直乡	长直村		南圪坂村
	西交村		上庄村
	前青村		同善村
	平原村	历山镇	宋家湾村
	涧溪村		南堡村
	古垛村		刘村
	鲁家坡村		历山村
	英言村		文堂村
	赵寨村		望仙村

续表

乡镇	老区村	乡镇	老区村
英言乡	无恨村	解峪乡	乐尧村
	西河村		原中村
	河底河村		陡坡村
蒲掌乡	马湾村		五福涧村
	北阳村		
	郭家河村		
	河东村		
	西阳村		
	蒲掌村		
	洼里村		

附录五 历届老促会主要组成人员

垣曲县历届老促会理事会主要组成人员
第一届

会　　长：王建武
副 会 长：赵中玠　　王仰尼　　张茂才
秘 书 长：张进民
副秘书长：刘洪山　　姚建忠　　王华兴
常务理事：马宗仁　　王效书　　王维学
　　　　　石好礼　　吉万仓　　朱惠卿
　　　　　杜云山　　郭同元　　秦贤杰
办公室副主任：吕志远
理　　事：马力勇　　马　璕　　王华兴
　　　　　王钦藻　　王振明　　王　毅

文超群　车仁杰　刘建业　刘洪山
吕文达　吕志远　安修道　李天才
李荣堂　狄秀清　张玉娥　张则宰
胡春堂　郭天星　郭同儒　姚建忠
崔　峰　鲁景义　董　珍　储金生
谢仰瑞

第二届

名誉会长：张　飞
顾　问：刘彦彬　闫春生
会　长：王建武
常务副会长：高中民
副会长：张茂才　鲍清华　张其銮
秘书长：高中民（兼）
副秘书长：吕志远　卢胜战
常务理事：吉万仓　刘洪山　郭同元
　　　　　杨耀庭　王泽民　朱惠卿
　　　　　马宗仁　狄秀清　王华兴
　　　　　姚建忠　崔　峰　马力勇
　　　　　马天科　马景武　王文翰
　　　　　王立新　王英杰　王饮藻
　　　　　王敬德　文超群　车仁杰
　　　　　石好礼　刘　一　刘金泉
　　　　　刘培林　吕文达　吕麟荣

安修道　乔文昇　李希纯

李新民　李登麟　毕振刚

张玉凤　武迅康　赵九星

赵瑞生　郭同儒　杨炎池

郭嘉卿　常定国　崔鸿杰

聂积祥　鲁　戎　鲁景义

董　瑾　谢仰瑞　储金生

第三届

顾　　问：王建武

会　　长：卫绍德

副会长：李广彬　郭恒志　靳绍香

秘书长：郭　辉（兼）

副秘书长：吴向阳　吕志远　王士敏

常务理事：王爱国　吕政华　许奎杰

　　　　　常志敏　王玉虎　王　伟

　　　　　席超仓　陈竹林

下设五个工作委员会

经济工作委员会

主　　任：王　伟

副主任：王爱国　王英武

理　　事：赵志强　张垣民　李继东

　　　　　李雷成　张国宝　张玉良

　　　　　李登麟　闫保峰　赵　琦

毕振刚

宣传工作委员会

主　　任：席超仓

副主任：常志敏　　　邓　旭

理　事：刘江河　　　王小书　　　聂积祥　　　武迅康

农村工作委员会

主　　任：王玉虎

副主任：陈竹林　　　张　俊　　　刘红旭

理　事：张彦民　　　车毓斌　　　郭庆辉

　　　　王宏云　　　卫保平　　　杨占将

　　　　马宗仁　　　王跃忠　　　董　瑾

文教卫生工作委员会

主　　任：许奎杰

副主任：吕政华　　　刘英武

理　事：赵希良　　　席德龙　　　郭振庆

　　　　鲁崇才　　　刘　一

妇女工作委员会

主　　任：晋素琴

副主任：文桂梅　　　邓晓莲

第四届

会　　长：李道义

副会长：王维学　　　杨如林　　　靳绍香

　　　　郭改选　　　陈竹林　　　王士敏

秘书长：刘爱民

副秘书长：吕志远　白润贤

理事：卫保平　王　伟　王玉虎　王爱国　王宏云
　　　王英武　文光元　卢付合　吕政华　安彦民
　　　许奎杰　辛学义　李雷成　张玉良　张　俊
　　　杨金玉　赵　琦　席超仓　席德龙　常志敏
　　　崔松良　郭黎明　郭庆辉　郭振庆　裴聪敏

理事单位：发改局　科教局　经信局　民政局　财政局
　　　　　人社局　住建局　水利局　林业局　农　委
　　　　　招商局　文化局　卫计局　旅游局　党　校
　　　　　国土资源局　交通运输局　畜牧兽医发展中心
　　　　　农机发展中心　扶贫开发中心　电视台
　　　　　新闻中心　　供电公司　　农商银行

县社会扶贫服务中心：

主　任：李道义

副主任：郭黎明　白润贤

参考书目

1. 中共中央党史研究室.中国共产党的九十年【M】.北京：中共党史出版社，2016.

2. 垣曲县志编纂委员会.垣曲县志【M】.太原：山西人民出版社，1993.

3. 中共垣曲县委党史研究院.中国共产党垣曲历史：第一卷【M】.北京：中共党史出版社，2016.

4. 董寿安.河东军民血战日寇纪实【M】.北京：中共中央党校出版社，2008.

5. 垣曲县老区建设促进会.东原烽火【M】.太原：山西经济出版社，2015.

后 记

编纂老区发展史，展示老区县的光荣革命历史、老区人民的重大贡献和社会主义发展的辉煌成就，不断扩大对老区革命精神和老区优良传统的宣传，是贯彻落实习近平新时代中国特色社会主义思想，不忘初心、牢记使命，传承红色基因的实际行动。2017年10月以来，我们遵照中国老促会关于编纂"中国革命老区县发展史"丛书的部署，依照山西省老促会和运城市老促会的意见和要求，按照垣曲县委、县政府的计划和方案，由垣曲县老促会牵头，方方面面努力，经过近两年的时间，《垣曲县革命老区发展史》一书，在建党100周年来临之际，与大家见面了。这部史书的面世，是大家共同努力的结晶。

中共垣曲县委和垣曲县人民政府非常重视和支持《垣曲县革命老区发展史》的编纂工作。成立了以县委书记、县人大主任、县长和县政协主席为顾问，县委副书记为主任、县政府分管老促会工作的副县长为副主任，县委办、政府办、党史研究室、财政局、扶贫办、文化旅游局、档案局和老促会相关部门负责人组成的《垣曲县革命老区发展史》编纂委员会。明确要求编纂工作要做到认识到位、责任到位、工作落实到位、经费保障到位。

县老促会接受编纂垣曲县革命老区发展史的任务后，按照上级老促会要求的编纂时间节点，于2017年11月设计出

《垣曲县革命老区发展史》编纂方案及篇目，继而召开由相关部门负责人参加的编纂工作会议，县委副书记到会动员讲话，老促会会长安排编纂工作。成立了编纂工作编辑室，由了解垣曲县情和熟悉史书文体编写的同志担纲编辑。

在编辑中，各位编辑按照要求，查阅档案、收集资料、调研核实、形成资料，为编纂做好准备工作。2018年5月，编辑们完成了第一次史料收集，经执行主编初审后，发还编辑补充资料。同年10月，第二次史料收集完成。按照县老促会领导的意见，在完善资料的基础上，由执行主编按篇目设计进行总纂。2019年8月，样书一稿形成，交由县老促会会长审阅。是年11月，会长提出了书稿修改意见，据此，编辑室再行补充、修改、完善。2020年3月，样书二稿形成，送达市老促会领导和专家审核。6月下旬，根据市老促会的修改意见，编辑室修改完善后，样书三稿形成，送县委、县政府主要领导审阅。9月，按照县委、县政府领导的要求，加工后送编委会终审。之后，根据市老促会的安排，交由山西人民出版社审定出版发行。

编辑室同志在编纂垣曲县革命老区发展史期间，带着感情、使命和责任，秉笔直书，直陈其事，不厌其烦，反复修改，不辞辛劳，数易其稿，高标准、高质量地做好了编纂工作。

在编纂《垣曲县革命老区发展史》期间，县委、县政府、县人大、县政协的主要领导和分管这项工作的县委副书记、政府副县长等领导同志，十分重视编辑工作，多次听取工作情况汇报并给予指示。同时，此书的编纂得益于市老促会有关领导的关心指导，得益于县老促会联系单位的积极参与，得益于垣曲社会各界的大力支持。尤其是县政协副主席王云洲同志，县党史办主任李心海同志，县人大原办公室主任、县老促会原秘书长高中民同志和县经贸局史光荣同志为本书的编纂多次指导并提供了翔实的资料，促进了本书的编纂进程。值此成书之际，向你们表示诚挚的谢意。

由于时间紧张，编纂任务繁重，加之编纂人员水平有限，本书谬误之处，在所难免，恳请方家不吝赐教，予以指正。

王士敏　谨记
2020 年 10 月